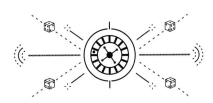

이더리움 블록체인
게임 개발

이더리움 블록체인 게임 개발

5가지 게임을 만들면서 배우는 솔리디티와 스마트 컨트랙트

초판 1쇄 발행 2019년 9월 2일
초판 2쇄 발행 2022년 3월 21일

지은이 키더 아이어, 크리스 대넌 / **옮긴이** 임지순 / **감수자** 정순형 / **펴낸이** 김태헌
펴낸곳 한빛미디어(주) / **주소** 서울시 서대문구 연희로2길 62 한빛미디어(주) IT출판부
전화 02-325-5544 / **팩스** 02-336-7124
등록 1999년 6월 24일 제25100-2017-000058호 / **ISBN** 979-11-6224-218-6 93000

총괄 전정아 / **책임편집** 서현 / **기획·편집** 이미연 / **진행** 최민이
디자인 김연정 / **전산편집** 이경숙
영업 김형진, 김진불, 조유미, 김선아 / **마케팅** 박상용 송경석 한종진 이행은 고광일 성화정 / **제작** 박성우, 김정우

이 책에 대한 의견이나 오탈자 및 잘못된 내용에 대한 수정 정보는 한빛미디어(주)의 홈페이지나 아래 이메일로
알려주십시오. 잘못된 책은 구입하신 서점에서 교환해드립니다. 책값은 뒤표지에 표시되어 있습니다.

한빛미디어 홈페이지 www.hanbit.co.kr / 이메일 ask@hanbit.co.kr

Original English language edition published by Apress, Inc. USA. Copyright © 2018 by Apress.
Korean edition copyright © 2019 by Hanbit Media, Inc. All right reserved.

이 책의 한국어판 저작권은 대니홍 에이전시를 통한 저작권사와의 독점 계약으로 한빛미디어(주)에 있습니다.
저작권법에 의해 한국 내에서 보호를 받는 저작물이므로 무단전재와 복제를 금합니다.

지금 하지 않으면 할 수 없는 일이 있습니다.
책으로 펴내고 싶은 아이디어나 원고를 메일(writer@hanbit.co.kr)로 보내주세요.
한빛미디어(주)는 여러분의 소중한 경험과 지식을 기다리고 있습니다.

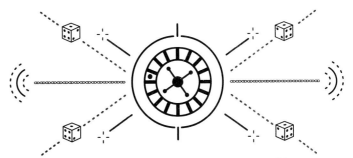

이더리움 블록체인 게임 개발

5가지 게임을 만들면서 배우는 솔리디티와 스마트 컨트랙트

키더 아이어, 크리스 대넌 지음
임지순 옮김 정순형 감수

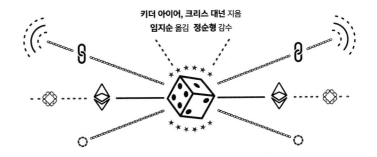

한빛미디어
Hanbit Media, Inc.

지은이 · 옮긴이 소개

지은이 **키더 아이어** Kedar Iyer

블록체인 컨설팅 업체 이머전트 피노미나Emergent Phenomena를 운영하는 소프트웨어 엔지니어다. 현재 에브리피디아Everipedia 팀 구성원으로 블록체인 소프트웨어를 개발 중이다. UCLA에서 기계공학 학사 학위를 받았으며 마이크로 위성, 로보틱스 분야를 포함해 여러 스타트업에서 근무했다.

지은이 **크리스 대넌** Chris Dannen

이터레이티브 캐피털Iterative Capital 공동 창립자이자 파트너이며 암호화폐 채굴업과 암호자산 펀드매니저를 겸하고 있다. 독학으로 프로그래밍을 익혔으며 기술 서적 3권을 집필했고 컴퓨터 하드웨어 특허 1건을 보유하고 있다. 패스트 컴퍼니Fast Company의 기술 편집자로 재직한 바 있다. 버지니아 대학교University of Virginia를 졸업했으며 현재 뉴욕에 거주한다.

옮긴이 **임지순** jisoon.lim@gmail.com

블록체인 에반젤리스트. 하드웨어 엔지니어로 커리어를 시작했다. 소프트웨어 엔지니어, 프로젝트 매니저를 거쳐 현재는 블록체인 사업 개발 영역을 개척하고 있으며 암호경제학과 IP의 연결 고리에 관심이 크다. 번역한 책으로 『이더리움과 솔리디티 입문』, 『라즈베리 파이로 배우는 컴퓨터 아키텍처』(이상 위키북스), 『Make: 드론』, 『하이퍼레저 블록체인 개발』(이상 한빛미디어) 등이 있다.

기술 감수 소개

영어판 **마시모 나돈** Massimo Nardone

보안, 웹/모바일 개발, 클라우드, IT 아키텍처 분야에서 23년 이상의 경력을 쌓으며 특히 보안과 안드로이드에 열의를 가지고 있다. 이탈리아 살레르노 대학교University of Salerno에서 컴퓨터 과학 학위를 취득했으며 현재 카고텍Cargotec Oyj CIO(정보보안 최고 담당자)이자 ISACA 핀란드 지부 위원으로 활동한다. 40권이 넘는 IT 서적을 감수했으며『Pro Android Games』(Apress, 2015) 공동 저자이기도 하다.

한국어판 **정순형** Kevin Jeong

이더리움 블록체인 R&D 스타트업 온더Onther Inc. 설립자이자 대표이다. 필명으로 '철학자'와 'Kevin Jeong'을 사용한다. 대학원 시절부터 현재(2019년)까지 5년 이상 이더리움 블록체인을 연구 및 개발하고 블로깅을 해왔다. 특히 스마트 컨트랙트와 이를 활용한 암호화폐 설계에 경험이 많다. 최근에는 이더리움 블록체인의 확장성을 높히는 레이어 2 솔루션인 플라즈마Plasma와 프라이버시를 보장하는 영지식증명zero-knowledge proof에 관심이 많다.

이더리움이 출시된 지 벌써 5년째가 되었습니다. 블록체인과 스마트 컨트랙트가 혁신할 수 있는 기술적, 사회적 영역에 대한 각종 실험은 그동안 더욱 가속되고 확대되었으며, 대기업과 정부 차원에서도 이를 도입하는 것이 일반화되었습니다.

이더리움 스마트 컨트랙트를 응용한 다양한 사례와 함께 차세대 이더리움을 표방하는 이오스, 카르다노, 트론 등 다양한 블록체인 플랫폼도 그 영역을 확대하고 있습니다. 그럼에도 이더리움이 가진 선구자적인 면 덕택에 댑 개발을 접하는 대부분의 개발자가 솔리디티를 익히며 블록체인의 특성과 스마트 컨트랙트 통신 방법을 배우게 되었습니다. 그 여파로 다른 블록체인 플랫폼도 솔리디티를 사용한 구현을 지원하고 있습니다. 즉, 이더리움 스마트 컨트랙트를 충분히 익히면 다른 블록체인 플랫폼에 댑을 구현하는 기반을 갖출 수 있다는 말입니다.

블록체인 스마트 컨트랙트를 이용한 댑은 아직 주류 산업에 널리 적용되지 않았으며 다양한 용례를 탐색하는 시기입니다. 새로운 분야를 개척해가는 블록체인 개발자들이 이 책으로 스마트 컨트랙트를 더 잘 이해하고 많은 통찰력을 얻어가기를 기원합니다.

임지순

추천의 말

IT업계의 변화는 다른 산업에 비해 무척 빠른 편입니다. 그중에서도 블록체인은 그 변화 속도가 더욱 빠릅니다. 이더리움의 주요 스마트 컨트랙트 언어인 솔리디티는 거의 매주 새로운 버전이 릴리스되며, 코어 클라이언트 또한 마찬가지입니다. 또한 주로 연말/연초를 기점으로 로드맵에 따라 이뤄지는 이더리움 하드 포크(네트워크 업그레이드)는 이더리움 개발자들에게도 매년 새로운 블록체인을 만나는 것과 같은 기분이 들게 합니다. 그런데도 많은 현직 개발자는 주어진 짧은 개발 기한 내에 동작하는, 지속가능한 결과물을 만들어내야 하는 무거운 책임을 지고 있습니다.

이 책은 구체적인 사례와 예제를 활용해 이더리움 블록체인의 특징과 컨트랙트 프로그래밍 기법을 연마할 수 있는 가이드라인을 제공합니다. 특히나 가장 많이 쓰는 개발 도구인 트러플 프레임워크를 중심으로 기술되었고, 흔한 토큰 예제가 아닌 이더리움을 직접적으로 다루는 복권 등 흥미로운 예제 중심이며, 블록해시를 이용해 임의 값(랜덤)을 다루는 패턴 등이 잘 기술되어 있습니다.

변화가 빠른 분야이기에 작성된 일부 코드는 시간이 지나면 동작하지 않을 수 있습니다. 하지만 구체적인 코드와 풍부한 예제를 통해 직관적으로 익힌 이더리움과 스마트 컨트랙트의 특성은 향후 펼쳐질 기술의 향연에서 독자 분의 중심을 잡아줄 것이라 기대합니다.

정순형

감사의 말

저에게 블록체인의 세계를 열어주고 NYC 블록체인 커뮤니티에 소개해주신 크리스 대넌과 솔로몬 레더러Solomon Lederer에게 감사드립니다. 이 책을 함께 만든 Apress의 낸시 첸Nancy Chen과 제임스 마컴James Markham, 그리고 제게 이 책을 쓸 기회를 주신 크리스, 그리고 저의 특이한 직업을 지지하는 부모님과 누이에게도 감사드립니다.

키더 아이어

헌신적으로 일하고 협조해주신 이터레이티브 캐피털 임직원 여러분께 감사드리며 함께 멋진 작품을 완성해준 키더에게 감사드립니다.

크리스 대넌

이더리움이란?

이더리움은 탈중앙화된 네트워크 위에 가상통화와 함께 구축된, 신뢰할 수 있는 컴퓨팅 플랫폼이다. 전 세계에 흩어진 노드들로 구성된 네트워크가 작동해 공유 데이터베이스의 상태에 대한 합의를 형성한다.

비트코인이 돈의 미래를 제시했다면 이더리움은 사유 재산, 금융 자산, 법률 계약, 공급망, 개인 데이터의 미래를 제시한다. 누군가가 소유할 수 있는 디지털 정보 혹은 자산을 이더리움 스마트 컨트랙트에 저장하면 은행, 거래소, 중앙 정부와 같은 제 3자 또는 중개인 없이도 이의 소유권을 개개인 간에 이동시킬 수 있다.

이더리움은 일련의 트랜잭션을 연속 실행함으로써 작동하며 각 트랜잭션은 코드 블록에 해당한다. 이 코드는 솔리디티라는 특수 언어로 작성하는데, 솔리디티는 이 책에서 중점을 두고 다룰 언어이기도 하다.

이 책의 전반부에서는 개념 소개(1~2장), 간단한 컨트랙트 배포(3장), 솔리디티 언어의 기본(4장)을 다룰 것이다. 후반부에서 일련의 샘플 프로젝트(7~11장)를 다루기 전에 먼저 컨트랙트의 보안(5장)과 암호경제학(6장) 이론을 간단히 살펴볼 것이다. 이 책을 다 읽을 때쯤이면 독자는 기존의 솔리디티 컨트랙트를 읽고 해석하며 자신만의 솔리디티 코드를 작성할 수 있을 것이다.

이 책을 이해하기 위한 선행 지식

이더리움과 솔리디티를 다루려면 컴퓨터 과학의 개념을 알고 있으며 다른 프로그래밍 언어를 경험해봤어야 한다. 전문가 수준의 지식이 필요한 것은 아니며 기본 수준만 갖췄다면 충분하다.

컴퓨터 과학 개념

컴퓨터 과학의 기초를 배우는 가장 좋은 자료는 유튜브에 있는 동영상 강의 '하버드^{Harvard} CS50 강의 시리즈'(youtube.com/user/cs50tv)로, 진행이 빠르고 과정이 상세하다. 10주에 걸쳐 전체 시리즈를 독파할 여유가 있다면 꼭 시청하기를 권한다. 여력이 되지 않는다면 초반 5개 강의만 들어도 솔리디티를 다룰 기본기를 갖출 수 있다.

네트워킹과 리눅스, 또는 보안과 해킹을 알아보려면 유튜브에서 'Eli the Computer Guy' (youtube.com/user/elithecomputerguy/videos?shelf_id=26&view=0&sort=p)의 인기 동영상을 확인해보자. CS50 강의보다 훨씬 입문자 친화적인 시리즈이므로 더 초보자에게 친절한 과정을 원한다면 이 시리즈가 적합할 것이다.

이 책에서는 유닉스(리눅스 또는 맥) 커맨드 라인을 사용할 것이다. 윈도우에서도 커맨드 라인을 사용하는 방법을 안내하겠지만 되도록 리눅스를 배우는 것이 좋다.

네트워킹과 보안에 별도의 사전 지식이 없어도 이 책을 읽으면 솔리디티 개발자가 될 수 있다. 물론 이더리움 프로토콜에서 네트워킹은 중요하지만 네트워킹은 응용 프로그램 수준에서 추상화돼 코드를 작성하게 된다. 보안은 물론 상당히 중요하다. 컨트랙트를 통해 흐르는 자금이 해커의 매력적인 목표물이 되기 때문이다. 컨트랙트의 보안(5장)에 한 개 장을 할당했지만, 관련된 지식을 별도로 습득하면 더욱 도움이 될 것이다.

프로그래밍

솔리디티를 습득하기 전에, 다른 언어로 프로그래밍해본 경험이 있어야 한다. 솔리디티에 가장 가까운 언어는 C언어이지만 C언어는 초보자에게 상당히 어려운 축에 속한다. 간단한 프로그래밍을 소개하는 좋은 강의 프로그램은 코드카데미Codecademy에 있다. 가장 쉬운 언어는 파이썬Python이고 가장 간단한 코드카데미 과정은 'Learn Python'(codecademy.com/learn/learn-python)이다.

자바스크립트는 문법이 조금 더 복잡하긴 하지만 여전히 배우기 쉽고 이더리움 프로그래밍과 관련이 깊다. 대부분의 클라이언트 소프트웨어에서 블록체인과 상호 작용을 하는 데 자바스크립트를 사용하기 때문이다. 이 책에서는 간단한 자바스크립트 스크립트와 명령을 선보일 것이다. 자바스크립트를 알려주는 추천할 만한 강의는 코드카데미의 'Introduction to JavaScript' (codecademy.com/learn/introduction-to-javascript)다.

추천 도서

이 책은 중급 프로그래밍 서적이다. 이 책을 시작하기 전에 다른 책을 읽어두면 도움이 될 것이다. 크리스 대년이 저술한 『이더리움과 솔리디티 입문』(위키북스, 2018)은 이더리움 입문 지식을 빠르게 익힐 수 있는 훌륭한 책이다. 스마트 컨트랙트과 기술적인 개발 지식에 너무 깊이 들어가지 않으면서 이더리움이 어떻게 작동하는지 이론적으로 이해하기를 원하는 사람들에게 가장 적합한 서적이다.

닐 스티븐슨Neal Stephenson이 저술한 『In the Beginning...was the Command Line』(William Morrow, 1999)은 소프트웨어의 역사와 형이상학에 관한 최고의 책이다. 기술서보다는 소설에 가까우며 솔리디티보다 더 본질적인 소프트웨어 서적을 찾는다면 이 책이 가장 좋을 것이다.

프로토콜, 플랫폼, 프레임워크

이더리움은 프로토콜인 동시에 플랫폼이다. 하지만 프레임워크는 아니다.

프로토콜은 네트워크를 통한 통신 표준화에 사용되는 일련의 규칙이다. TCP/IP와 같은 기본 프로토콜은 광섬유 케이블을 통해 흐르는 무질서해 보이는 바이트들이 올바른 대상으로 라우팅되고 의미 있는 구조로 디코딩되게 만든다. 프로토콜이 없으면 컴퓨터 간 통신은 마치 두 사람이 한국어와 영어로 대화하는 것과 같이 상호 간에 의미 없는 잡음만 주고받는 행위일 것이다.

이더리움 프로토콜을 사용하면 이더리움 네트워크의 노드가 서로 의미 있는 대화를 할 수 있다. 이 대화를 통해 트랜잭션을 브로드캐스트하고 노드를 동기화하며 네트워크를 뒷받침하는 합의를 형성할 수 있다.

플랫폼과 프레임워크는 좀 더 느슨하게 정의된다. 이 책의 범주에서 두 가지를 정의하자면 플랫폼은 응용 프로그램을 구축할 수 있는 기반이며, 프레임워크는 그러한 응용 프로그램을 보다 쉽게 구축할 수 있는 구조물(일반적으로 소프트웨어)이다.

이더리움은 플랫폼이다. 이더리움 블록체인에 분산 애플리케이션, 즉 댑dapp을 구축하고 배포할 수 있다. 2장에서 소개할 트러플Truffle은 프레임워크다. 트러플을 사용해 이더리움 댑을 쉽게 개발하고 컴파일하고 배포할 수 있다.

소스 코드

이 책의 소스 코드는 0.4.15 버전으로 작성되었으며 일부 코드는 0.5 버전에서도 동작하도록 주석을 남겨두었다. 다음 공식 깃허브 저장소에서 확인할 수 있다. 공식 깃허브 저장소에는 모든 프로젝트의 코드와 링크를 게재했으며 정기적으로 업데이트할 예정이다. 업데이트가 워낙 빨리 이뤄지므로 일부 코드가 새 버전에서 동작하지 않을 수 있으나 그 동작 원리를 중심으로 학습하길 권한다.

- github.com/k26dr/ethereum-games

CONTENTS

CHAPTER **1** 개념 소개

CONTENTS

CONTENTS

CHAPTER 6 암호경제학과 게임 이론

CHAPTER 7 폰지와 피라미드

CHAPTER 8 복권

CONTENTS

CHAPTER **9** 상금 퀴즈

CHAPTER **10** 예측 시장

개념 소개

이 장에서는 이더리움 블록체인을 개괄적으로 설명할 것이다. 블록체인은 순서가 정렬된 일련의 블록 집합으로서, 각 블록은 순서가 정렬된 일련의 트랜잭션으로 구성된다. 트랜잭션은 이더리움 가상 머신[EVM; Ethereum Virtual Machine]에서 실행되며 상태 트리를 수정하는 코드를 실행한다. 다음 절에서 각각의 개념을 자세히 살펴볼 것이다.

1.1 블록

앞에서 설명한 것처럼 블록체인은 순서가 정렬된 일련의 블록[block]으로 구성된다. 블록은 메타 정보를 담은 헤더[header]와 일련의 트랜잭션으로 구성된다. 블록은 채굴자가 채굴해 생성되고 네트워크의 다른 노드로 브로드캐스트된다. 모든 노드는 일련의 합의 규칙에 따라 수신된 블록을 확인한다. 합의 규칙을 충족시키지 못하는 블록은 네트워크에서 거부된다.

포크[fork]는 네트워크가 합의 규칙을 두고 경쟁하는 둘 이상의 집합으로 나눠질 때 발생하는 이벤트다. 대개 이더리움의 공식 클라이언트 프로그램인 Geth라는 소프트웨어가 업데이트될 때 포크가 발생한다.

소프트 포크[soft fork]는 새로운 규칙 집합이 이전 규칙의 하위 집합일 때 발생한다. 여전히 이전 규칙을 사용하는 클라이언트도 새 규칙을 사용해 클라이언트가 만든 블록을 거부하지 않으므로, 블록 생성자(채굴자)만 소프트웨어를 업데이트하면 된다.

하드 포크hard fork는 새로운 규칙이 이전의 규칙과 호환하지 않을 때 발생한다. 이 경우 모든 클라이언트가 소프트웨어를 업데이트해야 한다. 하드 포크는 언제나 논쟁의 소재다. 사용자 그룹이 소프트웨어 업데이트를 거부하면 체인의 분할이 발생하고 한 체인에서 유효한 블록은 다른 체인에서 유효하지 않게 되기 때문이다. 지금까지 이더리움은 콘스탄티노플 하드 포크까지 7번의 하드 포크를 겪었고 그중 하나의 포크는 체인 분할로 이어져 이더리움 클래식ETC; Ethereum Classic을 탄생시켰다.

1.2 채굴

이더리움 네트워크의 채굴mining 노드는 이더해시Ethash라는 독자적인 작업 증명 알고리즘을 사용해 블록을 생성하고자 경쟁한다. Ethash 알고리즘에 대한 입력은 논스nonce라고 하는 임의로 생성된 숫자를 포함하는 블록 헤더이며, 그 출력은 32byte의 16진수다. 논스를 수정하면 출력도 수정되는데, 예측할 수 없는 방식으로 수정된다.

네트워크가 채굴된 블록을 수용하려면 블록 헤더에 대한 Ethash 출력이 네트워크 난이도보다 적어야 하며 또 다른 32byte의 16진수가 채워질 대상으로 사용된다. 목표 난이도를 상회하는 블록을 브로드캐스트하는 모든 채굴자는 블록 보상을 받는다. 블록 보상은 블록에 코인베이스 트랜잭션을 포함시킴으로써 부여된다. 코인베이스 트랜잭션은 일반적으로 블록의 첫 번째 트랜잭션이며 블록 보상을 채굴자에게 전송한다. 비잔티움 하드 포크 이후 현재 블록 보상으로 2이더가 주어진다.

때로는 두 채굴자가 같은 시간에 한 블록을 생산하고 오직 하나만 주 체인에 합류하게 된다. 수용되지 않은 블록을 엉클 블록uncle block이라고 한다. 엉클 블록은 체인에 포함돼 더 적은 블록 보상을 받으며, 엉클 블록의 트랜잭션은 상태 트리를 수정하지 않는다.

블록체인의 보안은 네트워크의 해시 파워에 비례한다. 네트워크의 해시 파워가 클수록 개별 채굴자의 총 해시 파워는 낮아지고 네트워크 점유 공격이 더 어려워지게 된다(6.5.1절 '51% 공격' 참조). 체인에 엉클 블록을 포함하면 체인의 보안이 강화된다. 수락되지 않는 블록을 만드는 데 사용하는 해시 파워가 낭비되지 않기 때문이다.

네트워크 난이도는 지속 조정되며, 난이도 조절로 15~30초마다 블록을 생성하도록 만든다.

1.3 트랜잭션

트랜잭션transaction은 이더를 전송하거나 스마트 컨트랙트를 배포하거나 배포된 스마트 컨트랙트의 함수를 실행한다. 트랜잭션은 코드 작업의 복잡성과 네트워크 비용을 결정하는 이더리움의 측정 단위인 gas가스를 소모한다. 트랜잭션의 가스 비용은 트랜잭션 수수료를 계산하는 데 사용된다. 트랜잭션을 실행하는 주소는 블록을 채굴하는 채굴자에게 트랜잭션 수수료를 지불한다.

트랜잭션에는 데이터 필드가 선택적으로 포함될 수 있다. 컨트랙트 배포 트랜잭션의 경우, 그 데이터는 배포될 컨트랙트의 바이트코드가 된다. 스마트 컨트랙트를 호출하는 트랜잭션의 경우 그 데이터 필드에는 호출할 함수의 이름과 인수가 포함된다.

1.4 이더리움 가상 머신

프로세서는 일련의 주어진 명령어를 실행하는 집적 회로다. 각 프로세서에는 수행할 수 있는 일련의 명령이 담겨 있다. 명령은 연산 코드(opcode)와 연산에 사용할 입력 데이터로 구성된다. x86 명령어 세트는 현재 사용하는 가장 일반적인 명령어 세트이며 약 1,000개의 고유 opcode를 가지고 있다.

프로그램은 순서대로, 맹목적으로 실행되는 명령 세트다. 어떤 코드든 컴파일 또는 인터프리트 과정을 거치고 나면 일련의 원시 바이트로 회귀되며, 이는 펀치 카드이든 어셈블리로 작성했든 또는 파이썬과 같은 고급 언어로 작성했든 마찬가지다. 이러한 원시 바이트는 컴퓨터가 아무 생각 없이 순서대로 실행할 수 있는 일련의 프로세서 명령에 해당한다. [예제 1-1]은 x86 리눅스 어셈블리로 작성된 Hello World 프로그램의 형태를 보여준다.

예제 1-1 x86 리눅스 어셈블리로 작성된 Hello World[1]

```
Section     .text
global      _start      ;must be declared for linker (ld)

_start:                 ;tell linker entry point
```

----

1 Sourceforge, "Hello World!", asm.sourceforge.net/intro/hello.html

```
mov       edx,len        ;message length
mov       ecx,msg        ;message to write
mov       ebx,1          ;file descriptor (stdout)
mov       eax,4          ;system call number (sys_write)
int       0x80           ;call kernel
mov       eax,1          ;system call number (sys_exit)
int       0x80           ;call kernel

section .data

msg    db 'Hello, world!',0xa    ;our dear string
len    equ $ - msg               ;length of our dear string
```

가상 머신virtual machine, 또는 VM은 프로세서를 흉내내는 소프트웨어 프로그램이다. 자체 opcode 집합을 가지며 명령 집합에 맞게 특별히 작성된 프로그램을 실행할 수 있다. VM 명령에 대응하는 하위 레벨 바이트를 바이트코드bytecode라고 한다. 코드를 실행 가능한 바이트코드로 컴파일하는 프로그래밍 언어를 작성할 수 있다. 자바 가상 머신JVM; Java Virtual Machine은 오늘날 가장 많이 사용하는 가상 머신이며, 독자 중 평소에도 이를 사용하는 사람이 있을 것이다. JVM은 자바, 스칼라Scala, 그루비Groovy, 자이썬Jython을 비롯한 여러 언어를 지원한다.

가상 머신은 결국 에뮬레이션이기 때문에 어느 하드웨어에서 실행하든 상관없다는 이점이 있다. 가상 머신이 '스마트 냉장고'의 윈도우, 리눅스 또는 기타 임베디드 OS와 같은 새로운 플랫폼에 이식되면 해당 가상 머신용으로 작성된 프로그램은 '스마트 TV'에서와 마찬가지로 스마트 냉장고에서 실행될 수 있다. 자바의 "Write Once, Run Anywhere(한 번 짜면 어디서나 실행)"라는 좌우명이 떠오르는 방식이다.

이더리움에는 이더리움 가상 머신EVM; Ethereum Virtual Machine이라고 하는 자체 VM이 있다. 이더리움은 EVM의 각 연산 코드에 연관된 가스 요금이 있기 때문에 자체 VM이 필요하다. 수수료는 네트워크를 스팸으로부터 보호하며 EVM이 무허가형 공공 자원으로 사용할 수 있도록 하는 역할을 한다. EVM의 사용자 정의 opcode는 각각 자체 수수료를 가진다. 즉, 스마트 컨트랙트를 어떻게 설계하느냐에 따라 수수료를 절감할 수 있다. 예를 들어, SSTORE 명령은 상태 트리에 데이터를 저장하는데 이는 데이터를 전체 네트워크의 노드에 복제해야 하기 때문에 상당히 값비싼 명령에 속한다.

트랜잭션의 바이트코드에 의해 누적된 가스 요금의 합계가 총 트랜잭션 수수료를 결정한다.

1.5 상태 트리

이더리움의 기본 데이터베이스는 Keccak256 해시 키를 32byte 값에 매핑하는, 키/값 쌍으로 구성된 상태 트리 state tree이다. 솔리디티의 데이터 구조는 하나 이상의 상태 트리 항목을 사용해 프로그래밍에 도움이 되는 프로그래밍 구문을 생성한다. 간단한 자료형은 32byte 이하이며 하나의 상태 트리 항목에 저장할 수 있다. 배열과 같은 복잡한 자료형에는 여러 상태 트리 항목이 필요하다. 솔리디티의 데이터 구조를 자세히 알고 싶으면 4.3.4절 '데이터와 자료형'을 참조하자.

Keccak256 해시는 256비트 길이이므로, 이더리움 상태 트리는 최대 2,256개의 고유 항목을 저장하도록 설계됐다. 그러나 약 280개의 항목 이후에는 해시 충돌로 인해 트리의 사용에 상당한 제약이 발생한다. 어느 쪽이든, 이것은 현재 전 세계에 존재하는 것보다 많은 디스크 공간이므로 개발자는 무한정의 저장 장치가 있다고 가정할 수 있다. 단, 해당 스토리지를 사용하는 비용은 다른 문제다. 상태 트리에 데이터를 저장하면 상당한 양의 가스를 소비하기 때문이다. 컨트랙트를 신중하게 작성해서 상태 트리에 대한 삽입 및 업데이트 횟수를 최소화하는 것이 필요하다.

상태 트리는 트랜잭션 실행을 통해 만들어지고 수정된다. 대부분의 트랜잭션은 상태 트리를 수정한다. 상태 트리는 머클-패트리샤 트리 Merkle Patricia tree로 구현된다. 이 데이터 구조를 이해하는 것이 솔리디티 프로그래밍에 필수는 아니지만, 관심이 있는 독자라면 자세한 내용을 깃허브의 관련 문서 페이지(github.com/ethereum/wiki/wiki/Patricia-Tree)에서 확인할 수 있다.

1.6 Web3란 무엇인가?

블록체인 기술을 조기에 채택한 많은 사람은 인터넷의 새로운 시대, 웹 3.0을 열 수 있는 가능성에 흥분했다. 웹 1.0은 인터넷의 초기 단계를 가리키는 용어로, 당시의 인터넷은 주로 상품을 판매하고 정보를 게시하는 데 사용하는 플랫폼이었다. 웹 2.0은 소셜 네트워크와 인터넷 공동 작업을 도입했다. 페이스북 Facebook, 플리커 Flickr, 인스타그램 Instagram 등의 사이트는 사용자가 제작한 콘텐츠를 중앙 서버에 담고 프런트엔드로 게시했다. 웹 3.0은 더 이상 중앙 권력이 검열을 수행하거나 사용자 데이터를 제어할 권한을 갖고 있지 않은, 새로운 탈중앙화 웹을 가리키는 말이다.

DARPA는 원래 중앙 권력을 공격함으로써 무너뜨릴 수 없는 탈중앙화된 통신 네트워크로 인터넷을 설계했다. 하지만 지난 15년 동안 웹이 상용화되면서 중앙 집중화의 정도 또한 증가했다.

새로운 사이트가 트래픽을 얻으려면 구글 검색 알고리즘에서 좋은 점수를 얻는 것이 필수다. 페이스북은 자체 데이터 망 내부에 사용자가 생성한 데이터와 콘텐츠의 상당 부분을 제어한다. 넷플릭스^{Netflix}와 유튜브^{YouTube}는 인터넷 트래픽의 약 3분의 1을 차지한다. 중국과 터키와 같은 국가들은 자신들의 검열 규칙에 동의하지 않는 사이트에 자국민이 접속하지 못하게 한다.

웹 3.0의 목표 중 하나는 웹을 탈중앙화해 검열과 통제를 어렵게 만드는 것이었다. 이더리움은 웹 3.0 애호가를 위한 흥미진진한 플랫폼이다. 그 위에 구축된 모든 애플리케이션이 자동으로 탈중앙화되기 때문이다.

이더리움의 응용 프로그램을 일반적으로 분산 응용 프로그램, 또는 댑^{dapp}이라고 부른다. 댑은 기존 인터넷 애플리케이션과 달리 호스팅 및 데이터 저장을 하는 서버가 필요 없다. 이더리움 네트워크는 인증, 컨트랙트 데이터 저장, API를 포함해 기존 서버의 모든 의무를 처리한다. 즉, 댑은 기존의 웹사이트처럼 검열될 수 없다. 댑을 검열하려면 이더리움 네트워크의 모든 노드를 블랙리스트에 등록해야 한다.

Web3라는 용어는 이더리움 공동체에서 두 가지 뜻으로 쓰이기에 약간의 혼란을 야기할 수 있다. 초기에 웹 3.0은 하나의 개념이었지만, 이제는 이더리움의 클라이언트 라이브러리인 web3.js를 가리키기도 한다. 이 책에서는 주로 클라이언트 라이브러리를 가리키는 용어로 web3를 사용할 것이다.

1.7 이더리움의 최근 변경 사항

이 글을 쓰는 시점에서 이더리움 개발 커뮤니티는 댑 개발자에게 영향을 줄 만한 두 가지 변경 계획에 주목하고 있다.

- **지분 증명**: 비트코인과 이더리움은 모두 트랜잭션 처리량이 낮아 몇몇 애플리케이션과 서비스를 처리하기에 실용성이 매우 떨어진다. 비트코인은 최대 7회의 초당 트랜잭션(TPS; Transactions Per Second)을 처리할 수 있으며, 이더리움은 약 30의 TPS를 가진다. 반면 비자와 마스터카드는 최대 수만 TPS를 자랑한다. 지분 증명(PoS; Proof-of-Stake) 방식에서 채굴자는 검증자(validator)로 대체된다.
- **샤딩**(Sharding): 현재 이더리움 네트워크의 전체 아카이브 노드는 전체 블록체인을 다운로드해야 하며, 이 글을 쓰는 시점에서 그 용량은 300GB가 넘는다. 물론 '가벼운 동기화(light syncing)' 방식을 사용할 수도 있지만 이는 장기적인 해결책이 아니다. 샤딩은 계정 공간을 각각의 검증자가 담당하는 부분 공간으로 분할해 전체 네트워크가 모든 트랜잭션을 처리해야 한다는 요구 사항을 제거한다. 샤딩과 PoS가 적용된 이더리움 네트워크의 트랜잭션 처리량은 하나의 샤드당 2,000TPS에 달할 것으로 예상된다.

1.8 비트코인 vs 이더리움

많은 사람이 비트코인으로 블록체인과 암호화폐를 처음 접했다. 비트코인은 최초의 암호화폐이며 여전히 가장 큰 규모로 가장 많이 사용된다. 비트코인 덕분에 사용자는 은행이나 페이팔과 같은 제 3의 중개자를 거치지 않고 전 세계 어디에든 송금할 수 있게 됐다. 인터넷상에서 일종의 위조 방지 지폐를 만들어낸 셈이다.

이더리움이 비트코인을 넘어선 혁신점은 블록체인 위에 신뢰할 수 있는 컴퓨팅 프레임워크를 추가했다는 점이다. 이더리움 노드는 서로를 신뢰하지 않지만 결정적으로 네트워크가 스마트 컨트랙트의 코드를 실행할 것이라고 신뢰할 수 있다. 또한 네트워크에 기본 통화가 포함되기 때문에 비트코인에서 지원하지 않는 다양한 기능을 사용할 수 있다.

비트코인은 해시 타임락 컨트랙트를 제외하면 조건부 경로를 지원하지 않는다. 비트코인 네트워크의 돈은 송금하거나 송금하지 않거나 둘 중 하나로만 취급할 수 있으며 그 트랜잭션은 시스템의 내부 상태에 의존하지 않는다. 이는 사소한 제약으로 보일 수 있다. 하지만 네트워크가 조건부 경로를 지원할 수 있으면 개발자가 조건문을 설정하거나 프로그램의 개별 행이 실행하는 순서를 지정할 수 있다. 조건부 실행의 대표적인 예로, 양 당사자의 참여를 조건으로 하는 에스크로 지불, 그리고 외부 이벤트를 바탕으로 지불이 이루어지는 베팅을 들 수 있다. 사용자는 서로를 신뢰하지 않더라도, 스마트 컨트랙트의 로직이 의도된 대로 실행된다는 점을 신뢰할 수 있다.

이더리움은 여러 면에서 미지에의 도전이다. 비트코인은 탈중앙화된 통화를 만들고자 하는 목표로 개발됐다. 이더리움은 임의의 로직을 기반으로 프로그래밍 가능한 가치 이전을 제공하므로, 상상을 넘어서는 미래의 다양한 블록체인 관련 솔루션 구축을 가능하게 한다. 현재 이더리움의 가장 큰 용례는 크라우드펀딩이지만 그 외에도 베팅, 에스크로, 탈중앙화된 거래소, 예측 시장, 탈중앙화된 백과사전, 사용자 제어 스마트 데이터 등을 위한 다양한 실험과 애플리케이션 개발이 진행되고 있다.

1.9 주소와 키 쌍

이더리움은 비트코인과 동일한 비대칭 키 암호화 방법을 사용해 트랜잭션을 인증하고 보안을 유지한다. 공개키와 개인키 쌍이 생성되고 개인키로 서명된 메시지는 해당 공개키로만 디코딩 될 수 있다. 반대의 경우도 마찬가지다. 이더리움 주소는 공개키의 Keccak256 해시값의 마지막 20byte에 해당한다. Keccak256은 이더리움에서 사용하는 표준 해시 함수다.

주소에 연결된 이더 잔고는 해당 주소 개인키의 소유권을 증명할 수 있는 사용자만 소비할 수 있다. 이를 위해 모든 이더리움 트랜잭션은 보내는 사람의 개인키로 암호화된다. 사용자의 공개키를 사용해 브로드캐스트 메시지를 유효한 트랜잭션으로 해석할 수 있다면 이는 사용자가 올바른 개인키를 소유하고 있다는 증거다.

1.10 컨트랙트와 외부 계정

이더리움에는 외부 계정과 컨트랙트, 두 가지 유형의 계정이 있다. 외부 계정은 사용자가 제어하지만 컨트랙트는 블록체인상 개체로, 함수 호출에 의해 트리거될 수 있으며 부분적으로 자율성을 가지고 있다. 모든 계정은 각각의 잔고와 논스를 가지고 있으며, 논스는 트랜잭션마다 증가해서 중복 트랜잭션을 방지한다. 컨트랙트에는 이 두 필드 외에도 컨트랙트 코드에 지정된 대로 추가 데이터 필드를 저장하는 저장 공간에 대한 접근 권한이 있다.

1.11 이더리움 내의 프로그램

이더리움 내의 프로그램은 상호 작용하는 하나 이상의 스마트 컨트랙트로 구성된다. 스마트 컨트랙트는 다른 스마트 컨트랙트의 기능을 호출할 수 있다. 개별 컨트랙트는 기존의 프로그래밍 언어에 존재하는 클래스와 유사하다.

스마트 컨트랙트는 EVM 어셈블리, 솔리디티, LLL[Low-Level Lisp], 서펀트[Serpent] 등의 언어로 작성할 수 있다. 모든 컨트랙트는 결국 EVM 어셈블리 바이트코드로 컴파일된다. 여러 언어 중 솔리디티가 가장 일반적으로 사용하는 언어이며 이 책에서도 솔리디티를 주로 사용한다. 서펀트는 점차 사라져가는 추세이며 LLL은 매우 드물게 사용하는 편이다. 최근에는 바이퍼[Viper]와 같은 실험적인 언어가 새로 개발되고 있다. 스마트 컨트랙트는 바이트코드와 데이터를 담은 트랜잭션을 널 주소(0x0 ...)로 보냄으로써 배포된다.

이더리움의 최초 설계자는 스마트 컨트랙트가 대부분의 기능을 기존 컨트랙트에서 끌어올 것이며 새로 배포되는 각각의 스마트 컨트랙트는 블록체인에 올라오는 새로운 컨트랙트를 위한 기본 요소로 작용할 것이라고 예상했다. 예를 들어, 문자열 조작 컨트랙트가 솔리디티에서는 기본 지원하지 않는 문자열 연결과 같은 작업을 수행하는 데 기존에 배포된 StringUtils 컨트랙트를 호출하는 것이다.

불행히도 테스트 및 개발을 하면서 이더리움 메인넷과 직접 통신을 하면 상당히 많은 비용이 든다. 오늘날 대부분의 개발은 표준 StringUtils 컨트랙트를 프로그램에 복사해 사설 테스트 블록체인에서 진행된다. 개발이 완료되면 프로그램에 사용할 StringUtils 컨트랙트의 사본을 배포하게 된다. 책의 후반부에 있는 게임 프로젝트에서 더 많은 예를 보게 될 것이다.

스마트 컨트랙트는 API의 바이너리 또는 바이트코드라고 할 수 있는 애플리케이션 바이너리 인터페이스[ABI; Application Binary Interface]를 자동으로 노출한다. ABI는 모든 퍼블릭 및 외부 기능을 포함하며 프라이빗 및 내부 기능을 배제한다. 외부 계정이 트랜잭션을 전송하거나 다른 스마트 컨트랙트가 내부 로직을 실행하는 과정에서 ABI 함수가 호출될 수 있다.

1.12 솔리디티 첫걸음

솔리디티는 EVM의 기본 프로그래밍 언어다. EVM에는 기존 프로세서에서 사용되지 않는 사용자 지정 opcode가 있으므로 기존 프로그래밍 언어는 EVM에 적합하지 않다. 솔리디티는 이더리움에서 스마트 컨트랙트를 프로그래밍하는 작업용으로 특별히 고안된 것이었다.

솔리디티는 자바스크립트와 주로 비교되는 편이지만 사실 솔리디티와 가장 가까운 친척은 C언어다. 솔리디티는 저장소와 CPU 사용을 제한하는 최소한의 기능을 가진 강형 언어다. 32비트 및 64비트 프로세서만 지원하는 대부분의 언어와 달리, 솔리디티는 EVM에 대해 256비트 자료형을 지원한다.

강형 언어로 작업한 적이 없는 개발자라도 솔리디티에 적응하는 게 어렵진 않을 것이다. 실제로 많은 개발자가 약형 언어보다 강형 언어를 더 쉽게 느끼는 편이다. 자바, 스위프트 또는 오브젝티브 C로 개발해온 모바일 개발자는 특히 솔리디티 문법에 매우 익숙할 것이다. 자바스크립트 개발자는 다소 느슨한 형식의 언어에 익숙할 테지만, 연산량이 수수료로 이어지는 시스템에 익숙해지려면 어느 정도 적응기간이 필요할 것이다.

프로덕션 환경에서는 모든 개발자가 저장소, 메모리, CPU 사용을 제한하는 가스 제한 조건에서 작업해야 한다. 제한된 자원으로 작업하는 임베디드 시스템 개발자는 솔리디티에 익숙해지기가 가장 쉽다.

4장에서 솔리디티를 다루는 방법을 더 자세히 다룰 것이다.

1.13 해킹 방지

스마트 컨트랙트는 이더 잔고를 보유할 수 있기 때문에 해커의 먹잇감이 되고는 한다. DAO 해킹 사건, 패리티Parity의 멀티시그multi-sig 공격을 포함한 수많은 해킹으로 지금까지 수백만 달러의 손실을 입었다. 대부분 솔리디티 애플리케이션 코드는 오픈소스이기 때문에 컨트랙트 코드에 보안상 눈에 띄는 결함이 남지 않도록 모범 사례를 따르는 것이 필수다. 특히 컨트랙트 내에서 이더를 전송하는 대신 코드상 조건부 경로를 최소화하기 위해 withdraw() 함수를 사용하는(5.5절 'withdraw() 함수' 참조) 기법 등이 중요하게 취급된다.

솔리디티 개발은 웹사이트 개발보다는 건축, 토목 작업에 더 가깝게 다루어야 한다. 일반 소프트웨어와 같이 반복 개선이 불가능하다. 한 번 배포가 끝나면 더 이상 컨트랙트 코드와 ABI를 업데이트할 수 없다.[2] 하나의 컨트랙트에서 다른 컨트랙트로 잔고를 이전하는 경우, 특히 내부 원장을 유지하는 컨트랙트의 경우 기술 난이도가 굉장히 어렵거나 아예 불가능할 수도 있다.

즉, 가능한 한 검증되지 않은 새 코드 대신 검증된 기존 코드를 사용해야 한다. 컨트랙트를 메인넷에 배포하기 전에 철저히 테스트하고 검사하는 것은 기본이다.

5장에서는 컨트랙트의 보안을 자세히 다룰 것이다. 이 책에서 가장 중요한 장이다. 5장은 배포된 스마트 컨트랙트에 자산이나 이더를 저장하기 전에 읽기를 권장한다.

1.14 블록 탐색기

블록 탐색기block explorer는 블록체인 탐색에 사용하기 쉬운 인터페이스를 제공하는 웹사이트다. 이더스캔Etherscan(etherscan.io)은 현재 이더리움을 위한 최고의 블록 탐색기로(그림 1-1) 동기화 중인 최신 블록의 높이 확인, 보류 중인 트랜잭션 모니터링, 트랜잭션에 대한 최종 가스 요금 보기, 네트워크 난이도 확인, 배포된 컨트랙트의 소스 코드 또는 ABI 보기 등을 할 수 있다.

그림 1-1 이더스캔 블록 탐색기

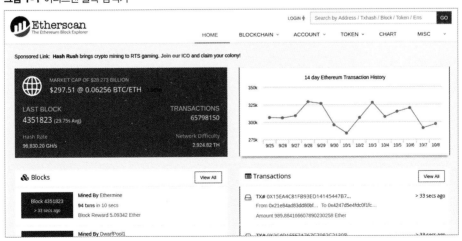

---

2 감수자주_ Proxy Contract 등 특별하게 설계된 컨트랙트는 제외한다.

이 책에서는 이더스캔을 적극 사용해 트랜잭션과 지갑을 모니터링한다. 오른쪽 상단의 검색 창을 사용해 개별 트랜잭션 및 주소를 검색할 수 있다.

1.15 유용한 스마트 컨트랙트

블록체인의 스마트 컨트랙트 및 댑은 급부상하는 신기술로, 기술이 널리 사용돼 보급될 가능성을 100% 확신할 수는 없다. 즉, 현재로서는 업계에서 잠재력이 큰 용례를 탐색하는 시기라고 할 수 있다.

스마트 컨트랙트의 가장 입증된 용례는 맞춤식 토큰과 크라우드세일로, 지금까지 이더리움상에서 수백 개의 토큰이 출시, 판매됐다. 이러한 형태의 크라우드세일을 일반적으로 토큰 판매, 또는 ICO라고 한다.

에스크로 스마트 컨트랙트는 신뢰할 수 없는 당사자 간의 토큰 전송에 널리 사용된다. 판매자는 스마트 컨트랙트에 토큰 제어권을 부여하고 구매자가 이더를 컨트랙트로 보내는 경우에만 토큰을 구매자에게 보낸다.

스마트 컨트랙트를 사용해 토큰 이외의 다른 디지털 자산을 저장할 수도 있다. 기업이 스마트 컨트랙트를 통해 주식, 부동산, 금, 미화 및 기타 자산을 이더리움 블록체인에서 사용 가능하고 거래 가능한 자산으로 만든 사례를 많이 찾을 수 있다.

1.16 이더리움 게임의 장단점

마침내 게임을 다룰 차례가 왔다. 오늘날 게임 개발자는 지불 처리에 어려움을 겪고 있으며 특히 웹 호스팅 게임에서 그 어려움이 두드러진다. 스트라이프Stripe 또는 페이팔이 제공하는 기존 결제 프레임워크로 입출금을 처리하는 게임 사이트는 보통 대금 정산에 며칠이 소요된다. 반면 이더리움을 사용하면 게임 로직에서 지불과 결제를 쉽게 통합할 수 있다.

게임에 오픈소스 스마트 컨트랙트를 사용하면 게임 로직을 투명하고 안정적으로 실행할 수 있다. 지금까지의 사례에 비추어볼 때, 웹사이트에서 결제하는 사용자는 거래 상대방이 사용자에게 돈을 돌려주지 않을 수도 있는 위험을 감수해야 한다. FBI가 2011년에 포커 사이트들을 폐쇄하는 과정에서 많은 사용자가 해당 사이트에 결제해둔 돈을 잃었다. 반면 이더리움상의 스마트 컨트랙트는 종료되지 않으며 검열할 수도 없다. 스마트 컨트랙트가 사용자에게 이더의 출금을 허용하는 한 출금은 계속 가능하다. 올바르게 작성된 스마트 컨트랙트는 거래 상대방에 대한 위험을 줄이거나 없애준다.

도박 사이트는 상습적으로 게임의 우연성을 조작하는 것으로 유명한데, 예를 들어 광고된 것보다 낮은 승률의 디지털 슬롯 머신이 대표적이다. 반면 오픈소스 코드로 개발된 도박 스마트 컨트랙트는 검증된 확률로 작동할 수 있어 그 공정성을 증명할 수 있다.

하지만 이더리움상 게임에는 단점이 있다. 블록을 전파하는 데 15~30초가 걸리므로 배트 배치와 같은 스마트 컨트랙트 업데이트를 전파하는 데도 15~30초가 걸린다. 트랜잭션이 채굴된 블록에 들어가기 전까지의 대기 시간 동안에는 해당 트랜잭션이 네트워크의 모든 참여자에게 표시된다. 트랜잭션은 도착 시간이 아닌 가스 가격순으로 처리하므로, 더 높은 가스 가격을 지불한 사람이 트랜잭션 완료를 앞당길 수 있다. 트랜잭션이 퍼즐의 답안 제출, 거래소에 대한 주문, 기밀성을 가진 내용을 담고 있다면 이러한 대기 시간은 문제가 될 소지가 크다.

1.17 업계 주요 인물

트위터와 레딧^{Reddit}은 암호화폐 커뮤니티에서 가장 중요한 커뮤니케이션 채널이다. 거의 모든 프로젝트가 커뮤니티 토론을 위한 공개 서브레딧^{subreddit}을 가지고 있지만 일반 암호화폐 관련 토론은 트위터에서 주로 진행된다. 이더리움에 대한 최신 정보를 얻는 데 유용한 트위터 계정과 인플루언서 목록은 다음과 같다.

- **비탈릭 부테린**(Vitalik Buterin, @VitalikButerin): 이더리움 공동 창업자. 이른바 이더리움 배후에 있는 천재소년이다. 그의 블로그(vitalik.ca)는 블록체인 기술을 깊이 있게 이해하기 위해 꼭 읽어야 할 필수 자료다.
- **개빈 우드**(Gavin Wood, @gavofyork): 이더리움 공동 창업자이자 솔리디티 창시자. 이더리움 황서(yellow paper) 저술자, 현재 패리티 테크놀로지(Parity Technologies)의 책임자다.
- **알렉스 반 드 산드**(Alex Van de Sande, @avsa): 이더리움 재단의 일원이자 미스트 브라우저를 이끄는 인물이다.
- **블라드 잠피어**(Vlad Zamfir, @VladZamfir): 이더리움 프로토콜의 주요 개발자. 현재 이더리움의 차세대 지분 증명 합의 알고리즘인 캐스퍼(Casper)를 연구하고 있다.

- **테일러 게링**(Taylor Gerring, @TaylorGerring): 이더리움 재단 설립을 도왔으며 현재 이더리움 이사회의 일원이다.
- **안소니 디오리오**(Anthony Diiorio, @diiorioanthony): 전 이더리움 팀원이자, Jaxx 지갑의 창립자다.
- **제퍼리 윌케**(Jeffery Wilcke, @jeffehh): 이더리움 프로토콜 및 EVM 클라이언트 구현체의 기준점인 Go 이더리움(geth) 개발을 이끌고 있다.
- **조셉 루빈**(Joseph Lubin, @ethereumJoseph): 이더리움 공동 창립자이자 컨센시스(ConsenSys) 창업자이며 이더리움 싱크탱크, 스타트업 액셀러레이터, 오픈소스 코드 기여자이기도 하다. 컨센시스는 이더리움 업계에서 큰 회사다.

1.18 마치며

이더리움은 신뢰할 수 있는 코드 실행을 제공하는 탈중앙화 컴퓨팅 프레임워크다. 때로는 '세계의 컴퓨터world computer'라고도 불리는데, 실제로 그 경지를 궁극적인 목표로 하고 있다. 블록체인 코드는 트랜잭션 또는 내부 메시지에 의해 트리거된다. 트랜잭션은 블록에 포함되며 해시 파워로 체인을 보호하는 채굴자가 블록을 블록체인에 추가한다.

솔리디티는 이더리움 스마트 컨트랙트의 개발에 가장 많이 사용하는 언어다. 솔리디티는 EVM에서 실행되는 바이트코드로 컴파일된다. EVM의 각 opcode에는 가스 요금이 있다. opcode 가스 요금을 합산하면 트랜잭션 전체 대한 가스 요금이 발생한다. 가스 요금을 사용자가 선택한 가스 가격으로 곱하면 트랜잭션 수수료가 산출된다. 채굴자들은 가스 가격에 따라 블록에 포함시킬 트랜잭션에 우선순위를 매긴다.

사용자는 개인키로 블록체인상 자산과 이더를 보호한다. 블록체인상 자산을 이전할 때는 자산 소유자가 키를 사용해 트랜잭션에 서명해야 한다.

보안은 이더리움에서 가장 중요한 요소다. 지금까지 잘못 작성된 코드 때문에 발생한 해킹으로 수백만 달러의 가치가 유실됐다. 이 책에서는 컨트랙트의 보안을 상당히 강조한다. 자, 지금까지 개념적인 기본 사항을 다뤘으니 이제 첫 번째 스마트 컨트랙트를 작성하는 다음 장으로 넘어가자.

## CHAPTER 2

이더리움 개발 환경

이 장에서는 이더리움 블록체인을 실행하는 데 필요한 도구의 설치 및 설정 과정을 알아보면서 하드웨어, 운영체제, 소프트웨어의 요구 사항을 다룬다. 소프트웨어 설치를 마치면 이더리움 네트워크와 통신하기 위해 필요한 기본 명령을 알아볼 것이다.

2.1 도구 준비하기

이전에 컴파일러 및 개발 환경을 설치한 경험이 있는 프로그래머라면 솔리디티 설정 과정이 낯설지 않을 것이다. 솔리디티 및 관련 도구를 설정하려면 커맨드 라인과 유닉스^{UNIX} 계열 운영체제 지식이 필요하다. 입문 개발자나 커맨드 라인 사용 경험이 없는 개발자는 솔리디티를 다루기 전에 커맨드 라인의 온라인 튜토리얼(learnenough.com/command-line-tutorial)을 수강하는 것을 권장한다.

2.1.1 하드웨어 권장 사양

이더리움뿐 아니라 모든 블록체인 개발의 주요 하드웨어 요구 사항은 안정적인 인터넷 연결과 대용량 하드 드라이브다.

인터넷 연결이 양호한 상태에서 블록체인의 복사본을 동기화하는 데는 최대 8시간이 걸리는 데, 이 작업은 한 번만 완료하고 나면 다시 할 필요가 없다. 최소 5Mbps 이상의 회선을 사용하면 하룻밤 정도면 동기화가 가능하다. 물론 느린 네트워크 속도로도 동기화가 가능하지만 시간이 오래 걸린다. 트랜잭션의 브로드캐스팅, 피어와의 통신, 새 블록 정보 다운로드를 위해서는 대역폭이 넓지 않더라도 항상 인터넷 연결을 유지해야 한다. 1Mbps 다운로드 속도에 512kbps 업로드 속도 정도면 일상적인 블록체인 활동을 유지하기에는 충분하다.

이더리움 블록체인은 이미 상당한 크기이며 지속 확장하고 있다. 2017년 12월 기준으로, 전체 보관 노드를 실행하면 디스크 공간 350GB가 필요하다. 다행히도 상태 트리의 최신 스냅숏으로 전체 노드를 실행할 수도 있으며 이를 위해서는 2017년 12월 기준 35GB만 필요하다. 동기화한 후 상태 트리 스냅숏을 유지하려면 현재 블록의 아카이브 노드를 동기화하는 것과 동일한 작업이 필요하다. 이상적으로는 400GB가 필요하지만 풀 노드를 가동하는 데 필요한 최소한을 산정한다면 75GB 정도가 될 것이다.

하드디스크 용량도 중요하지만 하드디스크가 SSD^{Solid-State Drive}여야 한다는 조건도 있다. HDD는 속도가 굉장히 느리기 때문이다. 2010년 이후 제조된 컴퓨터는 대부분 충분한 컴퓨팅 성능과 RAM을 가지고 있어 큰 문제가 되지는 않는다.

2.1.2 운영체제

이 책의 모든 터미널(커맨드 라인) 명령은 유닉스 계열 운영체제를 기준으로 한다. 다시 말하자면 맥이나 리눅스 사용자라면 이 책을 따라가는 데 문제가 없을 것이다. 독자가 윈도우 사용자라고 해도 대부분의 명령과 코드가 모든 시스템에서 동일하기 때문에 책을 따라가는 데 큰 문제는 없겠지만, 필요한 환경 설정이나 설치 절차는 각자 확인해야 할 것이다.

> **TIP_** 윈도우 사용자가 내용을 쉽게 따라잡으려면 윈도우에 이식된 유닉스 셸 유틸리티인 GOW(GNU on Windows)를 설치하는 방법을 권장한다. GOW 설치 프로그램은 github.com/bmatzelle/gow/wiki에서 내려받을 수 있다.

리눅스

다양한 버전의 리눅스(우분투, 데비안, 레드햇, 아치 리눅스)는 이미 이더리움 클라이언트를 실행하는 데 필요한 도구를 담고 있다. 특히 리눅스의 커맨드 라인 인터페이스(CLI)에서 많은 시간을 쓰게 될 것이다. 모든 리눅스 시스템에는 터미널^{Terminal}, 배시^{Bash} 또는 셸^{Shell}과 같은 이름의 CLI 프로그램을 제공한다. 리눅스 버전 중 일부는 CLI 전용인데, 대부분은 그렇지 않다. 리눅스 시스템 대부분이 터미널을 여는 단축키로 Ctrl + Alt + T를 사용하고 있다.

이 책에서는 가장 널리 사용하는 패키지 관리자인 apt과 yum을 기준으로 CLI 프로그램에서 설치하는 방법을 설명할 것이다. 패키지 관리자를 사용하면 커맨드 라인에서 프로그램과 종속성을 쉽게 설치할 수 있다. 대부분의 리눅스 배포판에 apt 또는 yum이 내장됐다. 둘 중 어느 패키지 관리자가 설치됐는지 확실치 않다면 두 명령을 모두 CLI에 입력해서 어떤 명령이 작동하는지 확인해보자. [그림 2-1]은 Ubuntu에 내장된 apt 관리자의 출력을 보여준다.

그림 2-1 apt가 설치된 우분투 CLI

```
kedar@kedar-Latitude-E6430:~$ apt
apt 1.2.15 (amd64)
Usage: apt [options] command

apt is a commandline package manager and provides commands for
searching and managing as well as querying information about packages.
It provides the same functionality as the specialized APT tools,
like apt-get and apt-cache, but enables options more suitable for
interactive use by default.

Most used commands:
  list - list packages based on package names
  search - search in package descriptions
  show - show package details
  install - install packages
  remove - remove packages
  autoremove - Remove automatically all unused packages
  update - update list of available packages
  upgrade - upgrade the system by installing/upgrading packages
  full-upgrade - upgrade the system by removing/installing/upgrading packages
  edit-sources - edit the source information file

See apt(8) for more information about the available commands.
Configuration options and syntax is detailed in apt.conf(5).
Information about how to configure sources can be found in sources.list(5).
Package and version choices can be expressed via apt_preferences(5).
Security details are available in apt-secure(8).
                              This APT has Super Cow Powers.
kedar@kedar-Latitude-E6430:~$ █
```

독자가 윈도우 사용자인데 이 책을 위해 리눅스를 사용하고 싶다면 컴퓨터에 리눅스 배포판을 설치하는 작업이 첫 번째 과제가 될 것이다. 인터넷상에 리눅스 설치 방법을 알려주는 튜토리얼이 많으므로 여기에서는 다루지 않을 것이다. 단, 버추얼박스^{VirtualBox}와 함께 우분투 16.04

LTS를 사용하는 것을 권장한다. 우분투는 초보자에게 친화적인 버전의 리눅스 배포판이며 버추얼박스를 사용하면 하드 드라이브를 파티셔닝하고 듀얼 부팅을 설정하는 번거로움 없이 리눅스를 실행할 수 있다.

맥OS

맥OS와 리눅스는 내부적으로 유사한 운영체제다. 둘 다 1970년 벨 연구소Bell Labs가 개발한 운영체제 유닉스UNIX의 계통에 속한다. 맥OS에 내장된 CLI 프로그램은 터미널Terminal이라고 불리며 리눅스와 동일한 명령을 많이 가지고 있다.

> **NOTE_** 맥(Mac) 또는 매킨토시(Macintosh)는 애플(Apple)에서 제조한 컴퓨터의 이름이고 맥OS는 맥에서 실행하는 운영체제다. 둘은 항상 함께 판매하기 때문에 종종 같은 의미로 사용된다.

맥OS와 리눅스 CLI 환경에서 중요한 차이점은, 맥OS 쪽에 패키지 관리자가 없다는 점이다. 이 문제를 해결하려면 홈브루Homebrew를 설치해야 한다. 터미널을 열고(Command + spacebar 단축키로 Spotlight 검색 팝업을 열고 terminal을 입력하면 된다). 다음 명령을 복사한 다음 Enter 키를 눌러 설치를 실행하자.

```
/usr/bin/ruby -e "$(curl -fsSL https://raw.\githubusercontent.com/Homebrew/install/
master/install)"
```

설치가 끝나면 터미널에 brew를 입력해보자. 사용 가능한 명령의 목록이 나타날 것이다.

2.1.3 프로그래머용 도구

모든 프로그래밍 프로젝트에는 텍스트 편집기, 컴파일러/런타임, 버전 제어 등 기본적인 프로그래밍 도구가 필요하다. 이더리움 클라이언트를 본격적으로 사용하기 전에 이러한 도구를 설치해보자.

텍스트 편집기

텍스트 편집기는 일반 텍스트를 편집하는 도구다. 일반 텍스트는 모든 문자 또는 기호를 이진 형식으로 직접 인코딩하는 형식이다. 코드와 CLI는 일반 텍스트로 작동한다. 일반 텍스트는 잘 장식된 형태를 좋아하는 인간과 모든 것을 이진수로만 해석하는 컴퓨터 사이에 있는 절충안이기 때문이다. 대부분의 워드 프로세서는 실제로 일반 텍스트를 편집하지 않는다. 일례로, 마이크로소프트 워드는 단독 형식을 사용해 고급 스타일 및 서식을 제공해 사용자가 한 번 적응하면 계속 사용할 수밖에 없도록 만든다.

모든 표준 텍스트 편집기는 솔리디티 개발에 사용하기에 충분할 것이다. 이전에 텍스트 편집기를 사용하지 않은 독자는 서브라임 텍스트Sublime Text 또는 아톰Atom으로 시작하면 좋다. 통합 개발 환경(IDE)에 익숙한 자바 개발자 및 모바일 개발자에게는 리믹스Remix라는 이더리움 개발용 IDE가 있지만 기능에 제한이 있어서 대부분의 개발자는 이를 사용하지 않는다.

버전 관리 : 깃

버전 관리 도구는 코드를 백업하고 코드 베이스의 변경 사항을 효율적으로 추적하며 여러 개발자 간 공동 작업을 제공하는 필수 도구다. 깃Git은 가장 인기 있는 버전 제어 시스템(VCS)으로, 리누스 토발즈Linus Torvalds가 리눅스 커널 소스 코드 관리용으로 처음 개발했으며 대다수 소프트웨어 프로젝트에서 사용한다.

> **NOTE_** 깃을 사용해 이 책의 공식 깃허브 저장소(github.com/k26dr/ethereum-games)에 접속할 수 있다. 이 책의 공식 깃허브 저장소에는 모든 프로젝트의 코드와 링크를 포함하며 이더리움 생태계의 진화와 함께 정기 업데이트될 예정이다.

깃의 설치 방법은 [예제 2-1]을 참조하자.

예제 2-1 깃 설치하기

```
// 맥OS
brew install git

// 리눅스
sudo apt-get install git
```

런타임 : 자바스크립트

RPC 방식으로 이더리움 노드와 통신을 제공하는 공식 클라이언트 라이브러리는 web3.js다. 이를 사용하려면 Node.js와 NPM을 설치해야 한다. 크롬 브라우저의 소스 코드를 파헤치고 자바스크립트 엔진만 뽑아서 이를 커맨드 라인 프로그램으로 바꿨다고 상상해보자. 라이언 달[Ryan Dahl]은 바로 이 방식으로 자바스크립트의 서버 버전이라 할 수 있는 Node.js를 만들었다. Node.js는 모듈 시스템을 사용해 자바, 파이썬 또는 스위프트와 유사한 코드를 구성한다. NPM, Node.js 패키지 관리자는 이 프로세스를 간소화하고 웹을 통해 공유 모듈을 쉽게 만들도록 만들어졌는데, Node.js 모듈용 apt 또는 yum이라고 간주할 수도 있다. 설치 과정은 [예제 2-2]를 참조하자.

예제 2-2 Node.js와 NPM 설치하기

```
// 맥OS
brew install node

// 리눅스(apt)
// 두 번째 행은 node 명령으로부터 nodejs 프로그램으로 연결되는 단축 경로를 생성하여
// 맥OS 패키지 명의 일관성을 유지한다.
sudo apt-get install nodejs npm
sudo ln -s /usr/bin/nodejs /usr/bin/node
```

컴파일러 : 솔리디티

솔리디티는 소스 코드를 EVM 바이트코드로 컴파일하는 언어다. 솔리디티 컴파일러는 이제부터 설치할 첫 번째 NPM 패키지가 될 것이다. 다음과 같이 전역으로 설치하자.

```
sudo npm install -g solc
```

2.1.4 이더리움 클라이언트

이더리움 클라이언트[ethereum client]는 이더리움 프로토콜 구현체로서, 이더리움 네트워크 및 블록체인과 통신하는 프로그램이다. 이더리움 클라이언트의 역할은 다음과 같다.

- 새로운 체인 동기화

- 새 블록 다운로드 및 확인

- 피어와 연결

- 트랜잭션 확인 및 실행

- 로컬 트랜잭션을 네트워크로 브로드캐스트

- 기본적인 채굴 기능 제공

이더리움 클라이언트에도 여러 종류가 있으며 각각 장단점이 있다. 이 책에서는 주로 geth와 가나슈^{Ganache}라는 두 가지 클라이언트를 사용하겠지만 Eth와 패리티^{Parity}도 함께 다루어 독자가 익숙해지도록 할 것이다.

Geth

Geth는 이더리움 프로토콜의 공식 구현체로, Go로 작성됐다. 최신 업데이트가 반영되는 이더리움 클라이언트이며 모든 이더리움 업데이트 기준점 역할을 한다. 이더리움 공식 구현체이기에 geth에는 최신 보안 패치와 업데이트가 모두 들어 있다. geth를 설치하려면 [예제 2-3]을 참조하자.

예제 2-3 geth 설치하기

```
# 본 문장은 주석이며,
# '#'로 시작하는 모든 행은 CLI에 의해 주석으로 처리된다.

# 리눅스용 설치 명령
sudo apt-get install software-properties-common
sudo add-apt-repository -y ppa:ethereum/ethereum
sudo apt-get update
sudo apt-get install ethereum

# 맥용 설치 명령
brew tap ethereum/ethereum
brew install ethereum
```

가나슈

가나슈는 개발용 프라이빗 체인을 전문적으로 실행하는 가벼운 이더리움 클라이언트다. 이 책에서는 메인넷에서 격리된 사설 네트워크를 생성하는 용도로 가나슈를 사용할 것이다. 트러플Truffle 프레임워크에 가나슈가 내장됐는데, 이 부분은 이 장의 뒷부분에서 트러플과 함께 설명할 것이다.

Eth

Eth는 이더리움 프로토콜의 공식 C++ 구현체로, 고성능이 필요한 채굴과 같은 애플리케이션에 사용된다. Eth는 채굴 알고리즘 자체를 지원하기 위해 사용했지만 이후 코드베이스의 해당 부분이 이더마이너Ethminer라는 자체 프로젝트로 분리됐다.

패리티

패리티parity는 geth 클라이언트와 미스트 브라우저보다 더 사용자 친화적인 대안을 제공하는 이더리움 클라이언트다. 이더리움의 공동 설립자이자 커뮤니티의 유명 인사인 개빈 우드가 패리티의 개발을 주도적으로 이끌었다. 패리티는 개발자가 아닌 이더리움 사용자를 대상으로 하는데, geth에 비해 최신 기능 업데이트가 늦게 이루어지는 경향이 있다.

2.1.5 배포

이더리움 주소에는 지갑 주소와 컨트랙트 주소라는 두 가지 주소 유형이 있다. 동일한 형태를 가지고 있고 기능도 거의 동일하지만, 사용자에게 귀속하느냐 컨트랙트에 귀속하느냐의 차이가 있다. 특정 지갑 주소에 담긴 이더를 다른 곳으로 보내려면 해당 지갑 주소의 개인키가 반드시 필요하다. 컨트랙트 주소도 지갑 주소와 마찬가지로 잔고를 가지고 있다. 컨트랙트 주소에 담긴 이더를 다른 곳으로 보내는 것은 해당 컨트랙트 코드만 수행할 수 있다.

이론적으로 컨트랙트를 만드는 것은 간단하다. 컨트랙트의 바이트코드를 널 주소(0x)로 전송하면 된다. 하지만 수동으로 솔리디티 코드를 EVM 바이트코드로 전환하는 작업은 굉장히 노동집약적이므로, 프로세스를 단순화하는 도구를 도입할 필요가 있다.

트러플이란?

트러플은 솔리디티 및 EVM의 개발 프레임워크다. 트러플이 컨트랙트의 컴파일, 배포, 테스트

절차를 간소화해주기 때문에 개발자는 컨트랙트의 작성에 집중할 수 있다. 트러플을 전역으로 설치하려면 다음 명령을 사용하면 된다.

```
sudo npm install -g truffle
```

트러플의 기본 명령을 몇 가지 실행해보자. 이 모든 것이 어떻게 작동하는지 이론적인 부분은 뒤에서 더 다룰 것이다. 우선 지금은 첫 번째 컨트랙트를 프라이빗 체인에 배포할 것이다. [예제 2-4]의 명령을 순서대로 실행하자. truffle develop 명령은 가나슈를 실행하는 트러플 개발 콘솔을 연다. migrate 명령은 해당 콘솔 내에서 실행해야 한다.

> **TIP_** 윈도우 사용자는 truffle 명령 대신 truffle.cmd를 사용해야 한다. 예를 들어, truffle.cmd develop이라고 입력하면 트러플 개발 콘솔을 열 수 있다.

예제 2-4 트러플로 간단한 댑 배포하기

```
mkdir truffle-test
cd truffle-test
truffle init
truffle develop

# 트러플 개발 콘솔에서 아래 명령을 실행한다.
migrate

# 개발 콘솔을 빠져나온다.
.exit
```

truffle init은 일련의 폴더와 예제 파일을 생성하는데, 그중 contracts라는 폴더가 있고 그 안에서 Migrations.sol이라는 솔리디티 컨트랙트 파일을 볼 수 있다. 파일의 코드를 가볍게 한 번 훑어보자. 이는 방금 배포한 코드이며, 이 코드를 읽어보면 솔리디티 컨트랙트가 어떻게 구성됐는지 감을 잡을 수 있다.

마이그레이션은 트러플 배포와 동일하다. 트러플에서의 마이그레이션은 본질적으로 배포 스크립트에 해당한다. 트러플이 만든 디렉토리 중 하나가 migrations/folder인데, 이 안에 예제 마이그레이션 파일도 위치하고 있다. 파일을 확인해서 간단한 마이그레이션이 어떻게 진행되는지 살펴보자.

지금까지 개발 체인을 직접 설정하고 첫 번째 솔리디티 컨트랙트를 배포하는 데 성공했다.

2.1.6 기본 geth 명령어

Geth^{Go-ethereum, 고이더리움}는 많은 기능을 처리하는 고도화된 프로그램이다. geth에서 실행할 수 있는 명령의 전체 목록을 보려면 geth help를 실행해보자. 사용 가능한 포괄적인 명령이 나타나는데, 이번 절에서는 필수 명령 몇 가지를 소개하고자 한다.

첫 번째로 시도할 명령은 간단하다. 아무런 옵션이나 명령 없이 geth를 실행하자. [그림 2-2]와 비슷한 화면이 보일 것이다. geth를 입력하면 Geth의 시동이 걸리면서 피어와의 연결, 동기화 프로세스가 시작된다. Geth를 종료하려면 Ctrl + C를 입력하자.

그림 2-2 Geth 시작 화면

```
kedar@kedar-Latitude-E6430:~$ geth
INFO [09-28|14:16:00] Starting peer-to-peer node               instance=Geth/v1.6.7-stable-ab5646c5/linux-amd64/go1.8.1
INFO [09-28|14:16:00] Allocated cache and file handles         database=/home/kedar/.ethereum/geth/chaindata cache=128 han
INFO [09-28|14:16:00] Initialised chain configuration          config="{ChainID: 1 Homestead: 1150000 DAO: 1920000 DAOSupp
000 Metropolis: 9223372036854775807 Engine: ethash}"
INFO [09-28|14:16:00] Disk storage enabled for ethash caches   dir=/home/kedar/.ethereum/geth/ethash count=3
INFO [09-28|14:16:00] Disk storage enabled for ethash DAGs     dir=/home/kedar/.ethash                 count=2
INFO [09-28|14:16:00] Initialising Ethereum protocol           versions="[63 62]" network=1
INFO [09-28|14:16:00] Loaded most recent local header          number=4256707 hash=e61711..410d6d td=89117296270707611076
INFO [09-28|14:16:00] Loaded most recent local full block      number=4256707 hash=e61711..410d6d td=89117296270707611076
INFO [09-28|14:16:00] Loaded most recent local fast block      number=4256707 hash=e61711..410d6d td=89117296270707611076
WARN [09-28|14:16:00] Blockchain not empty, fast sync disabled
INFO [09-28|14:16:00] Starting P2P networking
INFO [09-28|14:16:02] UDP listener up                          self=enode://4d6897fab3e0de4a67cf8e1126a1245a2cf80331003c62
825d7775276a26a0b3b62f80844a@[::]:30303
INFO [09-28|14:16:02] RLPx listener up                         self=enode://4d6897fab3e0de4a67cf8e1126a1245a2cf80331003c62
825d7775276a26a0b3b62f80844a@[::]:30303
INFO [09-28|14:16:02] IPC endpoint opened: /home/kedar/.ethereum/geth.ipc
INFO [09-28|14:16:22] Block synchronisation started
```

Geth와 통신하려면 콘솔 모드에서 geth를 열어야 하는데, geth console이라는 명령을 입력하면 된다. [그림 2-3]과 같은 화면이 나타날 것이다.

그림 2-3 Geth 콘솔

```
kedar@kedar-Latitude-E6430:~$ geth --verbosity 0 console
Welcome to the Geth JavaScript console!

instance: Geth/v1.6.7-stable-ab5646c5/linux-amd64/go1.8.1
coinbase: 0xf2e6b44e0ffd524bd36cae1a58d9f6ee2edffb1e
at block: 4256707 (Sat, 09 Sep 2017 18:27:32 EDT)
 datadir: /home/kedar/.ethereum
 modules: admin:1.0 debug:1.0 eth:1.0 miner:1.0 net:1.0 personal:1.0

> web3.eth.accounts
```

Geth 콘솔은 geth와 통신하는 일련의 모듈을 제공한다. 여기에는 지갑 생성, 이더 전송, 컨트랙트 생성, 컨트랙트와의 통신 등의 기능이 포함된다. 예를 들어, 지갑 목록을 보려면 콘솔에 eth.accounts를 입력하면 된다.

지금은 생성된 지갑이 없으므로 빈 배열이 반환될 것이다. 이후 3.1절 '프로젝트 3-1: 트랜잭션 생성'에서 지갑을 생성하고 이더를 획득하고 나면 geth 콘솔과 여타 명령을 다시 사용할 기회가 있을 것이다. 프로그램을 종료하려면 콘솔에 exit를 입력하자.

꽤 많은 사용자가 geth 콘솔을 가로지르는 수많은 로그 메시지를 불편하게 느끼는데, 해결 방법이 있다. 로그 메시지를 없애려면 geth --verbosity 0 console 명령을 입력해 콘솔을 사일런트 모드로 실행하면 된다.

Geth를 메인넷이 아닌 테스트넷에 접근하기 위해 사용할 수도 있다. 프라이빗 체인을 실행할 수도 있고 이더리움 프로토콜을 준수하는 다른 네트워크와 통신할 수도 있다. 이 책에서는 주로 링키비Rinkeby 테스트넷을 사용해 소중한 이더를 낭비하지 않으면서 컨트랙트를 테스트하고 배포할 것이다. 링키비 테스트넷에 연결하려면 geth -rinkeby 명령을 실행하자. 이 명령은 링키비 피어와의 연결을 통해 링키비 네트워크의 동기화 프로세스를 시작한다.

계정 및 지갑 관리는 geth의 핵심 기능 중 하나이며, 특히 개발자 외 사용자들에게 중요한 기능이다. 계정 관리 인터페이스에 접근하려면 geth account 명령을 실행하면 된다. 이렇게 하면 계정 관리에 사용할 수 있는 도움말 페이지와 하위 명령 목록이 표시된다. 이제 geth account list 명령을 실행해 명령 중 하나를 테스트해보면 빈 응답을 받게 된다. 새 계정을 만드는 데 geth account new 명령을 사용할 수 있지만, 본격적인 사용은 이 장의 뒷부분에서 할 것이다.

Geth는 댑 및 외부 클라이언트와의 통신하는 용도로 JSON-RPC 서버를 실행할 수 있다. RPC 모드에서 geth를 실행하려면 geth -rpc 명령을 실행하자. RPC 모드는 보안상의 이유로 로컬 개인키에 대한 접근을 비활성화한다. 트랜잭션에 서명하고 전송하려면 RPC가 개인키에 접근할 수 있어야 하므로, geth --rpc -rpcapi web3,eth,net,personal을 사용해 RPC 서버를 실행하자. personal 모듈은 계정 서비스에 대한 접근을 제공한다.

> **CAUTION_** personal RPC API를 사용하면 geth 지갑을 인터넷에 노출시킬 수 있다. 외부에서 지갑의 이더를 훔치지 못하게 하는 유일한 방법은 지갑 암호일 것이다. 반드시 강한 암호를 걸어 놓도록 하자.

때때로 동시에 두 네트워크를 운영해야 하는 상황도 있을 수 있다. 이 장의 뒷부분에서 메인넷과 링키비 테스트넷을 동시에 동기화하는 사례도 다룬다. 기본적으로 geth는 네트워크 작업에 포트 30303번을, RPC 서버용으로는 포트 8545번을 사용한다. 포트에서는 한 번에 한 프로그램만 수신할 수 있으므로, 동시에 두 geth 인스턴스를 실행하려고 하면 기본적으로 충돌이 발생한다. 이를 해결하려면 geth --port 31303 명령으로 인스턴스 중 하나를 다른 네트워크 포트(예 : 31303)에서 수신하게 하면 된다. RPC 서버 중 하나를 다른 포트(예 : 9545)에서 실행하려면 geth -rpc - rpcport 9545를 실행하면 된다.

문서 및 자료

Geth에 대한 문서는 깃허브 링크 github.com/ethereum/go-ethereum/wiki/geth에서 찾을 수 있다. 이 페이지에는 geth console API 및 geth 명령 레퍼런스에 대한 링크도 담겨 있다.

[표 2-1]은 유용한 geth 명령 몇 가지를 담고 있다. 이 장에서 다루는 명령도 있고 이 책에서 쓰지 않지만 추후의 쓸모에 대비해 수록한 명령도 있다.

표 2-1 유용한 geth 명령

설명	명령
기본 동작을 위한 geth 모드	geth
통신용 콘솔(로그가 없는 사일런트 모드)	geth console —verbosity 0
명령 도움말	geth help
링키비 테스트넷	geth -rinkeby
계정 관리	geth account
계정 생성	geth account new
메인넷 동기화	geth —fast —cache=1024
링키비 동기화	geth —rinkeby —fast —cache=1024
RPC 모드	geth -rpc
로컬 지갑 접근을 위한 RPC 모드	geth —rpc -rpcapi, web3, eth, net, personal
커스텀 네트워크 포트 수신	geth —port ⟨port⟩
커스텀 RPC 포트 수신	geth —rpc —rpcport ⟨port⟩

2.2 블록체인 연결하기

컨트랙트를 배포하거나 네트워크 트랜잭션을 실행하려면 사용할 각 네트워크에 전체 노드를 동기화해야 한다. 이 책에서는 주로 이더리움 메인넷(mainnet)과 링키비 테스트넷(testnet)의 두 네트워크를 동기화할 것이다. 테스트넷은 이더리움 프로토콜을 실행하지만 토큰이 없는 네트워크라고 할 수 있다. 가스 비용을 지불하지 않고도 코드, 배포, 트랜잭션을 테스트하는 데 유용하다. 메인넷에서 반복 테스트를 수행하려면 상당한 비용을 써야 할 것이다.

모든 퍼블릭 이더리움 네트워크에는 고유한 네트워크 ID가 있다. 이더리움 메인넷의 네트워크 ID는 1이며 링키비 테스트넷의 네트워크 ID는 4다. 프라이빗 체인은 다른 네트워크와의 동기화를 피하기 위해 네트워크 ID로 큰 크기의 고유 난수를 사용하는 것이 좋다.

2.2.1 네트워크 동기화

Geth에서는 세 가지 모드로 네트워크 동기화를 진행할 수 있다. 각각 라이트light, 풀full, 아카이브archive 모드다.

라이트 노드는 블록 헤더를 동기화하지만 트랜잭션을 처리하거나 상태 트리를 유지 관리하지 않는다. 라이트 클라이언트는 지갑만 관리하고 이더를 주고받기를 원하는 사용자에게 유용하다. 개발자 입장에서는 라이트 클라이언트만으로는 개발 용도를 충족하기에 부족하므로 풀 노드가 필요하다.

풀 노드는 블록체인 상태 트리의 로컬 스냅샷을 유지하고 전체 블록을 다운로드하고 블록체인의 로컬 복사본에서 블록 트랜잭션을 실행하고 합의 프로세스에 참여한다. 풀 노드는 이더리움 네트워크의 백본이다. 토렌트torrent에 익숙한 사람들은 풀 클라이언트와 라이트 클라이언트를 토렌트의 시드seed와 리치leech로 비유해도 좋을 것이다. 풀 노드는 다른 피어에게 네트워크 정보를 제공하지만 라이트 노드는 네트워크에서 정보를 가져올 뿐 제공하지는 않는다. 풀 노드 동기화를 수행하면 약 8시간이 걸리고 약 30GB의 디스크 공간을 소비한다.

아카이브 노트는 풀 아카이브full archive 노드라고도 불리는데, 상태 트리의 현재 스냅샷뿐 아니라 제네시스 블록 이후 블록체인에서 발생한 모든 상태 전환의 복사본을 유지한다. 풀 아카이브 노드는 이더리움 노드의 대부라고 할 수 있는데, 2017년 12월 기준으로 350GB의 저장 공간이 필요하며 월 30GB의 속도로 필요한 공간이 증가하고 있다. 특정 기기가 풀 노드 동기화에 오랜 시간이 걸린다면 아카이브 노드 동기화는 거의 불가능하다고 볼 수 있다. 표준 SSD 및 10Mbps 인터넷 연결 속도로 아카이브 노드를 동기화하려면 45일의 시간이 소요된다. 이러한 환경에서 아카이브 노드를 실행하려면 geth의 import/export 기능을 사용해 기존 아카이브 노드의 데이터베이스 복사본을 만드는 것이 가장 효율적인 방법이다. 이제부터 메인넷과 링키비 테스트넷에 대해 풀 노드 동기화를 실습해볼 것이다.

메인넷

메인넷mainnet 동기화를 위해서는 다음과 같은 명령을 입력하자.

```
geth --fast --cache=1024
```

fast 옵션을 통해 동기화를 진행하면 아카이브가 없는 풀 노드 동기화가 이루어진다. 이 프로세스는 SSD 드라이브를 사용한 10Mbps 이상 인터넷 연결 시 약 8시간이 소요된다. HDD를 사용하면 시간이 2~3배 더 걸리며 3Mpbs 이하 연결에서도 마찬가지다. 가능하다면 동기화를 밤새 실행해두자. 그러면 아침에 일어날 때 즈음 동기화가 완료될 것이다. 시간을 절약하기 위해 메인넷과 테스트넷을 동시에 동기화할 수도 있는데 그 방법은 다음 절에서 설명할 것이다.

테스트넷

이제부터 링키비 테스트넷testnet 동기화를 진행해보자. 이더리움은 지금까지 올림픽Olympic, 모든 Morden, 롭스텐Ropsten, 코반Kovan 등의 테스트넷을 유지해왔다. 코반 테스트넷은 여전히 활성화되지만 현재 대부분의 개발자가 링키비 테스트넷을 사용하고[1] 다른 테스트넷은 모두 활성도가 떨어졌다. 테스트넷을 유지 관리하는 것은 꽤 어려운 작업이고 테스트넷에 대한 공격도 몇 차례 있었다. 자세한 내용은 6.5.5절 '테스트넷 공격 및 문제점'을 참조하자.

대부분의 사용자가 메인넷과 테스트넷을 동시에 동기화할 것이라는 가정 하에, 테스트넷 동기화를 위한 다른 포트를 다음과 같이 할당하자.

```
geth --rinkeby --port 31303
```

---

[1] 감수자주_ 롭스텐을 더 많이 사용한다.

이렇게 하면 하룻밤 사이에 두 네트워크를 동기화할 수 있다. 동기화가 끝나면 이 책의 예제를 계속 진행하면 된다.

2.2.2 포우셋

메인넷의 이더는 거래소에서 비트코인 또는 법정 화폐로 교환할 수 있지만, 테스트넷의 이더는 내재 가치가 없기 때문에 어느 거래소에서도 취급하지 않는다. 이 문제를 해결하기 위해 대부분의 테스트넷에서는 포우셋faucet을 사용한다. 포우셋은 테스트를 위한 암호화폐를 무료로 지급하는 웹사이트다. 비트코인 초창기에는 사용자가 소량의 비트코인을 확보해 기술에 적응할 수 있도록 하기 위해 포우셋에서 비트코인을 지급했지만, 비트코인이 상당한 시장 가치를 인정받은 뒤에는 이러한 비트코인 포우셋이 사라졌다. 최근에는 주로 테스트넷의 이더를 나눠주기 위한 포우셋이 활성화됐다.

2.3 마치며

이더리움 노드를 실행하려면 충분히 큰 용량의 SSD와 인터넷 연결이 필요하다. 75GB의 SSD 디스크 공간과 5Mpbs의 대역폭이 이상적인 최소 사양이다.

이더리움 스마트 컨트랙트를 개발하기 위한 최적의 운영체제는 리눅스이며 맥OS도 적절하다. 윈도우 사용자라면 윈도우에서 GNU를 내려받고 truffle 명령 대신 truffle.cmd를 사용하는 것을 권장한다.

이더리움 클라이언트는 블록체인의 로컬 복사본을 동기화하고 유지하며, 이를 통해 트랜잭션을 브로드캐스트하고 배포된 컨트랙트와 통신할 수 있다. 이 책에서는 주로 geth와 가나슈라는 두 클라이언트를 사용할 것이다. 가나슈는 개발용 로컬 블록체인에 해당하며, geth는 메인넷 및 링키비 테스트넷에 연결할 수 있는 클라이언트다. 다음 장에서는 이 장에서 소개한 도구와 개념을 사용해 간단한 트랜잭션을 브로드캐스트하고 첫 번째 컨트랙트를 배포할 것이다.

## CHAPTER 3

이더리움 첫 단계

이번 장부터는 실습을 통해 이더리움과 두 가지 기본 통신을 진행할 것이다. 첫 번째 프로젝트에서는 이더리움 네트워크에 트랜잭션을 브로드캐스팅할 것이다. 두 번째 프로젝트에서는 간단한 Hello World 컨트랙트를 배포할 것이다.

3.1 프로젝트 3-1: 트랜잭션 생성

이번 연습에서는 geth 콘솔을 사용해 이더를 전송할 것이다. 일반적으로는 이더를 주고받기 위해 지갑 서비스를 사용한다. 하지만 geth 콘솔의 언어인 자바스크립트와 이더리움의 공식 클라이언트 라이브러리인 web3.js를 사용하면 커맨드 라인을 통해 이더를 전송할 수도 있다. 자바스크립트를 모른다 해도 걱정하지 말자. 이 연습에서는 복잡한 코드가 필요하지 않다.

3.1.1 지갑 생성

이더를 보내려면 물론 일단 이더를 보유해야 한다. 이더를 보유하려면 지갑이 필요하다. 이제부터 두 개의 지갑을 만들어보자. 메인넷 이더를 구하기 어려운 독자도 있을 수 있으므로, 이번 연습은 메인넷과 테스트넷 양쪽을 모두 다룰 것이다.

메인넷

메인넷에 지갑을 생성하려면 다음 명령을 실행하면 된다.

```
geth account new
```

그러면 패스프레이즈passphrase를 입력하기 위한 인터페이스가 나타날 것이다.

> **TIP_** 이 책의 모든 예제 프로젝트 및 연습에서는 개인키의 암호로 'ethereum'을 사용할 것이다. 하지만 이는 예시일 뿐이므로 각자 연습할 때는 별도의 암호를 생성하도록 하자.

나중에 우리가 geth의 RPC 서버에서 개인 모듈을 사용할 수 있게 되면 여러분과 개인 암호 유실 사이에 있는 유일한 암호가 그 암호가 된다. 강력한 암호를 사용하자.

암호를 입력할 때 화면에 아무것도 나타나지 않는지 궁금한 경우 커맨드 라인을 사용하는 것이 일반적이다. 암호는 완전히 숨겨졌다. 암호를 입력하고 확인하면 새 주소가 표시된다.

첫 번째 계정이 만들어지면 두 번째 계정을 만들어 트랜잭션 리시버 역할을 한다.

테스트넷

테스트넷에서 계정을 생성하려면 다음과 같은 명령을 입력하자.

```
geth --rinkeby account new
```

테스트넷에도 두 개의 계정을 생성하자.

3.1.2 이더 구하기

이더를 보내려면 당연히 이더가 필요하다. 이더를 구하는 절차를 알아보자.

메인넷

이더를 구하는 방법에는 두 가지가 있다. 직접 법정화폐를 지불해서 구입하거나, 먼저 비트코인을 구입한 다음 비트코인을 지불하고 이더를 구입할 수 있다. 미국, 캐나다, 유럽의 경우 코인베이스Coinbase(coinbase.com) 또는 제미니Gemini(gemini.com) 거래소를 사용해 은행 계좌나 신용카드로 이더를 구입할 수 있다. 중국의 경우 오케이코인OKCoin(okcoin.com)이나 BTCC(btcc.com)에서 이더를 구입할 수 있다. 그 외의 국가에서는 코인마마Coinmama(coinmama.com)에서 신용카드로 이더를 구입할 수도 있다.

신용 카드를 사용하기 어려운 사용자는 먼저 비트코인을 구입하는 편이 좋다. 로컬비트코인LocalBitcoins(localbitcoins.com)은 전 세계적으로 현금으로 직접 비트코인을 구입할 수 있는 가장 좋은 거래소다. 비트코인이 있으면 셰이프시프트ShapeShift(shapeshift.io)나 앞에서 언급한 거래소에서 비트코인을 이더로 교환할 수 있다.

이더를 구하기가 어렵거나 그 과정이 너무 오래 걸린다고 해도 걱정하지 말자. 이 책의 예제 프로젝트를 수행하기 위해 메인넷 이더가 반드시 필요한 것은 아니다. 링키비 테스트넷의 이더는 실제 가치가 없다는 점을 제외하면 기술적으로는 모든 면에서 메인넷 이더와 동일하다. 실제 돈을 가지고 연습하지 않으면 현실감이 떨어질 수도 있지만 그 차이는 기술적인 것이 아니라 심리적인 것이다.

테스트넷

링키비는 포우셋을 사용해 개발자에게 '테스트 이더'를 나눠준다(faucet.rinkeby.io 참조). 포우셋에서 받은 이더는 메인넷에서 사용할 수 없다. 링키비용 이더스캔 사이트(rinkeby.etherscan.io)의 검색 창에 계정 주소를 입력하면 테스트넷의 트랜잭션이 성공인지 확인할 수 있다. 예를 들어, 저자의 테스트넷 계정으로 테스트용 3이더를 전송한 트랜잭션은 rinkeby.etherscan.io/tx/0xe51f16a048a3832897b19e3cb5ab861d1d708724c47a76d974739604d2bd9b1d다.

트랜잭션이 확정되면 링키비의 geth 콘솔을 열고(`geth - rinkeby --verbosity 0 console`), 다음 명령으로 잔액을 확인하자.

```
eth.getBalance(eth.accounts[0])
```

첫 번째 주소 대신 두 번째로 생성된 주소를 사용한 경우, eth.accounts[0] 대신 eth.

accounts[1]을 전달하자. eth.getBalance(주소)는 네트워크에 있는 주소의 잔고를 확인하는 데 사용할 수 있으며 사용자가 소유하지 않은 주소의 잔고도 확인할 수 있다.

명령을 실행하면 [그림 3-1]과 같이 큰 단위의 수가 출력될 것이다.

그림 3-1 지갑 잔고

```
> eth.getBalance(eth.accounts[0])
```

이것은 이더의 기본 단위인 wei웨이의 잔고다. 1이더는 10^{18}wei에 해당하므로, 실제 이더 단위로 잔고를 조회하려면 다음과 같은 명령을 사용해야 한다.

```
eth.getBalance(eth.accounts[0]) / 1e18
```

자바스크립트는 지수 표현을 인식하므로, 위 명령의 출력에 실제 링키비에 보유한 이더 잔고가 표시될 것이다.

3.1.3 커맨드 라인으로 가짜 이더 보내기

자, 첫 번째 트랜잭션을 만들 준비가 됐다. 앞에서 얻은 링키비 테스트넷상 가짜 이더를 작성자의 주소로 보내자. 우선 링키비 geth 콘솔을 열고(명령에 --rinkeby 플래그를 넣는 것을 잊지 말자. 자칫 실수로 메인넷에 들어가서 진짜 이더를 보내게 될 수도 있다), [예제 3-1]과 같이 web3을 사용해 트랜잭션을 보내자.

예제 3-1 이더 전송

```
eth.sendTransaction({
    from: eth.accounts[0],
    to: "0x2fbd98e03bd62996b68cc90dd874c570a1f94dcc",
    value: 1e17,
    gas: 90e3,
    gasPrice: 20e9
})
```

잠깐! 방금 오류가 발생했다. "Error: authentication needed: password or unlock(에러:

인증 필요: 암호 혹은 잠금 해제)" 라는 메시지가 나타날 텐데, 계정을 사용하려면 잠금을 해제해야 한다. 계정 잠금을 해제하려면 다음 단계를 따르자.

```
// 해당 계정의 패스프레이즈로 잠금을 해제. 아래 'password'를 독자의 암호로 대체하자
personal.unlockAccount(eth.accounts[0], password)
```

이제 send() 함수를 다시 실행할 수 있다. 위쪽 및 아래쪽 화살표를 사용하면 기존에 사용한 명령 내역을 스크롤할 수 있다. [예제 3-1]의 코드를 다시 실행하자. 긴 16진수 값이 표시될 텐데, 이것이 바로 트랜잭션 ID에 해당한다. 링키비 이더스캔 사이트에서 트랜잭션 ID를 조회하면 트랜잭션 내역이 표시된다. [그림 3-2]와 같이 'To:' 필드, 즉 수신자의 계정 주소를 클릭하면 동일한 트랜잭션을 수행한 다른 모든 독자의 목록을 볼 수 있다.

그림 3-2 이더스캔의 'To' 필드

send() 함수로 돌아가서 지금 생성한 트랜잭션의 세부 사항을 살펴보자. 이 함수의 올바른 구문은 eth.sendTransaction(txOptions)이다. tx는 트랜잭션의 약자로, 블록체인 세계에서 자주 볼 수 있는 말이다. txOptions 객체는 web3.js를 사용해 보내는 모든 트랜잭션의 특성을 규정하는데, 총 7개 키를 사용하지만 보통은 다음과 같은 5개 키만 신경쓰면 된다.

- **from**: 송신자 계정에 해당한다. 이 계정은 트랜잭션에 서명할 수 있도록 잠금을 해제해야 한다.
- **to**: 수신자 계정에 해당한다. null 주소로 컨트랙트 생성 트랜잭션을 보내는 경우에는 이 키를 비워둬도 된다. 선택 입력하는 키라고 해도, 컨트랙트를 직접 생성할 때 이 함수를 직접 사용하는 일은 절대 없으므로 사실상 필수로 설정해야 하는 키라고 볼 수 있다.
- **value**: 보낼 총 액수를 wei 단위로 환산한 값이다. 선택적 키이며, 비워두면 기본값은 0이다.
- **gas**: 트랜잭션이 사용할 수 있는 최대 가스 한도에 해당한다. 사용하지 않은 가스는 사용자에게 환불된다. 실제로 필요한 가스가 가스 한도를 초과하면 트랜잭션은 OutOfGasError를 throw하고 모든 상태 변경 사항을 되돌린다. 선택적 키이며, 비워두면 기본값은 90e3이다.

- **gasPrice**: 트랜잭션의 gas 단위당 가격을 의미한다. 가스 가격은 일반적으로 Gwei(10^9wei)단위로 기술된다. 메인넷에서는 각 트랜잭션의 가스 가격에 의해 우선순위가 결정된다. 높은 가스 가격(~40Gwei)의 트랜잭션은 다음 블록에서 빠르게 채굴되는 편이다. 반면 낮은 가스 가격(~1Gwei)의 트랜잭션은 일반적으로 블록에 포함되기까지 5~10분 정도가 걸린다. 선택 사항, 기본값은 평균 네트워크 가스 가격이다. 2017년 12월 현재 메인넷의 평균 네트워크 가스 가격은 약 10Gwei이다.
- **data**: 트랜잭션과 함께 전송할 원시 바이트코드 데이터로, Web3에는 헬퍼가 이 문제를 자세히 처리한다. 역시 선택적 키이며, 이 책에서는 거의 사용하지 않을 것이다.
- **nonce**: 네트워크 내에서 트랜잭션의 유일성을 표현하기 위한 필드로, 자동으로 증가하는 카운터다. nonce를 수동으로 설정하면 아직 채굴되지 않은 트랜잭션을 덮어쓸 수 있다. 즉, 가스 가격을 너무 낮게 설정해서 지연된 트랜잭션을 진행하기 위해 동일한 nonce에 높은 가스 가격의 트랜잭션을 배포해서 기존의 트랜잭션을 덮어쓰는 것이 가능하다. 역시 선택적 키이며, 이 책에서는 거의 사용하지 않을 것이다.

트랜잭션의 총 비용은 (사용된 가스) × (가스 가격)의 수식으로 계산할 수 있다. 앞에서 실행한 send와 같은 작업은 21,000gas를 소비한다. 가스 가격이 20Gwei로 지정됐다면 여기에 쓰인 총 비용은 0.00042가 된다. 이더스캔은 트랜잭션 내역을 확인할 수 있는 훌륭한 도구다. 트랜잭션의 채굴이 완료됐는지 아니면 계류 중인지, 채굴됐다면 언제 채굴됐는지, 가스를 얼마나 썼고 총 트랜잭션 비용이 얼마인지 등을 조회할 수 있다. 또한 이 모든 숫자를 현재 시장 가격으로 달러로 환산해서 표시해주기도 한다. [그림 3-3]은 이더스캔의 트랜잭션 증빙 예제다.

그림 3-3 이더스캔 트랜잭션 증빙

Overview	Comments	
Transaction Information		
TxHash:	0xcb6860d6f9a415e6a26a8b8e44316618b6306aeea5da84ac9e87618a6dade4b0	
Block Height:	4273423 (1 block confirmation)	
TimeStamp:	37 secs ago (Sep-14-2017 02:55:20 PM +UTC)	
From:	0x2a65aca4d5fc5b5c859090a6c34d164135398226 (DwarfPool1)	
To:	0xb86a7009b6ec11464b6548a73db63117474a4841	
Value:	0.58865008 Ether ($146.39)	
Gas Limit:	90000	
Gas Used By Txn:	21000	
Gas Price:	0.00000002 Ether (20 Gwei)	
Actual Tx Cost/Fee:	0.00042 Ether ($0.10)	
Cumulative Gas Used:	6627749	
Nonce:	2640204	

도전! 메인넷에서 이더 보내기

메인넷에서 이더를 전송하는 절차는 테스트넷에서 이더를 전송할 때의 절차와 거의 동일하다. 단, geth에서 네트워크를 선택하는 부분이 다를 뿐이다. geth를 사용해 메인넷에 연결하고, 앞에서 생성한 두 개의 지갑을 사용해 하나의 지갑에서 다른 지갑으로 이더를 전송한 후 이더스캔으로 트랜잭션을 추적해보자. 가스 가격을 변경하고 실행 시간이 변경되는 것을 지켜보자.

네트워크를 통해 많은 양의 암호화폐를 한 번에 보내지 말고 보내는 암호화폐의 규모를 천천히 늘리길 권한다. 암호화폐의 세계에 깊이 관여하다 보면 대규모 트랜잭션을 수행하는 과정에서 주소를 잘못 입력하거나 입력란을 비워두는 등의 오류로 이더가 동결될 수도 있는 위험을 안고 지내게 된다. 크립토 마스터가 되기 위해서는 대규모 트랜잭션을 다룰 수 있는 기술과 자신감을 습득해야 한다.

3.2 프로젝트 3-2: 배포 101

이 연습에서는 첫 번째 컨트랙트로 간단한 Hello World 컨트랙트를 배포할 것이다. 먼저 수동으로 컨트랙트를 배포하기 위한 단계를 하나씩 짚어가며 알아보고, 이후에 트러플을 사용해 동일한 배포를 수행해서 트러플이 얼마나 많은 절차를 생략해주는지 체감해볼 것이다.

3.2.1 Hello World 컨트랙트

간단한 Hello World 컨트랙트의 코드는 다음과 같다. [예제 3-2]의 코드를 contracts/HelloWorld.sol의 새 파일에 입력하자. 4장까지는 컨트랙트의 세부 사항을 자세히 다루지는 않을 것이다. 지금 목표는 일단 이더리움 네트워크에 컨트랙트를 배포하는 것이다.

예제 3-2 Hello World 컨트랙트

```
pragma solidity ^0.4.15;

contract HelloWorld {
    address owner;
    string greeting = "Hello World";
```

```
    // 생성자 함수
    function HelloWorld () public {
        owner = msg.sender;
    }

    function greet () constant public returns (string) {
        return greeting;
    }

    function kill () public {
        require(owner == msg.sender);
        selfdestruct(owner);
    }

}
```

이 컨트랙트에는 세 가지 함수가 있다. 세 가지 함수 모두 public 함수로, 컨트랙트 ABI를 통해 접근할 수 있다.

첫 번째 함수인 생성자 함수는 컨트랙트와 동일한 이름을 가지며 컨트랙트가 배포될 때 실행된다. 이 함수는 컨트랙트 배포자를 컨트랙트의 소유자(owner)로 설정한다.

greet() 함수는 constant 함수이므로 호출할 때 상태 트리를 수정하지 않으며 네트워크 트랜잭션도 필요하지 않다. 이 함수는 인사말을 표시하는 데 사용한다. kill() 함수는 모든 컨트랙트에서 사용할 공통 함수다. 컨트랙트가 스스로 소멸되게 하는 용도로, 상태 트리에서 컨트랙트가 스스로를 제거함으로써 블록체인의 과다 팽창을 방지한다. 컨트랙트의 소유자만 컨트랙트에 대해 kill을 호출할 수 있다. 이더리움 커뮤니티의 바람직한 구성원이라면 더 이상 쓰이지 않는 컨트랙트는 소멸시키는 것이 바람직할 것이다.

3.2.2 수동 배포

이제부터 컨트랙트를 수동으로 컴파일하고 배포해 스마트 컨트랙트가 어떻게 작동하는지 이해해보자. 이 책에서 수동 배포를 진행하는 처음이자 마지막 절이 될 것이다. 먼저 터미널에서 cd를 사용해 contracts/folder로 진입하고 다음 명령을 실행해 컨트랙트를 컴파일하자.

```
solcjs --bin --abi -o bin HelloWorld.sol
```

--bin 및 --abi 플래그는 바이트코드와 ABI를 각각 출력하라는 의미다. 출력 폴더 bin/ 에 각각에 해당하는 파일이 생성될 것이다.

이 컨트랙트를 배포하려면 바이트코드를 트랜잭션 txObject의 데이터 필드에 담아서 빈 주소에 보내야 한다. 이 작업만 수행하는 스크립트를 작성할 수도 있지만, 한 번만 수행할 작업이므로 여기에서는 수동으로 하자. 작성된 바이트코드 파일 bin/HelloWorld_sol_HelloWorld.bin을 열고 파일에 담긴 거대한 16진수를 클립보드로 복사하자. geth 콘솔을 링키비로 연결하게 열고 16진수를 변수 바이트코드에 문자열로 저장하자(그림 3-4).

그림 3-4 바이트코드를 geth 콘솔로 복사하기

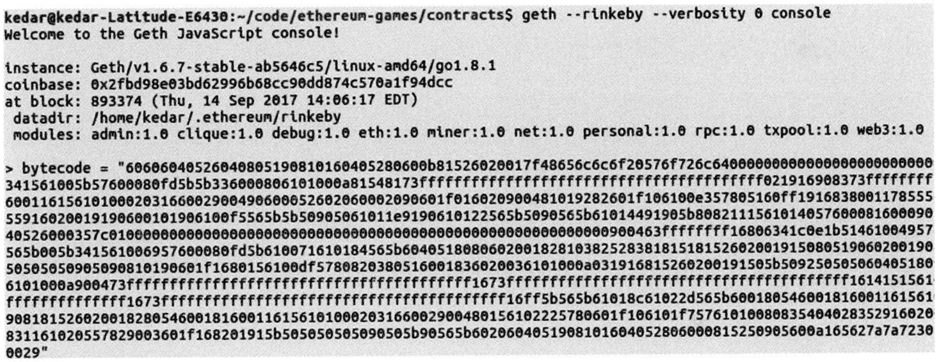

이제 [예제 3-3]과 같이 컨트랙트를 배포하자. 'password' 부분에 독자의 암호를 넣어야 한다는 점에 유념하자.

예제 3-3 EVM 바이트코드 컨트랙트 배포

```
// 아래의 'password'를 독자의 암호로 대체하자.
personal.unlockAccount(eth.accounts[0], password)
tx = eth.sendTransaction({ from: eth.accounts[0], data:bytecode, gas: 500e3 })
```

주소의 to 필드를 생략하면 기본값으로 빈 주소가 설정된다. 빈 주소로 보내는 트랜잭션에 데이터 필드를 포함하면 컨트랙트 생성 트랜잭션이 실행된다. sendTransaction()은 트랜잭션 ID를 반환한다. 방금 배포된 컨트랙트의 주소를 얻으려면 [그림 3-5]와 같이 트랜잭션 수신

확인을 반복 시도하자. 트랜잭션이 채굴되기 전까지는 null이 반환될 것이다. 채굴되기까지 약 30초가 걸릴 것으로 예상하면 된다.

그림 3-5 트랜잭션 수신 확인

```
> tx = eth.sendTransaction({ from: eth.accounts[0],  data: bytecode, gas: 500e3 })
"0x27747e74f090e9045e8e25be8d0be6a7cf7645fd921df861d20cb4dc439a75c0"
> tx
"0x27747e74f090e9045e8e25be8d0be6a7cf7645fd921df861d20cb4dc439a75c0"
> web3.eth.getTransactionReceipt(tx)
null
> web3.eth.getTransactionReceipt(tx)
null
> web3.eth.getTransactionReceipt(tx)
null
> web3.eth.getTransactionReceipt(tx)
null
> web3.eth.getTransactionReceipt(tx)
null
> web3.eth.getTransactionReceipt(tx)
{
  blockHash: "0xd060763c608ba31c9c3d1e54fe607df9b470f24688d99e43930830e67474807f",
  blockNumber: 894089,
  contractAddress: "0xed912a558878bb84669d12abc79122fdb165561a",
  cumulativeGasUsed: 277647,
  from: "0x2fbd98e03bd62996b68cc90dd874c570a1f94dcc",
  gasUsed: 277647,
  logs: [],
  logsBloom: "0x000000000000000000000000000000000000000000000000000000000000
0000000000000000000000000000000000000000000000000000000000000000000000000000000
0000000000000000000000000000000000000000000000000000000000000000000000000000000
",
  root: "0xd2f66992126a24df12559a2681d9845298d6493e653f7063035496d36581c1b4",
  to: null,
  transactionHash: "0x27747e74f090e9045e8e25be8d0be6a7cf7645fd921df861d20cb4dc439a75c0",
  transactionIndex: 0
}
>
```

컨트랙트와 통신하려면 컨트랙트의 주소와 ABI를 알아야 한다. 주소는 트랜잭션 수신 확인을 통해 얻을 수 있다. 다음 코드로 주소를 가져오자.

```
address = web3.eth.getTransactionReceipt(tx).contractAddress
```

컴파일러는 ABI를 컴파일 출력 중 하나로 출력하므로 바이트코드와 마찬가지로 ABI를 복사해야 한다. bin/HelloWorld_sol_HelloWorld.abi 파일의 내용을 복사해 abi 변수에 저장하자. [그림 3-6]과 같이 ABI를 얻을 수 있다.

그림 3-6 Hello World 컨트랙트의 ABI

```
> abi = [{ "constant": false, "inputs": [], "name": "kill", "outputs": [], "payable": f
alse, "type": "function" }, { "constant": true, "inputs": [], "name": "greet", "outputs
": [ { "name": "", "type": "string" } ], "payable": false, "type": "function" }, { "inp
uts": [], "payable": false, "type": "constructor" }]
```

바이트코드와 ABI가 준비되면 web3을 사용해 컨트랙트 객체를 만들고 greet() 함수를 호출할 수 있다.

```
HelloWorld = web3.eth.contract(abi).at(address)
HelloWorld.greet()
```

콘솔에 인사말 "Hello World" 팝업이 표시된다. 수고했다! 이렇게 해서 트러플 없이 수동으로 컨트랙트를 배포하는 과정을 경험했다.

반가운 소식은, 이러한 노가다는 이것으로 끝이라는 점이다. 이제 트러플을 사용해서 배포하는 방법을 알아보자.

3.2.3 트러플로 배포하기

트러플은 배포 프로세스를 대폭 줄여준다. 약간의 설정만으로 프라이빗 체인, 테스트넷, 메인넷에 컨트랙트를 쉽게 배포할 수 있다.

프라이빗 체인

컨트랙트를 배포하기 전에 트러플의 마이그레이션 파일^{migration file}을 작성해야 한다. 마이그레이션 파일은 트러플 버전의 배포 파일이라고 할 수 있다.

migrations/folder에 2_hello_world.js라는 새 파일을 만들고 [예제 3-4]의 내용을 복사해 넣자.

예제 3-4 Hello World 마이그레이션

```
var HelloWorld = artifacts.require("./HelloWorld.sol");

module.exports = function(deployer) {
    deployer.deploy(HelloWorld);
};
```

이것은 작성할 수 있는 가장 간단한 마이그레이션이다. 트러플 마이그레이션은 마이그레이션의 실행과 함께 실행되는 콜백을 내보내는 데 필요하며, 이 콜백은 배포자를 첫 번째 인수로 사용한다. 이 배포자를 사용해 컨트랙트를 배포할 것이다.

컨트랙트를 배포하기 위해 이 마이그레이션을 실행해보자. 이전과 마찬가지로, migrate 명령은 develop 명령으로 열린 콘솔 내에서 실행할 것이다.

이번에는 종료 시에 콘솔을 종료하지 말자. 컨트랙트를 배포한 후 개발자 콘솔을 사용해 계속 컨트랙트와 통신할 것이다.

```
truffle develop
migrate -f 2
```

배포됐다. 수동 배포보다 훨씬 쉽다. -f 플래그는 트러플이 특정 마이그레이션을 강제로 실행하도록 한다. 마이그레이션 프로세스는 4장에서 자세히 설명할 것이다.

컨트랙트와 통신하기 위해 계속해서 개발자 콘솔을 사용할 것이다. 콘솔은 배포된 컨트랙트를 자동으로 로드한다. greet() 함수를 실행하려면 다음 명령을 사용하자.

```
HelloWorld.deployed().then(h => h.greet())
```

모든 컨트랙트의 .deployed() 함수는 최근에 배포된 컨트랙트 인스턴스를 반환하며, 이를 통해 반환된 인스턴스의 ABI 함수를 호출할 수 있다.

테스트넷

테스트넷과 메인넷을 위해서는 추가로 트러플 설정이 필요하다. 트러플 프로젝트의 설정은 프로젝트 루트의 truffle.js 파일에 있다. 프로젝트 루트는 truffle init 명령을 실행한 폴더에 해당한다. [예제 3-5]와 같이 truffle.js 파일을 수정하자.

예제 3-5 트러플 설정

```
module.exports = {
    networks: {
        development: {
            host: "localhost",
```

```
        port: 8545,
        network_id: "*" // 모든 네트워크 ID에 연결 가능
    },

    // 새로운 설정 정보 기입
    rinkeby: {
        host: "localhost",
        port: 8545,
        network_id: 4
    },
    mainnet: {
        host: "localhost",
        port: 8545,
        network_id: 1
    }
  }
};
```

트러플 마이그레이션 명령에는 사용할 네트워크 구성을 지정할 수 있는 --network 플래그가 있다. 기본적으로 truffle.js 파일에는 개발 네트워크의 설정 정보만 들어 있다. 곧 알겠지만 가나슈용으로 작성한 마이그레이션 스크립트는 geth 네트워크용으로 수정해야 하므로 설정 파일에 추가 네트워크 2개를 포함했다.

링키비와 메인넷에 대한 네트워크 ID를 명시적으로 지정하면 배포 시 사용자 오류를 일으킬 원인을 미리 제거할 수 있다. 트러플은 배포 중에 항상 예상 네트워크 ID가 이더리움 클라이언트의 네트워크 ID와 일치하는지 확인한다. 이를테면, truffle migrate --network rinkeby와 같은 명령을 사용해 테스트넷에 스크립트를 배포하려고 했지만 실수로 메인넷에서 geth를 실행하고 있었다면 트러플은 배포를 거부한다.

깃에 프로젝트를 푸시할 때 유의할 점

이제 트러플이 여러 네트워크를 사용할 수 있도록 설정했으므로, 해당 네트워크를 사용해 마이그레이션 파일을 수정할 수 있다. 가나슈는 자동으로 계정을 잠금 해제하므로 명시적으로 그렇게 할 필요가 없다. 반면 geth는 보안상의 이유로 자동 잠금 해제를 하지 않기 때문에 명시적으로 마이그레이션 파일을 수정해야 한다.

[예제 3-6]과 같이 마이그레이션 파일의 module.exports 콜백을 수정하자.

```
module.exports = function(deployer, network) {

    // geth 계정 잠금 해제
    if (network == "rinkeby" || network == "mainnet") {
        var password = fs.readFileSync("password", "utf8").split('\n')[0];
        web3.personal.unlockAccount(web3.eth.accounts[0], password)
    }

    deployer.deploy(HelloWorld);
};
```

암호를 직접 가져오는 대신 외부 파일에서 로드한다는 것을 알 수 있다. 마이그레이션 파일에 직접 암호를 입력하지 말아야 한다는 점을 꼭 기억하자.

> **CAUTION_** 이어지는 내용은 이 책에서 가장 중요한 부분에 해당한다. 이 지침을 정확히 따르지 않으면 계정에 담긴 모든 이더를 잃을 수도 있다. 주의하자.

코드를 커밋하고 깃허브에 푸시하면 누구나 모든 코드에 공개 접근할 수 있다. 인터넷을 돌아다니는 검색 로봇 중에는 순진한 누군가가 공개된 깃허브 저장소에 API 키 또는 암호를 하드코딩해놨기를 기다리는 봇이 있을지도 모른다. RPC 모드에서 geth를 실행할 때 개인키를 보호해주는 유일한 장치가 암호였음을 기억하는가? 즉, 인터넷에 암호를 올려놓으면 해킹당할 확률을 극도로 높이게 되며, 해킹당해도 할 말이 없는 상황을 조성하는 셈이 된다.

스크립트에서 사용하는 암호 또는 API 키를 보호하는 올바른 방법은 gitignore 파일에 암호를 저장하는 것이다. .gitignore는 깃이 저장소에 커밋하지 않을 파일을 결정할 때 사용하는 파일이다. 프로젝트 루트에서 .gitignore 파일을 만들고 그 내용에 [예제 3-7]을 포함하자.

예제 3-7 .gitignore 파일로 암호 보호하기

```
build
password
```

이제 암호 파일을 안전하게 생성할 수 있다. 프로젝트 루트에서 password라는 파일을 만들고 암호를 입력하자. 마이그레이션 파일은 암호를 얻기 위해 암호 파일을 읽을 것이다. 마이그

레이션에서 암호 파일을 읽고 싶다면 파일을 직접 읽는 대신 `fs.readFileSync("password", "utf8").split('\n')[0];` 코드를 사용해 암호를 읽는 것이 좋다. 그 이유는 대부분의 텍스트 편집기가 기본적으로 파일 끝에 개행 문자를 추가하는 반면 Node.js는 이 문자를 자르지 않기 때문이다. 따라서 이 코드를 사용하면 파일의 내용에 줄바꿈을 넣어 잘못된 문자를 읽는 것을 방지할 수 있다.

> **CAUTION_** 보안에 대한 경각심을 일으키기 위해, 차드Chad의 일화를 잠시 살펴보자. 차드는 필자의 학생이었으며 AWS 키로 파일을 gitignore하는 것을 잊어버렸던 불운한 친구였다. 해커들은 차드의 AWS 키를 가지고 2개월에 걸쳐 그의 AWS 계정에 DDoS 공격을 일으켜 20만 달러(한화 약 2억 원 이상)의 AWS 비용을 부과하게 만들었다. 차드의 일화를 거울로 삼아 암호 파일을 gitignore하도록 하자.

그림 3-7 키 관리를 소홀히 하다 빚쟁이가 된 차드의 화면

Summary	Amount
AWS Service Charges	$97,845.09
▶ Usage Charges and Recurring Fees View Invoices	$97,845.09
Other Details	
Total	$97,845.09

Summary	Amount
AWS Service Charges	$97,845.09
▶ Usage Charges and Recurring Fees View Invoices	$97,845.09
Other Details	
Total	$97,845.09

Summary	Amount
AWS Service Charges	$100,658.33
Other Details	
Total	$100,658.33

별도의 터미널 탭에서 Rinkeby geth 콘솔을 열고 실행 중인 다른 이더리움 클라이언트를 닫자. 트러플과 같은 로컬 프로그램이 트랜잭션을 실행하게 하려면 RPC 모드에서 geth를 실행해야 한다.

이제부터 테스트넷과 메인넷에 대한 모든 마이그레이션이 프로젝트 루트에서 실행돼야 하므로, password 파일을 현재 디렉토리에서 사용해도 된다. [예제 3-8]과 같이 트러플을 사용해 컨트랙트를 배포하자.

예제 3-8 링키비에 Hello World 배포하기

```
# 탭 1
geth --rinkeby --rpc --rpcapi personal,web3,eth,net

# 탭 2
# PROJECT_ROOT에서 실행
truffle migrate -f 2 --network rinkeby
```

이전과 동일한 마이그레이션 명령을 사용해 컨트랙트를 배포하지만 이번에는 truffle 명령이 먼저 실행된다. 이는 migrate 명령이 트러플 프로그램의 하위 명령이기 때문이다. 트러플 하위 명령을 독립형 명령으로 사용하려면 트러플 프로그램의 첫 번째 인수로 전달해야 한다. 트러플 하위 명령을 개발 콘솔에서 직접 호출할 수도 있다. 일례로 dev 콘솔에서 호출할 때는 앞에 truffle을 넣지 않아도 된다.

--network 플래그는 링키비 네트워크로 설정하기 위해 쓰였다. 배포에 시간이 오래 걸린다고 느껴진다면 정상이다. 약 30초 정도 소요될 것이다. 배포가 끝나면 [연습 3-1]을 통해 컨트랙트와 통신을 시작할 수 있고, 만약 컨트랙트를 메인넷에 배포하고 싶다면 [연습 3-2]를 수행하자.

연습 3-1 테스트넷에서 greet() 실행하기

트러플 콘솔을 사용해 배포된 컨트랙트에 접근하고 greet() 함수를 실행하자. 필요한 명령이 기억나지 않는다면 '프라이빗 체인'의 코드를 참조하자.

연습 3-2 메인넷 배포하기

메인넷 배포 절차는 테스트넷 배포 절차와 크게 다르지 않다. truffle.js 및 마이그레이션 파일에 이미 메인넷 배포를 위한 설정이 담겨 있다. 트러플을 사용해 Hello World 컨트랙트를 메인넷에 배포해보자.

3.3 마치며

이 장에서는 이더리움 테스트넷 중 하나를 사용해 커맨드 라인에서 주소를 생성하고 트랜잭션을 만들어봤다. 이어서 수동으로 테스트에 스마트 컨트랙트를 배포하고, 트러플 라이브러리를 사용해 배포 절차의 속도를 향상하는 방법을 배웠다.

마지막으로, 트러플로 프로젝트를 빌드하는 과정에서 버전 관리를 위해 깃을 사용할 때의 기본주의 사항을 살펴봤다. 다음 장에서는 본격적인 실습 예제로 들어가기 전에 스마트 컨트랙트에 대한 개념을 요약해서 다룰 것이다.

## CHAPTER 4

스마트 컨트랙트의 개념

이 장에서는 트러플, 솔리디티, 이더리움 프로토콜을 중심으로 스마트 컨트랙트 프로그래밍의 이론을 다룰 것이다. 이 장은 책의 뒷부분에서 게임을 코딩하는 동안 참고 자료로 사용할 수 있는 방식으로 구성했다. 이 장은 프로그래밍에 어느 정도 익숙한 독자를 대상으로 한다. 이 장을 이해하는 데는 프로그래밍 경험이 많지 않아도 된다. 하지만 프로그래밍 입문자라면 이 장을 읽기 전에 코드카데미^{Codecademy}에서 자바스크립트로 된 몇 가지 예제를 학습하는 것이 좋다 (codecademy.com/learn/introduction-to-javascript 참조).

물론 이론은 필요할 때만 참조하자. 직접 손을 쓰는 것을 선호하는 독자라면 이 장을 건너뛰고 이후 실습으로 뛰어들어도 된다. 이번 장은 실습에 뛰어들기 전에 이론을 이해하기를 원하는 사람들을 위한 내용이다. 그럼 이제 시작해보자!

4.1 트러플 이론

트러플(truffleframework.com)과 엠바크^{Embark}(github.com/iurimatias/embark-framework)는 이더리움에서 가장 널리 사용하는 개발 프레임워크다. 이 책에서는 트러플을 주로 사용하겠지만, 엠바크를 사용해도 무관하다. 솔리디티 코드는 양쪽에서 똑같이 잘 작동한다.

트러플은 솔리디티로 작성된 스마트 컨트랙트를 쉽게 개발, 테스트, 배포할 수 있는 강력한 기능을 제공한다. 이미 3.2.3절 '트러플로 배포하기'에서 기본 트러플 명령 중 몇 가지를 사용했다. 이번 절에서는 트러플의 명령을 자세히 알아보고 이전에 사용하지 않은 몇 가지 새로운 기능을 강조할 것이다.

4.1.1 설정

트러플은 이더리움 프로토콜을 실행하는 어떤 네트워크라도 사용하도록 설정이 가능하다. 설정 파일은 truffle.js에 있다.

앞의 3.2.3절 '트러플로 배포하기'에서 이미 세 가지 네트워크 설정을 만들었다. 이 네트워크 설정은 이 책의 나머지 컨트랙트에서 재사용될 것이다. [예제 4-1]에서 생성한 설정을 다시 확인할 수 있다.

예제 4-1 트러플 설정 파일

```
module.exports = {
    networks: {
        development: {
            host: "localhost",
            port: 8545,
            network_id: "*" // 어떤 네트워크 ID라도 연결
        },
        rinkeby: {
            host: "localhost",
            port: 8545,
            network_id: 4
        },
        mainnet: {
            host: "localhost",
            port: 8545,
            network_id: 1
        }
    }
};
```

세 가지 설정은 프라이빗 체인(Ganache), 테스트넷(Rinkeby), 메인넷과 같은 네트워크 정보를 담고 있다. 각 네트워크에는 다음과 같은 옵션이 있으며 그중 일부는 설정하지 않은 채로

됐다.

- **host**: 로컬 RPC 노드의 localhost로, 호스트된 노드의 외부 IP 또는 도메인에 해당한다.
- **port**: 실행 중인 노드의 HTTP RPC 포트다. 가나슈와 geth는 기본적으로 8545를 사용한다. geth가 --rpcport 플래그와 함께 사용자 정의 포트를 사용한다면 이 설정도 그에 맞게 업데이트해야 한다.
- **network_id**: 네트워크의 네트워크 ID로, 메인넷은 1, 링키비는 4이며 *를 넣으면 어떤 네트워크라도 연결할 수 있게 된다.
- **gas**(선택 사항): 트랜잭션을 위한 기본 가스 한도 값이다. 개별 트랜잭션의 파라미터로 이 값을 덮어쓸 수 있다. 기본값은 90000이다.
- **gasPrice**(선택 사항): 트랜잭션의 기본 가스 가격을 wei 단위로 입력하는 값으로, 설정하지 않으면 네트워크의 평균 가스 가격이 기본값으로 쓰인다. 권장하는 값은 20Gwei(1Gwei = 10^9wei) 정도다. 트랜잭션이 완결되는 데 10분 정도 걸려도 괜찮다면 1Gwei 정도의 낮은 가격으로 설정해도 괜찮다.
- **provider**(선택 사항): Web3 공급자를 전달하는 데 사용하는 고급 설정으로, 보통은 이것을 설정할 일이 없을 것이다.

네트워크 외에도 설정 파일을 사용해 테스트 매개 변수를 설정할 수 있다. 이 책에서 테스트를 실행하지는 않지만 스스로 자유롭게 테스트할 것이다. 트러플은 테스트 프레임워크의 일종인 모카Mocha를 사용한다. 테스트 설정을 추가하려면 최상위 키 모카를 사용하자. 모카 옵션의 전체 목록은 모카 문서(github.com/mochajs/mocha/wiki)에서 찾을 수 있다. [예제 4-2]는 모카의 설정 예다.

예제 4-2 테스트 설정

```
module.exports = {
    networks: {...},
    mocha: {
        useColors: true
    }
};
```

트러플의 기본 설정을 따르면 솔리디티로 작성된 컨트랙트를 컴파일할 때 solc 옵티마이저를 사용하지 않는다. 옵티마이저는 컨트랙트 크기를 상당히 줄여 가스 비용을 절감한다. [예제 4-3]은 옵티마이저를 사용하는 방법을 보여준다.

```
module.exports = {
    networks: {...},
    solc: {
        optimizer: {
            enabled: true,
            runs: 200
        }
    }
};
```

4.1.2 마이그레이션

마이그레이션은 이더리움 배포를 관리하기 위한 트러플 구조다. 마이그레이션을 배포를 위한 버전 제어로 생각해도 무방하다. 레일즈^{Rails}와 같은 웹 프레임워크를 사용하는 개발자는 이 개념에 익숙할 것이다. 모든 마이그레이션에는 연관된 번호가 있으며 마이그레이션은 그 번호순으로 실행된다. 마이그레이션은 한 번 실행된 후에 명시적인 강제 실행 명령이 없으면 다시 실행되지 않는다. 마이그레이션을 통해 여러 네트워크에 걸쳐 배포를 쉽게 복제할 수 있다. 프라이빗 체인에서 배포를 테스트한 다음 메인넷에서 동일한 마이그레이션을 다시 실행할 수도 있다.

마이그레이션은 기본적으로 배포 코드가 포함된 자바스크립트 파일이다. 앞 장의 [예제 3-4]에서 간단한 Hello World 마이그레이션을 다룬 적이 있는데, 이해가 어려우면 잠시 시간을 내어 해당 절을 다시 살펴보자. [예제 4-4]는 이번 프로젝트에서 사용할 표준 마이그레이션 템플릿이다.

예제 4-4 표준 마이그레이션 템플릿

```
var fs = require('fs');
var Contract = artifacts.require("Contract");

module.exports = function(deployer, network) {

    // geth 계정 잠금 해제
    if (network == "rinkeby" || network == "mainnet") {
```

```
            var password = fs.readFileSync("password", "utf8").split('\n')[0];
            web3.personal.unlockAccount(web3.eth.accounts[0], password)
        }

        deployer.deploy(Contract);
    };
```

"Contract"를 배포하려는 컨트랙트의 이름으로 바꾸면 해당 컨트랙트에 대한 마이그레이션 파일이 생성된다. 하나의 마이그레이션으로 여러 건의 컨트랙트를 배포하려면 여러 개의 변수를 생성해 artifacts.require()로 컨트랙트를 담고 각 컨트랙트에 deployer.deploy()를 한 번씩 실행하면 된다.

마이그레이션 파일은 배포자와 네트워크를 인수로 사용하는 콜백을 내보내며, 모든 배포는 이 콜백 내부에서 수행돼야 한다. 내부적으로 트러플은 모든 마이그레이션을 일괄 처리로 가져온 다음 배포자 및 네트워크 인수를 사용해 콜백을 순서대로 실행한다.

deployer.deploy() 함수를 사용해 일련의 생성자 인수를 전달할 수 있다. [코드 4-5]는 name과 _totalSupply 두 가지 인수로 인스턴스화할 수 있는 Token 컨트랙트의 생성자다.

예제 4-5 토큰 컨트랙트 생성자의 예

```
function Token(string _name, uint _totalSupply) public {
    name = _name;
    totalSupply = _totalSupply;
}
```

이 Token 컨트랙트는 인스턴스화를 위해 두 개의 인수가 필요하다. 마이그레이션이 컨트랙트를 배포하려면 deployer.deploy 함수에 필요한 인수를 전달해줘야 한다.

```
deployer.deploy(Token, 'UnicornToken', 1e15)
```

이 책의 후반부에서 더 많은 예제를 볼 수 있다.

마이그레이션을 실행하려면 truffle migrate 명령을 실행해야 한다. 이렇게 하면 새 마이그레이션만 실행하는 표준 마이그레이션 시퀀스가 실행된다.

그러나 우리가 쓰는 예제 코드는 전형적인 선형 개발 모델을 사용하지 않을 것이다. 예제 게임 각각은 독립 실행형 컨트랙트이거나 다른 게임에 의존하지 않는 컨트랙트의 집합이다. 이 구조를 위해 트러플 마이그레이션 플래그를 악용해 개별로 게임을 배포할 것이다. 일반적인 마이그레이션은 다음과 같다.

```
truffle migrate -f 2 --to 2
```

이 행은 단지 마이그레이션 #2만 실행한다. −f 플래그는 지정된 마이그레이션만 강제 실행하고, −−to 플래그는 마지막 마이그레이션을 실행하도록 지정한다.

4.1.3 개발 환경

트러플에는 신속한 디버깅, 테스트를 위한 개발 환경 콘솔이 내장됐다. 콘솔을 실행하는 명령은 다음과 같다.

```
truffle develop
```

dev 환경은 백그라운드에서 가나슈 프라이빗 체인을 실행한다. 초기화할 때마다 사용자를 위해 10개의 키 쌍을 만들어주기도 한다(그림 4-1).

그림 4-1 트러플 개발 콘솔

```
kedar@kedar-Latitude-E6430:~/code/ethereum-games$ truffle develop
Truffle Develop started at http://localhost:9545/

Accounts:
(0) 0x627306090abab3a6e1400e9345bc60c78a8bef57
(1) 0xf17f52151ebef6c7334fad080c5704d77216b732
(2) 0xc5fdf4076b8f3a5357c5e395ab970b5b54098fef
(3) 0x821aea9a577a9b44299b9c15c88cf3087f3b5544
(4) 0x0d1d4e623d10f9fba5db95830f7d3839406c6af2
(5) 0x2932b7a2355d6fecc4b5c0b6bd44cc31df247a2e
(6) 0x2191ef87e392377ec08e7c08eb105ef5448eced5
(7) 0x0f4f2ac550a1b4e2280d04c21cea7ebd822934b5
(8) 0x6330a553fc93768f612722bb8c2ec78ac90b3bbc
(9) 0x5aeda56215b167893e80b4fe645ba6d5bab767de

Mnemonic: candy maple cake sugar pudding cream honey rich smooth crumble sweet treat

truffle(develop)> █
```

콘솔에는 web3.js의 web3 연결이 미리 로드됐다. [예제 4-6]는 web3을 사용해 계정에 접근하고 정보를 차단하는 방법을 보여준다.

예제 4-6 콘솔로 web3 사용하기

```
web3.eth.accounts // 계정 보기
web3.eth.accounts[0] // 첫 번째 계정 주소 가져오기

// 트랜잭션 증빙 확인
web3.eth.getTransactionReceipt("0xfd8779e35e3b645ab3b3e6d7c21910f43841d940db7882ec09d9
d3627de9501a")
```

콘솔에서 모든 표준 트러플 명령을 사용할 수 있다. 콘솔에서 명령을 실행하기 위해 굳이 명령 앞에 truffle을 삽입하지 않아도 된다. [예제 4-7]을 참조하자.

예제 4-7 콘솔에서 트러플 명령 실행하기

```
compile
migrate
migrate -f 3 --to 3
```

또한 배포된 컨트랙트에 접근할 수도 있다. 최근에 배포된 버전의 Token 컨트랙트에 접근한다고 가정해보자. [예제 4-8]을 통해 어떻게 하는지 알 수 있다.

예제 4-8 콘솔에서 배포된 컨트랙트에 접근하기

```
token = Token.at(Token.address) // 컨트랙트 인스턴스
token.name // 이름 보기

// transfer() 함수 실행
token.transfer(...)
```

4.1.4 스크립팅

콘솔에서 컨트랙트와 오래, 계속 통신하는 것은 지루한 일이다. 트러플은 이 작업을 쉽게 하기 위해 dev 콘솔에 스크립트를 불러오는 기능을 지원한다.

트러플 환경에서 스크립트를 실행하는 명령은 exec script이고, 여기서 script는 자바스크립트 파일이다. 이 스크립트는 truffle exec과 함께 표준 커맨드 라인 프롬프트에서 실행할 수도 있지만, 이렇게 하려면 별도의 탭에서 이더리움 클라이언트를 실행해야 한다. 이 책에서는 스크립트를 사용하지 않기 때문에 이를 위한 방법은 자세히 다루지 않을 것이다.

마이그레이션에서와 마찬가지로 스크립트 내에 블록체인과의 통신 요소는 내보내기 콜백 함수 내에 있어야 한다. 3장의 Hello World 컨트랙트에서 HelloWorld greet() 함수를 실행하려면 [예제 4-9]의 코드를 사용하면 된다.

예제 4-9 Hello World 트러플 스크립트

```
HelloWorld = artifacts.require('HelloWorld');

module.exports = function () {
    instance = HelloWorld.at(HelloWorld.address);
    instance.greet().then(console.log);
}
```

콘솔에서와 마찬가지로 스크립트 내에서 artifacts.require로 컨트랙트를 가져오고 배포된 컨트랙트에 접근할 수 있다.

트러플 스크립팅은 버그가 많고 직관적이지 않으므로 이 책에서 스크립트를 사용하지는 않을 것이다. 스크립트는 일반적으로 대용량 자동 코드를 실행하는 경우에 테스트 통신을 실행하는 것이 목적이며, 보통은 트러플 테스트를 사용하는 것이 더 간단하고 강력하다.

대부분 블록체인 통신은 프로미스promise를 반환하므로 큰 스크립트와 테스트에서는 프로미스의 흐름을 관리하는 것이 중요하다. 프로미스는 3장에서 간략히 다룬 바 있지만 이전에 프로미스를 사용해본 적이 없는 경우 developers.google.com/web/ilt/pwa/working-with-promises에서 구글 자바스크립트 튜토리얼을 학습해보자.

4.1.5 테스트

항상 그렇지는 않지만 이 책에서 컨트랙트에 대한 자동화된 테스트 코드를 제공하기도 한다. 테스트 파일은 test/folder에서 찾을 수 있다. 트러플은 자바스크립트와 솔리디티로 작성된 테스트를 지원한다. 자바스크립트 테스트에서는 web3.js 라이브러리를 사용해 블록체인과 통신하지만 솔리디티 테스트는 블록체인에서 직접 실행된다.

자바스크립트 테스트를 위해서는 차이^{Chai}와 함께 모카 테스트 프레임워크를 사용한다. 이는 자바스크립트에 대한 보다 일반적인 테스트 프레임워크 중 하나이며 깨끗하고 사용하기 쉬운 커맨드 라인 인터페이스와 함께 제공된다. 자세한 내용을 보려면 mochajs.org에서 모카 문서를 읽어보자.

솔리디티 테스트를 위해서는 트러플이 제공하는 내장 테스트 프레임워크를 사용할 수 있다. 솔리디티 테스트는 테스트에 사용하기 위해 배포된 일련의 컨트랙트에 접근할 수 있다. 자바스크립트와 솔리디티는 모두 '클린 룸$^{clean-room}$' 환경에서 실행된다. 즉, 모든 테스트가 샌드박스 내에 배포된 컨트랙트에서 실행된다. 테스트는 퍼블릭 배포 또는 로컬 배포에 영향을 미치지 않으며 원하는 대로 수정할 수 있다.

모든 테스트 파일을 한 번에 실행하려면 다음 명령을 사용하자.

```
truffle test
```

대부분은 특정 컨트랙트에 초점을 맞춘 개별 테스트 파일을 실행하게 된다. 개별 테스트 파일을 실행하려면 다음 명령을 사용하자.

```
truffle test path_to_file
```

예를 들어, 프로젝트 루트에서 test/reentrancy.js 테스트를 실행하려면 다음 명령을 사용하면 된다.

```
truffle test test/reentrancy.js
```

4.2 EVM

1장에서는 EVM이 모든 스마트 컨트랙트 로직이 실행되는 플랫폼임을 살펴봤다. EVM 자체는 언어에 구애받지 않으며 컴파일러에 의해 생성된 바이트코드를 실행한다. 앞서 언급한 바와 같이, 이 책에서는 솔리디티로 모든 컨트랙트를 작성할 것이다. EVM 어셈블리^{Assembly}를 솔리디티와 함께 사용할 수도 있지만 이 책에서는 그 난해한 영역에 들어가지 않을 것이다.

표준 CPU에는 32비트 또는 64비트의 워드^{word}가 있다. 컴퓨터에서 워드란 프로세서의 레지스터 크기와 메모리 주소의 크기다. JVM 및 EVM과 같은 가상 시스템에도 워드 크기가 있다. EVM의 워드 크기는 256비트(32바이트)다. 이는 EVM 상태 트리의 메모리 주소가 길이가 32byte인 Keccak256 해시이기 때문이다. EVM 상태 트리는 0이 아닌 값만 저장하므로, 존재하지 않는 메모리 주소를 가리키는 솔리디티의 변수에는 해당 자료형의 제로 값이 들어가게 된다.

이번 장에 있는 "제로 값" 절의 [표 4-1]에서 각 자료형의 제로 값을 볼 수 있다.

4.2.1 가스 수수료

EVM의 모든 opcode에는 연관된 가스 요금이 있다. opcode는 EVM의 단일 명령이다. 예를 들어, ADD라는 opcode는 두 숫자를 더하는 명령으로 가스 비용이 3만큼 들며, SSTORE라는 opcode는 워드 하나만큼 데이터를 상태 트리에 저장하는 명령으로 제로 값을 저장할 경우 5,000gas, 제로가 아닌 값을 저장할 경우 20,000gas가 비용으로 소요된다. 블록체인상에 데이터를 저장하는 것은 비용이 많이 든다.

상태 트리에서 데이터를 제거하는 경우 가스를 환불받을 수도 있다. 예를 들어, SSTORE opcode는 상태 트리에서 워드 하나에 해당하는 데이터를 제거할 때 15,000gas를 환불한다. 환불은 트랜잭션 가스 비용의 절반으로 제한된다.

솔리디티는 바이트코드로 컴파일된다. 실제로 바이트코드는 EVM에 대한 일련의 opcode 명령어다. 컴파일된 바이트코드 명령에 대한 가스 요금의 합계는 트랜잭션에 대한 가스 요금이다.

4.3 솔리디티 이론

이번 절에서는 솔리디티의 제어 흐름, 함수, 데이터 저장, 컨트랙트, 로깅, 오류 처리 등을 알아보자.

4.3.1 제어 흐름

기본적인 if, else, else if, for, while 등의 제어 구조는 C언어에서와 똑같은 문법으로 솔리디티에서 사용할 수 있다. [예제 4-10]은 조건부 제어를 사용해 베팅을 걸 수 있는 컨트랙트 예제다.

예제 4-10 조건부 제어 흐름

```
if (totalPoints > bet.line)
    balances[bet.over] += bet.amount * 2;
else if (totalPoints < bet.line)
    balances[bet.under] += bet.amount * 2;
else { // 동점일 경우 환불
    balances[bet.under] += bet.amount;
    balances[bet.over] += bet.amount;
}
```

제어문 내의 명령문이 한 행이면 if, else if 같이 대괄호를 생략할 수 있지만, else 본문에는 두 명령문이 있기 때문에 대괄호가 필요하다. 이는 대부분의 C언어 계열 문법과 동일하다.

for 및 while 루프는 반복문을 위한 문법이다(예제 4-11). continue 문은 루프 내의 명령을 건너뛰고 루프를 새로 시작하는 데 사용하며 break 문은 루프를 벗어날 때 쓰인다. 이러한 루프 구현 문법 역시 C언어와 유사하다.

예제 4-11 반복문

```
// For 반복문
uint[] memory game_ids = new uint[](games.length);
for (uint i=0; i < games.length; i++) {
    game_ids[i] = (games[i].id);
}
```

```
for (uint i = 0; i < games.length; i++) {
    if (games[i].id == game_id) {
    Game game = games[i];
    break;
    }
}

// While 반복문
// 거래소 호가창에 구매 주문 추가
uint insertIndex = stack.length;
while (insertIndex > 0 &&
        bid.limit <= stack[insertIndex-1].limit) {
    insertIndex--;
}
```

4.3.2 솔리디티의 함수 호출

[예제 4-12]는 솔리디티로 구현한 기본적인 덧셈 함수다.

예제 4-12 기본적인 솔리디티 함수

```
function add(uint a, uint b) public pure returns (uint) {
    return a + b;
}
```

함수는 키워드 함수, 이름, 인수 목록, 제어자modifier 목록(선택 사항), 반환 형식(선택 사항)순으로 선언된다. 제어자를 제외하면 타 프로그래밍 언어의 표준과 완전히 일치하는 순서다. 제어자는 이 장의 뒷부분에서 자세히 설명한다.

[예제 4-13]과 같이 함수가 여러 값을 반환할 수도 있다.

예제 4-13 여러 값을 반환하는 함수

```
function getScore (Game game) public view returns
(uint home, uint away) {
    return (game.homeScore, game.awayScore);
}
```

앞의 함수와 같이 반환 형식에 맞게 이름을 붙이면 함수의 정의가 명확해진다.

함수 가시성 제어자

가시성 제어자는 함수를 실행할 수 있는 권한과 범위를 결정한다. 솔리디티에는 4개의 가시성 제어자가 있다.

- **private**: 현재 컨트랙트만 함수를 사용할 수 있다.
- **internal**: 현재 컨트랙트와 현재 컨트랙트를 상속한 컨트랙트만 함수를 실행할 수 있다.
- **external**: 트랜잭션 또는 외부 컨트랙트에 의해서만 함수를 트리거할 수 있다.
- **public**: 함수 호출 방법에 제한이 없다.

제어자를 지정하지 않으면 기본적으로 public 함수가 되는데, 바람직한 방식은 각 함수의 가시성 여부를 명시적으로 선언하는 것이다. 이렇게 해야 패리티 멀티시그 해킹과 같은 재난을 방지할 수 있다(5장 참조).

ABI에는 external 및 public 함수만 포함한다. ABI는 4.3.3절 '컨트랙트 ABI'에서 자세히 논의할 것이다.

상태 허용 제어자

상태 트리를 수정할 수 있는 함수는 일부 함수로 국한된다. 다음 세 제어자 중 하나를 사용해 선언된 함수는 상태를 수정하거나 이더를 보낼 수 없다.

- **view**: 상태 트리에서 정보를 읽을 수는 있지만 상태를 수정할 수는 없다.
- **pure**: 상태 트리를 읽거나 수정할 수 없다. 반환되는 값은 함수의 인수에만 의존한다.
- **constant**: view의 또 다른 이름이다. constant 변수와의 혼동을 방지하기 위해 현재는 사용하지 않는다.

이론적으로는 어떤 함수든 상태 권한 제어자 없이 선언해 간단하게 프로그래밍할 수 있다. 하지만 상태 권한 제어자를 사용하면 큰 이점이 있다. view 또는 pure() 함수에 대한 RPC 호출을 하면 즉시 반환값을 얻을 수 있으며 어떠한 트랜잭션도 발생하지 않는다. 즉, 가스 요금을 지불하거나 트랜잭션이 진행되는 것을 기다리지 않고도 필요한 정보를 얻을 수 있다. 또한 트랜잭션을 통해 호출된 경우 함수는 일반적으로 값을 반환하지 않으므로, 상태 권한 제어자만 이더리움 클라이언트에서 반환값을 볼 수 있는 유일한 방법이다.

Payable

payable 제어자는 함수가 이더를 받을 수 있게 만드는 특별한 제어자다(예제 4-14). 함수
호출과 함께 이더를 보내려고 하면 일반적인 함수는 에러를 발생시킨다. 전송할 이더의 양은
msg.value 필드에서 wei 단위로 입력할 수 있다.

예제 4-14 payable() 함수

```
function buyLottoTicket() payable {
    require(msg.value == TICKET_PRICE);
    players.push(msg.sender);
}
```

폴백 함수

모든 컨트랙트는 트랜잭션 호출과 일치하는 함수가 없거나, 함수를 지정하지 않고 보낸 트랜잭
션을 받을 때 실행될 기본 함수를 가질 수 있으며, 이러한 함수는 폴백fallback 함수로써 별도의
이름이 없다. 이 함수를 payable()로 만들면 이더를 통한 지불이 가능해진다.

이 함수는 일반적으로 크라우드세일 또는 복권 컨트랙트와 같이 단일 유형의 구매에 사용하는
계약에서 쓸 수 있다. 컨트랙트 주소에 이더를 보내기만 하면 함수를 실행하기 때문에 사용자
입장에서 쓰기가 편리하다. [예제 4-15]는 EOS 크라우드세일 컨트랙트에서 사용하는 폴백 함
수 예제다.

예제 4-15 EOS 크라우드세일의 폴백 함수

```
function () payable {
    buy();
}
```

간단하다. 컨트랙트에 이더를 보내면 구매 기능이 실행된다. 사용자는 함수가 제대로 실행될
수 있도록 충분한 가스를 공급하고 있는지 확인해야 한다.

4.3.3 컨트랙트 ABI

컨트랙트 애플리케이션 바이너리 인터페이스는 컨트랙트에서 사용 가능한 모든 함수를 나열한다. public 및 external 함수만 ABI에 담긴다. 외부의 컨트랙트는 ABI에 없는 함수에 접근할 수 없다.

이더리움은 JSON을 ABI 파일의 표준 형식으로 사용한다. 3장의 "수동 배포"절에서 Hello World 컨트랙트를 컴파일할 때 ABI 파일을 생성한 적이 있을 것이다. 트러플은 이러한 파일의 생성 및 로드를 내부적으로 처리하므로 대부분 신경쓰지 않아도 된다.

외부 지갑 서비스를 통해 컨트랙트를 찾아 실행하려면 ABI에 접근할 수 있어야 한다. 컨트랙트의 ABI는 build/contracts/ 의 JSON 파일에서 key abi 아래를 보면 확인할 수 있다.

4.3.4 데이터와 자료형

데이터 접근 및 저장은 솔리디티 개발의 가장 까다로운 부분이다. 블록체인은 저장 비용이 비싸기 때문에 솔리디티는 저장 비용을 최소화하도록 설계된 프로그래밍 구조를 가지고 있다. 솔리디티 언어에 내장된 자료형의 개요와 함께 프로그래밍 구조를 살펴보자.

자료형

솔리디티는 강형 언어이므로 모든 변수에는 자료형이 있다. 솔리디티에서 사용할 수 있는 자료형 목록을 살펴보자. 대부분은 타 프로그래밍 언어의 표준을 따르지만 일부는 솔리디티 및 이더리움만의 특징이다.

주소 필드는 이더리움 주소를 저장하도록 특별히 설계된 20byte 저장소다(예제 4-16). 주소 유형에는 balance와 transfer라는 두 멤버를 가지고 있어, 주소의 이더 잔액을 확인하고 이더를 전송하는 데 사용할 수 있다.

예제 4-16 주소 자료형 사용하기

```
address user = "0x801aa94F6B13DdF90447827eb905D7591b12eC79";
if (user.balance < 1 ether)
    user.transfer(1 ether);
```

부울 자료형, bool에는 true 또는 false의 두 값만 할당할 수 있다.

솔리디티에는 많은 정수형이 있다. int는 부호 있는 32byte 정수이고, uint는 부호 없는 32byte 정수다. 또한 int8에서 int256까지 있는 8의 배수, uint8에서 uint256까지 8의 배수에 해당하는 자료형도 사용할 수 있다. 예를 들어, int32와 uint224는 유효하지만 int55는 유효하지 않다. 정수형에는 10진수와 16진수 모두 할당할 수 있다. [예제 4-17]에 있는 모든 할당이 유효하다.

예제 4-17 정수형 할당

```
uint a = 32;
int b = 0x35bb;
uint8 c = uint8(a);
```

솔리디티는 현재 부동 소수점 또는 고정 소수점 숫자를 지원하지 않지만 곧 변경될 것이다. 정수로 10진 산술을 시뮬레이션하는 방법은 [예제 4-29]를 참조하자.

솔리디티는 복수 바이트 유형도 지원한다. bytes1 ~ bytes32는 지정된 바이트 수를 보유하는 고정 크기 바이트 배열이다. bytes1은 byte라고도 표기할 수 있다. bytes는 동적으로 크기를 지정하는 바이트 배열로, 초기 길이로 초기화돼야 한다. 배열은 다음 절에서 자세히 설명할 것이다.

모든 바이트 유형에는 바이트 배열의 길이를 제공하는 .length라는 프로퍼티가 있다. 고정 크기 바이트 배열의 경우 이 값은 읽기 전용이다. 동적으로 크기를 지정하는 바이트 유형의 경우 length 프로퍼티의 값을 다시 할당해 배열의 길이를 늘리거나 줄일 수 있다. [예제 4-18]은 바이트 유형을 사용하는 몇 가지 예제를 제공한다.

예제 4-18 바이트 자료형

```
byte a = byte(1);

uint b = 0x1573593ab3;
bytes32 c = bytes32(b);
c.length; // 32

bytes d = new bytes(32);
d.length = 64; // d는 64byte 크기의 배열
```

다음 예제를 보면 bytes와 비슷하게 string을 사용하는데, 솔리디티는 string을 유니코드 문자열로 해석한다. 솔리디티는 문자열을 최소한으로 지원한다(예제 4-19). 문자열 연결과 같은 기본 기능이 언어에 내장되지 않았으며, 모든 문자열 조작에는 바이트로의 변환이 필요하다.

예제 4-19 솔리디티는 스트링을 지원하지 않는다

```
string a = "hello";
string b = "world";
string c = a + b; // 에러: 솔리디티는 스트링 접합 연산 지원 불가
```

열거형enum은 사용자 정의 값만 허용하는 자료형으로, 정수형으로 명시적 변환이 가능하다. 각 열거형 원소의 정수 값은 열거형 선언 내의 원소들을 0에서부터 인덱싱한 순서의 값을 가진다(예제 4-20).

예제 4-20 열거형

```
enum State { Active, Refunding, Closed }
State state = State.Refunding;
uint(state); // 1
uint(State.Active) // 0
```

매핑mapping이라는 자료형은 솔리디티 버전의 해시 맵hashmap이라고 할 수 있으며, 키와 값의 양쪽 모두가 지정된 자료형을 따라야 하는 키/값 저장소다. 값에는 모든 자료형이 들어갈 수 있지만 키에 들어갈 수 있는 자료형은 주소, 부울, 정수형, 고정 크기 배열, 고정 크기 바이트 자료형으로 제한된다. 매핑의 가장 일반적인 사용 예는 토큰 또는 이더의 내부 잔액을 저장하는 용도다.

```
mapping(address => uint) public balances;
balances[msg.sender] += 10;
```

매핑의 모든 키는 상태 트리의 고유 주소로 해시된다. 따라서 이론적으로 매핑은 전체 상태 트리(2^{256}개의 키)만큼 크기를 가질 수 있으며 모든 키는 자료형의 제로 값으로 초기화된다. 이는 매핑의 키 집합을 얻는 것이 불가능하고 설정하지 않은 값과 제로 값을 구별할 방법도 없음을 의미한다. 설정 키를 추적하려면 별도의 배열을 유지해야 한다.

배열

구조체struct를 포함해, 순서를 가진 모든 자료형의 값 집합을 배열로 만들 수 있다. 솔리디티는 고정 크기 및 동적 크기의 배열을 모두 지원한다. 모든 배열에는 .length 프로퍼티가 있다. 고정 크기 배열의 .length는 읽기 전용이며, 동적 크기 배열의 .length 프로퍼티는 크기를 원하는 대로 설정할 수 있다. .push를 사용해 동적 크기 배열에 항목을 추가함으로써 자동으로 배열 크기를 1씩 늘릴 수도 있다. 일반 배열의 예는 [예제 4-21]에서 볼 수 있다.

예제 4-21 배열

```
uint[3] ids; // 빈 고정 크기 배열
uint[] x; // 빈 동적 크기 배열
x.push(2);
x.length; // 1
x.length += 1; // 0 값을 가진 항목 추가
```

구조체

앞에서 설명한 자료형만으로 충분하지 않거나, 보다 복잡한 자료형이 필요할 때를 대비해 솔리디티는 C언어의 구조체(예제 4-22)와 비슷한 구조체를 지원한다.

예제 4-22 구조체

```
struct Bet {
    uint amount; /* wei 단위 */
    int32 line;
    BetStatus status; /* 열거형 */
}

Bet memory bet = Bet(1 ether, -1, BetStatus.Open);
bet.line; // -1
```

구조체는 다른 자료형을 멤버로 하는 복합 자료형을 정의한다. 모든 자료형이 구조체 내에 나타날 수 있으며 중첩 구조체도 허용된다. struct를 선언하면 해당 struct의 인스턴스를 인스턴스화하는 데 사용할 수 있는 생성자가 만들어진다. 구조체 멤버에 접근하려면 . 표기법을 사용하면 된다(bet.line, bet.amount 등).

제로 값

제로 값은 초기화되지 않은 변수의 기본값이다. 모든 자료형은 각 자료형의 제로 값을 가지고 있다. [표 4-1]은 각 자료형에 대한 제로 값이다.

표 4-1 솔리디티 자료형의 제로 값

자료형	제로 값
정수	0
부울	false
주소	0x0
바이트 자료형	0
배열	[ ] (길이 = 0)
매핑	키가 없는 상태

구조체의 경우 각 개별 멤버는 각 자료형에 맞는 제로 값으로 초기화된다.

솔리디티에서 제로 값으로 설정하거나 초기화된 변수는 상태 트리에 포함하지 않는다. 솔리디티의 delete 키워드는 변수를 제로 값으로 재설정하고 변수를 상태 트리에서 삭제한다.

변수 가시성 제어자

변수에는 state와 local이라는 두 가지 유형이 있다. 상태 변수는 일반적으로 전역 컨트랙트 범위에서 선언된다. 지역 변수는 함수 내에서 선언되고, 함수가 완료되면 소멸된다. 상태 변수를 public, private, internal로 선언할 수는 있지만 external 변수로 선언할 수는 없다. 각 제어자에 대한 설명은 4.3.2절 '솔리디티의 함수 호출'의 '함수 가시성 제어자'를 참조하자.

솔리디티는 모든 public 상태 변수에 대해 getter ABI 함수를 자동으로 생성한다. 배열과 매핑의 경우 getter는 인덱스와 키 하나씩을 취한다. getter 함수는 view() 함수이므로 접근시 트랜잭션이 발생하지 않는다. [예제 4-23]은 getter 예를 보여주는 Bear 컨트랙트다.

예제 4-23 변수형과 getter

```
contract Bear {
    // 상태 변수
    string public name = "gummy";
```

```
    uint internal id = 1;

    function touchMe (uint times) public pure returns (bool) {
        bool touched = false; // 로컬 변수
        if (times > 0) touched = true;
        return touched;
    }
}
```

이 예제의 경우 솔리디티는 name에 대한 getter 함수를 생성하지만 id 또는 touched에 대해서는 getter 함수를 생성하지 않는다.

스토리지 vs 메모리

솔리디티가 위치를 저장하는 곳은 두 곳, 상태 트리와 메모리다. 상태 트리의 스토리지는 블록체인상에 유지되는 반면, 메모리의 내용은 모든 트랜잭션이 끝나면 지워진다. 그래서 상태 트리에 저장할 때는 비용이 많이 들어 필요할 때만 사용해야 한다. 메모리는 저렴하며 언제든 필요하면 사용할 수 있다. 솔리디티 용어로 상태 트리는 스토리지, 메모리는 그대로 메모리라고 표시하며 이 책에서도 이러한 표기법을 따를 것이다.

배열이나 구조체가 아닌 지역 변수와 모든 상태 변수는 자동으로 스토리지 영역에 저장된다. 로컬 배열과 구조체의 경우 변수를 저장할 위치를 선택할 수 있다. 함수 인수의 배열과 구조체는 기본적으로 메모리에 담기지만 로컬 배열과 구조체는 기본적으로 스토리지에 담긴다. 필요하면 storage 또는 memory 키워드를 사용해 변수를 명시적으로 선언해서 재정의할 수 있다. 각 상황은 [예제 4-24]에서 확인할 수 있다.

예제 4-24 기본 데이터 위치

```
contract Airbud {
    // 스토리지에 할당되는 상태 변수
    address[] users;
    mapping(address => uint) public balances;

    function yelp () public payable {
        // 로컬 변수는 기본적으로 스토리지로 할당
        address user = msg.sender;
```

```
        // 메모리로 선언된 로컬 변수
        uint8[3] memory ids = [1,2,3];
    }
}
```

데이터 위치 선언은 다른 언어에는 없는 요소이므로, 코드상에서 memory와 storage 키워드
의 사용법을 명확하게 숙지하도록 하자.

4.3.5 컨트랙트 구조

솔리디티 코드의 모듈 단위는 컨트랙트다. 컨트랙트는 여타 OOP 프로그래밍의 클래스와 비
슷하게 작동한다. 컨트랙트 간 상속이 가능하며, 제어자를 사용해 기능을 혼합할 수도 있다.

상속

솔리디티는 파이썬과 가장 유사한 상속 시스템을 가지고 있다. 솔리디티는 is 키워드를 사용해
다중 상속을 지원한다. 하위 컨트랙트에서 함수 또는 변수를 사용할 수 없는 경우 솔리디티는
오류를 던지기 전에 함수에 해당하는 부모 컨트랙트를 검사한다. [예제 4-25]에서 기본적인
상속 구조를 볼 수 있다.

예제 4-25 컨트랙트 상속

```
contract owned {
    function owned() { owner = msg.sender; }
    address owner;
}

contract mortal is owned {
    function kill() {
        if (msg.sender == owner) selfdestruct(owner);
    }
}
```

여기에서 mortal은 owned를 상속받는다. kill() 함수가 owner 변수에 접근하려고 하면 솔
리디티는 owned 컨트랙트에 선언된 인스턴스를 사용하게 된다. mortal 컨트랙트는 로컬 변

수에도, 전역 변수에도 owner 변수를 가지고 있지 않기 때문이다.

이 책에서 다루는 상속은 [예제 4–25] 정도의 복잡도를 가지고 있다. 솔리디티의 상속을 더 알고 싶다면 관련 문서(solidity.readthedocs.io/en/develop/contracts.html#inheritance)를 읽고 다중 상속을 사용하는 OpenZeppelin StandardToken 컨트랙트 예제를 분석해보기를 권한다(github.com/OpenZeppelin/zeppelin-solidity/blob/master/contracts/token).

제어자

앞에서 솔리디티의 함수 제어자와, 제어자로 함수의 가시성 및 상태 권한을 설정하는 방법을 설명했다. 여기에 더해, 솔리디티에서는 키워드 제어자뿐 아니라 맞춤형 제어자도 만들 수 있다. 예를 들어, 상속 코드를 수정해서 컨트랙트의 소유자만 kill() 함수에 접근할 수 있도록 제어자를 사용할 수도 있다(예제 4–26).

예제 4-26 함수 제어자

```
contract owned {
    function owned() { owner = msg.sender; }
    address owner;

    modifier onlyOwner {
        require(msg.sender == owner);
        _;
    }
}

contract mortal is owned {
    function kill() onlyOwner {
        selfdestruct(owner);
    }
}
```

컨트랙트는 부모 컨트랙트의 모든 맞춤형 제어자를 상속받는다. 제어자 onlyOwner는 트랜잭션을 보낸 당사자가 해당 컨트랙트의 소유자인지 확인하는 데 사용된다. 제어자는 호출되는 함수를 감싸, 제어자 내에 _; 를 사용하면 제어자가 감싸는 원래의 함수(이 경우 kill() 함수)에 대한 실행을 담을 수 있다. 즉, [예제 4-25]와 [예제 4-26]은 똑같은 기능을 서로 다른 형태로 구현했다고 볼 수 있다.

4.3.6 로깅과 이벤트

이더리움에는 2개의 독립적인 최상위 자료구조가 있다. 첫 번째는 이 책에서 계속 언급하고 있는 상태 트리이며, 두 번째는 로그 데이터베이스인데 이는 그리 자주 언급되지 않는다. 솔리디티 컨트랙트는 두 자료 구조 모두에 데이터를 쓸 수 있지만 읽는 것은 상태 트리로부터만 가능하다.

로그는 UI 작업을 트리거해서 쌓거나 또는 저렴한 스토리지를 이용하는 형태로 구현할 수 있다. 솔리디티에는 구조체와 유사한 문법을 가진 이벤트[event]라는 인터페이스가 있는데 이는 로깅 용도로 쉽게 사용할 수 있다. [예제 4-27]은 Withdrawal이라는 이벤트의 예를 보여준다.

예제 4-27 이벤트를 이용한 로깅

```
event Withdrawal(
    address indexed user,
    uint amount,
    uint timestamp
);

function withdraw (uint amount) public {
    Withdrawal(msg.sender, amount, now);
}
```

이벤트를 선언하려면 event라는 키워드를 쓰고 거기에 이벤트 이름을 이어 쓰면 된다. 코딩 컨벤션에 따라 이벤트 이름은 대문자로 표기된다. 이벤트의 모든 필드에는 자료형과 이름이 있어야 한다. 이벤트에서 가질 수 있는 필드의 수에는 제한이 없다. 이벤트의 필드에 indexed라는 키워드를 사용해서 최대 세 개의 필드까지 인덱스를 매길 수 있다. 덕택에 프런트엔드 클라이언트는 인덱스가 매겨진 필드에 대해 직접 쿼리를 실행할 수 있다. [예제 4-27]에서 생성된 이벤트를 이용하면 사용자는 특정 user에 대한 Withdrawal 이벤트를 블록체인에 쿼리할 수 있다.

솔리디티는 직접적인 저수준 로그 인터페이스도 제공한다. 이를 테면 log0, log1 … log4와 같은 함수를 사용할 수도 있지만 되도록 이벤트를 사용하는 방식을 권장한다.

4.3.7 연산자와 내장 함수

[예제 4-28]은 솔리디티에서 사용 가능한 산술 연산자를 나열한 것이다. 솔리디티의 연산자는 파이썬과 비슷하다.

예제 4-28 산술 연산자

```
uint a = 3;

2 + 3;     // 덧셈
a += 3;    // a = a + 3; 과 동일
a++;       // a += 1; 과 동일

3 - 2;     // 뺄셈
a -= 1;    // a = a – 1; 과 동일

a--;       // a -= 1; 과 동일
3 * 2;     // 곱셈
a *= 3;    // a = a * 3; 과 동일

4 / 2;     // 정수 나누기
3 / 2;     // = 1, 부동 소수점 연산 지원하지 않음
a /= 2;    // a = a / 2; 과 동일
10 % 2;    // 나머지 연산

2**3;      // 거듭제곱, 수학식 표현으로는 $2^3$
2e7;       // 자리올림, 수학식 표현으로는 $2 * 10^7$
```

솔리디티에는 부동 소수점 자료형이 없으므로 모든 나누기는 정수 나누기로 이루어지며 소수 부분은 잘려나간다. 소수점 자릿수를 다루고 싶다면 [예제 4-29]와 같은 우회 방식을 써야 한다.

예제 4-29 정수 나눗셈을 응용한 소수점 자릿수 구현

```
uint a = 10;
uint b = 3;

// 10**n을 곱하여 n개만큼 0을 덧붙임
// 0을 n개만큼 더하면 마지막 n개의 수가 소수점 자리수가 됨
uint c = (a * 10**6) / b; // 3333333
```

0을 6개 추가했으므로 마지막 6자리가 소수점 자릿수에 해당하며 실질적으로 c의 값은 3.333333을 의도했다고 볼 수 있다. 이 방식은 이 책에 등장하는 게임 예제에서도 광범위하게 사용될 것이다. 연산자와 함께 쓰이는 값은 동일한 자료형이어야 한다. 자료형이 일치하지 않으면 오류가 발생한다(예제 4-30).

예제 4-30 연산자 자료형 맞히기

```
uint a = 10;
uint b = 3;
int c = 5;
a * b; // 30
b * c; // 에러: 자료형 불일치
```

솔리디티에는 타이밍 관련된 코드를 쉽게 작성하기 위해 몇 가지 시간 단위가 내장됐다. seconds, minutes, hours, days, weeks, years와 같은 단위는 모두 자동으로 초 단위로 변환된다. [예제 4-31]은 시간과 관련된 내장 단위가 서로 어떤 관계를 가지는지 보여준다.

예제 4-31 내장된 시간 단위

```
1 == 1 seconds;
60 seconds == 1 minutes;
3600 seconds == 1 hour;
1 year == 365 days;
```

now 키워드는 UNIX 타임스탬프(UNIX 기준시간인 1970-01-01 00:00:00 이후 경과된 초)을 가져오는 데 쓰일 수 있다. 따라서 이를 통해 [예제 4-32]와 같이 시간 지연 기능을 쉽게 만들 수 있다.

```
contract TimedPayout {
    uint start;

    function TimedPayout () payable {
        start = now;
    }

    function claim () {
        if (now > start + 10 days)
            msg.sender.transfer(address(this).balance)
    }
}
```

이 예제 컨트랙트의 의미는 컨트랙트가 배포될 때 해당 컨트랙트에 보내 놓은 돈을 받을 수 있는데 컨트랙트 배포 이후 10일 이내에 claim() 함수 호출 트랜잭션을 실행해야 가능하다는 뜻이다.

솔리디티에는 기본 통화 단위를 가지고 있으며 이 단위를 별도의 설명 없이 앞에서 이미 여러 번 사용한 바가 있다. 기본 통화의 키워드로 wei(10^{-18}이더), finney(10^{-3}이더), szabo(10^{-6}이더), ether(1이더)를 지원하지만 finney, szabo는 거의 사용하지 않으며 대부분의 코드는 ether와 wei를 사용한다. 통화 단위는 모두 이더의 최소 단위인 wei 단위로 변환된다. 내장 함수인 msg.value를 사용하면 payable() 함수로 보낸 wei의 양을 확인할 수 있다. 통화 단위의 예를 [예제 4-33]에서 볼 수 있다.

예제 4-33 통화 단위

```
1 == 1 wei;
1 ether == 10**18 wei;
2 ether == 2e18 wei;
2 finney == .002 ether;
if (msg.value == 1 ether) buyLottoTicket();
msg.value; // 1000000000000000000wei 또는 1이더
```

다음은 전역 네임스페이스에서 사용할 수 있는 기본 내장 변수 중 일부다. 전체 목록을 보려면 솔리디티 문서(solidity.readthedocs.io/en/develop/units-and-global-variables.

html#special-variables-and-functions)를 참조하자.

- **block.number**(단위: uint): 현재 블록 번호/높이를 담고 있다.
- **now**(uint): 현재 UNIX 타임스탬프.
- **tx.origin**(address): 트랜잭션을 처음 발동시킨 계정의 주소.
- **msg.sender**(address): 함수를 호출한 발신자의 주소로, tx.origin과는 다르다. A라는 컨트랙트가 B라는 컨트랙트를 호출하는 경우 tx.origin은 트랜잭션을 보낸 사용자의 주소이고, msg.sender는 A라는 컨트랙트의 주소가 된다. tx.origin은 항상 개인 지갑 주소이며, msg.sender는 컨트랙트 주소가 될 수 있다.
- **msg.value**: payable() 함수로 전송된 wei의 양. payable이 아닌 함수일 경우 그 값은 항상 0이다.
- **this**: 현재 컨트랙트의 유형(즉 이름)을 담는다. address(this)를 통해 현재 컨트랙트의 주소를 반환받을 수 있다.
- **this.balance**: address(this).balance와 같은 의미를 가진다. 즉 현재 컨트랙트가 가진 이더 잔고에 해당한다.

전역 변수 외에도 다음과 같은 유용한 전역 함수도 있다.

- **keccak256**(…): 인수로 주어진 임의의 자료형의, 임의의 수의 순서대로 단일 바이트 시퀀스로 변환한 다음, 바이트 시퀀스의 Keccak256 해시를 계산한다. Keccak256은 EVM에서 사용하는 기본 해시 함수다.
- **sha256**(…): 인수의 SHA-256 해시를 계산한다.
- **ripemd160**(…): 인수의 RIPEMD-160 해시를 계산한다.
- **selfdestruct**(`address recipient`): 현재 컨트랙트와 관련된 모든 데이터를 상태 트리에서 제거한다. 또한 컨트랙트에 남은 이더, this.balance를 **recipient**에게 전송한다.

4.3.8 에러 처리

스마트 컨트랙트에서 오류가 발생하면 현재 트랜잭션을 실행하는 동안 상태 트리에서 일어난 모든 변경 사항이 롤백된다. 사용하지 않은 가스를 환불할지 말지는 코드 수준에서 결정된다. 악의를 암시하는 오류의 경우 사용하지 않은 가스를 환불할 필요가 없지만, 일반 오류는 가스를 환불하는 것이 좋다.

revert 함수는 수동 오류를 발생시키고 사용하지 않은 모든 가스를 환불한다. require(condition) 및 assert(condition)이 조건을 검사해서 거짓일 때 오류를 던지고[throw] 사용하지 않은 모든 가스를 소비한다. 이 글을 쓰는 시점에서 throw 자체는 더 이상 사용하지 않는 오류 처리 방식이 됐다. 구 버전 솔리디티의 코드에서만 throw를 볼 수 있다.

assert 오류는 내부적인 일관성을 검사하는 데 사용한다. 정상적으로 작동하는 코드는 절대로 assert 오류를 발생시켜서는 안 되며, 발생한다면 코드에 버그가 있는 것이다. 코드 작동이 의심스러운 부분에서 입력 조건을 확인하려면 require를 사용하자. 에러 처리를 얼마나 잘 하느냐는 프로그래머의 손에 달려 있다. 중복 사용한다고 해서 컨트랙트에 보안 허점이 생기지는 않는다.

[예제 4-34]는 다양한 오류 처리 메커니즘을 보여준다.

예제 4-34 에러 처리

```
contract BugSquash {
    enum State { Alive, Squashed }
    State state;
    address owner;

    function BugSquash () {
        state = State.Alive;
        owner = msg.sender;
    }

    function squash () {
        // 에러 처리되지 않음
        assert(owner != address(0));

        if (state == State.Alive)
            state = State.Squashed;
        else if (state == State.Squashed)
            revert(); // 사용자 에러, 가스 환불
    }

    function kill () {
        // 컨트랙트 소유자가 아닌 계정이 컨트랙트를 소멸시키고자 하면
        // 부정한 의도가 있는 것으로 판단
        require(msg.sender == owner);
        selfdestruct(owner);
    }
}
```

4.3.9 이더리움 프로토콜

RPC 서버를 사용해 geth 인스턴스와 통신하는 동안 네트워크상 노드는 이더리움 와이어[wire] 프로토콜을 통해 서로 통신한다. RPC 서버는 유선 프로토콜 기능 중 일부를 외부 클라이언트에 공개한다. 이더리움 프로토콜의 정확한 사양은 와이어 프로토콜의 깃허브 저장소(github.com/ethereum/wiki/wiki/Ethereum-Wire-Protocol)에서 확인할 수 있다.

이더리움은 P2P 프로토콜이다. 이더리움 클라이언트는 블록과 트랜잭션 정보를 공유하는 피어의 목록을 유지하고 관리한다. 트랜잭션 또는 블록을 브로드캐스트하려면 해당 메시지를 피어 목록의 피어 각각으로 보내야 한다. 각 피어는 네트워크의 모든 피어가 정보를 수신할 때까지 피어 목록에 정보를 전달한다. 이 과정에서 기형 블록이나 트랜잭션을 수락하거나 거부함으로써 합의 과정이 이루어진다.

> **NOTE_** 원격 프로시저 호출(RPC: Remote Procedure Call)은 원격 컴퓨터에서 컴퓨팅 프로시저, 함수, 프로그램을 호출하는 개념이다. 웹 브라우저의 프로토콜인 HTTP 역시 RPC의 한 형태이지만 HTTP 외에도 다른 많은 형태가 있다. 이더리움은 원격 명령을 호출하기 위해 엔드라인 문자로 종료되는 JSON을 보내는 간단한 형태의 RPC인 JSON-RPC를 사용한다.

4.4 마치며

이 장에서는 트러플과 솔리디티 프로그래밍 언어를 사용해 스마트 컨트랙트를 EVM에 코딩, 테스트, 배포하는 방법을 살펴봤다. 지금까지 다룬 내용을 간단히 요약해보자.

솔리디티의 제어 구조는 자바스크립트의 제어 구조와 유사하다. 다른 언어에서 사용할 수 있는 표준 조건부 및 루프 구조는 솔리디티에서도 비슷한 방식으로 구현된다.

솔리디티의 함수에 제어자를 사용함으로써 함수의 가시성을 제어하고 상태 트리에 접근을 제한하고 이더 잔고 유지를 허용할 수 있다. 맞춤형 제어자를 이용하면 다른 형태의 함수 제어도 가능하다. 컨트랙트의 폴백 함수를 정의하면 컨트랙트의 기본 기능으로 작동하는 함수를 만들 수 있다.

데이터를 메모리, 상태 트리 또는 로그 데이터베이스에 저장할 수 있다. 메모리는 가장 저렴하지만 메모리에는 데이터가 일시적으로만 저장된다. 로그는 역시 저렴하지만 쓰기 전용이며, 스마트 컨트랙트로 로그를 읽을 수 없다. 상태 트리는 저장 비용이 비싸지만 읽기와 쓰기가 모두 가능하다. 변수가 메모리에 속할지, 스토리지에 속할지 키워드로 지정할 수도 있다.

솔리디티에서 모든 표준 산술 연산자를 사용할 수 있다. 또한 시간 및 통화 단위를 기본 제공해 편리하게 사용하고 전환할 수 있다. 부동 소수점 숫자를 지원하지 않으므로 소수점을 쓰고 싶으면 정수 연산을 이용한 우회 방법을 사용해야 한다.

이더리움의 트랜잭션은 원자적atomic이다. 따라서 코드에 오류를 던지면 트랜잭션에 의해 만들어진 모든 상태 변경 사항과 로그 항목이 되돌려진다. 오류가 발생할 때 사용하지 않은 가스를 환불할 수도 있고 그대로 소비할 수도 있다.

컨트랙트 코드가 준비되면 트러플을 사용해 컨트랙트를 컴파일할 수 있다. 컨트랙트 배포를 위해 트러플의 마이그레이션을 작성하고 실행할 수 있다. 컨트랙트를 프라이빗 체인, 테스트넷, 또는 메인넷에 배포할 수 있으며 프로젝트 설정에 따라 세 가지 모두 가능하다.

이제 첫 번째 이더리움 게임을 만들기 충분할 정도로 솔리디티를 익혔다. 다음 장에서는 컨트랙트 보안, 그리고 해킹할 수 없는 안전한 코드를 작성하는 방법을 다룰 것이다.

## CHAPTER 5

컨트랙트 보안

강력한 보안은 블록체인 기술의 기초다. 보안이 없는 블록체인은 기존 소프트웨어에 비해 장점이 없다. 이 장에서는 솔리디티 대한 보안 모범 사례를 다루고 이더리움 블록체인 자체의 보안은 6장에서 다룰 것이다. 그동안 코드를 잘못 작성한 스마트 컨트랙트로 인해 수천 이더가 손실되거나 해킹당했다. 이 장의 모범 사례를 따르면 자신의 컨트랙트에 발생할 수 있는 사고의 가능성을 최소화할 수 있을 것이다.

> **NOTE_** 이 장에서는 이 책에서 가장 복잡한 내용을 다룬다. 이 장의 예제를 이해할 수 있다면 이 책의 나머지 내용은 더 쉬울 것이다.

5.1 컨트랙트 데이터는 모두 공개된다

블록체인의 모든 데이터는 공개된다. 이더리움 상태 트리에 저장된 모든 데이터는 노드의 로컬 복사본에서 읽을 수 있다.

4장에서 private 함수와 변수를 다룬 바 있다. private 함수와 변수는 다른 컨트랙트 또는 외부 클라이언트에서 접근할 수 없다. 그렇다고 그 내용이 완전히 숨겨졌음을 의미하지는 않는다. 블록 탐색기는 일반적으로 가시성 규칙을 존중해서 private 데이터를 표시하지 않는다. 그러나 이더스캔에 private 데이터가 표시되지 않는다고 해서 속으면 안 된다.

모든 컨트랙트에는 지정된 저장소 공간으로, 주 상태 트리 내의 하위 트리가 있다. [예제 5-1]의 컨트랙트를 검토한 다음 [연습 5-1]을 시도해보자.

예제 5-1 그다지 private하지 않은 변수

```
contract NotSoPrivateData {
    uint public money = 16;
    uint public constant lives = 100;
    string private password = "twiddledee";
}
```

연습 5-1 배포

[예제 5-1]의 컨트랙트를 링키비 테스트넷에 배포해보자. 컨트랙트 주소를 곧 사용할 예정이므로 잘 확인해두자.

컨트랙트 저장소에 접근하기 위해 web3.eth.getStorage At(contractAddress, index) 명령을 사용할 수 있다. contractAddress 인수로 [연습 5-1]에서 배포한 컨트랙트의 주소를 넣자. [연습 5-1]을 직접 하기 어렵다면 필자가 미리 배포한 컨트랙트 주소 0x3400daf738b1b26451cea087bdcffa919d1c04d8를 사용해도 된다. 인덱스는 컨트랙트의 변수 선언 순서에 따라 달라진다. constant 변수는 컨트랙트 바이트코드에 하드 코딩돼 인덱스가 없으므로 lives는 인덱스를 가지지 않는다. 우리 컨트랙트에서 money와 password는 각각 인덱스 0과 1을 가진다.

링키비 geth 콘솔을 열고 [예제 5-2]의 코드를 입력하자. 입력한 텍스트의 각 행 다음에 geth가 표시한 반환 값이 출력될 것이다.

예제 5-2 컨트랙트 저장소에 접근하기

```
> contractAddress = "0x3400daf738b1b26451cea087bdcffa919d1c04d8"
undefined
> web3.eth.getStorageAt(contractAddress, 0)
"0x0000000000000000000000000000000000000000000000000000000000000010"
```

```
> web3.eth.getStorageAt(contractAddress, 1)
"0x74776964646c6564656500000000000000000000000000000000000000000014"
```

이더리움 상태 트리의 모든 값은 32byte 워드라는 점을 상기하자. 반환된 16진수 값의 길이를 확인하면 길이가 64자이며, 즉 32byte의 저장 공간에 해당한다는 점을 알 수 있다. 첫 번째 인덱스의 값은 0x10이며 이를 십진수로 바꾸면 16이다. 이것은 첫 번째 public 변수인 money의 값과 일치한다.

솔리디티는 유니코드 UTF-8 규격을 사용해 문자열을 인코딩한다. 길이가 31byte 미만인 짧은 문자열은 단일 워드에 저장된다. 마지막 byte는 문자열의 길이 (L)을 니블 단위로 나타내는데, 문자열 자체는 앞쪽의 L 니블에 저장된다. 니블^{nibble}이란 반 byte 또는 한 개의 16진 문자를 말한다. 위 예제에서 반환받은 마지막 byte가 0x14이므로, 문자열의 길이는 20니블, 즉 10byte다. 워드의 앞쪽 처음 20니블을 세면 0x74776964646c65646565인데, 이를 유니코드 문자열로 디코딩하면 "twiddledee"임을 알 수 있다.

이것은 앞에서 초기화한 password의 값에 해당한다. 그런데 잠깐! 처음에 컨트랙트를 짤 때 password는 private으로 선언하지 않았던가? 이제 이더리움상에서는 어떤 것도 진정으로 private하지 않다는 불편한 진실이 드러났다.

예상대로 constant로 선언한 변수 lives는 건너뛰었다. 그렇다고 lives가 안전하게 숨겨졌다는 의미는 아니다. 값이 컨트랙트 바이트코드에서 디코딩될 수 있기 때문이다. 필자가 배포한 컨트랙트의 이더스캔 페이지(rinkeby.etherscan.io/address/0x3400daf738b1b26451cea087bdcffa919d1c04d8#code)로 이동해 Contract Creation 코드의 Opcodes view를 선택한 다음 아래로 스크롤해보자. [그림 5-1]과 같이 constant 변수 lives에 할당된 값 100의 16진수 표현인 0x64가 담겨 있음을 확인할 수 있다. EVM 어셈블리를 디코딩하는 방법은 이 책의 범위를 벗어나므로 공격자가 무슨 수로 바이트코드에서 코드와 변수의 값을 찾아낼 수 있는지 다루지는 않을 것이다.

그림 5-1 바이트코드에서 constant 찾기

복잡한 자료형과 긴 문자열의 디코딩은 짧은 문자열이나 uint와 같은 간단한 자료형의 디코딩보다 어렵다. 자세한 내용을 보려면 solidity.readthedocs.io/en/latest/miscellaneous. html#layout-of-state-variables-in-storage에서 스토리지에 변수를 저장하기 위한 전체 사양을 찾을 수 있다.

매핑을 제외하면 모든 복잡한 자료형은 컨트랙트 스토리지에서 직접 디코딩할 수 있다. 스토리지의 레이아웃에서 직접 매핑의 키를 결정할 방법은 없다(자세한 내용은 위 링크 참조). 그러나 모든 트랜잭션은 공개적이고 결정적이므로 컨트랙트와 통신하는 소스 코드 및 모든 트랜잭션에 접근할 수 있다면 이미 설정된 키를 결정할 수 있다. 단순하지 않지만 가능하다. 하지만 스마트 컨트랙트 내에서 별도의 리스트 없이 유지하지 않고 매핑 키를 결정하는 것은 여전히 불가능하다. 이 문제는 나중에 다시 다룰 것이다.

5.2 유실되는 이더

이더를 보내는 과정에서 보내는 이더가 영원히 유실될 수 있다. 주소와 컨트랙트 모두 이더를 잃을 수 있다.

5.2.1 주소

이더를 잃는 가장 간단한 방법은 개인키의 모든 복사본을 잃는 것이다. 주소 내 이더를 보내는

트랜잭션에 서명하기 위해서는 개인키가 필요하므로 개인키의 모든 복사본을 잃어버리면 더 이상 해당 주소의 이더에 접근할 수 없다.

개인키 유실을 피하는 가장 좋은 방법은 개인키를 백업하는 것이다. 가능하다면 개인키 대신 시드 문구를 백업하는 것이 좋다. 대부분의 지갑은 시드 문구를 사용해 모든 트랜잭션에 새로운 키를 생성한다. 모든 트랜잭션에 새로운 키를 생성하면 링크 분석을 사용해 주소 소유자를 추적하기가 더 어려워진다. 시드 구문은 일반 영어이므로 개인키를 백업하는 동안 발생할 수 있는 작은 복사 오류를 쉽게 식별할 수 있다.

대부분의 보안 전문가는 시드의 디지털 백업을 생성하지 말라고 권장한다. 종이에 백업하는 방법이 가장 안전한 방법인데, 해킹되거나 손상될 가능성이 상대적으로 낮기 때문이다. 물론 물건을 자주 잃어버리는 편이거나 스스로 종이를 잘 보관할 자신이 없다면 백업을 아예 안 하는 것보다 디지털 백업이라도 만들어두는 편이 낫다.

디지털 백업을 위한 가장 안전한 방법은 시드 문구의 사진을 찍되 두 부분의 사진을 나눠 찍은 후 암호화되는 외장 스토리지나 로컬 하드 드라이브의 별도 폴더에 파일을 저장하는 것이다. 단어를 텍스트 그대로 저장하면 바이러스가 파일을 파싱해서 해당 파일 포함된 시드 문구 또는 개인키를 추출하는 것이 훨씬 쉬워진다. 아직 대부분의 바이러스는 정교한 이미지 인식 기술을 사용할 수 없지만 바이러스 제작자의 기술이 발전할 경우에 대비해 시드 문구를 두 이미지로 나누면 보안 계층을 하나 더 추가하는 효과를 얻을 수 있다.

절대로 이러한 이미지를 인터넷상에 올리지 말자. 클라우드 서비스에는 언제나 해킹 공격이 일어나며 공격자가 자신이 무엇을 얻었는지 깨닫게 되면 모든 것을 잃을 수 있다.

키를 잃어버리지 않더라도 이더가 유실될 수 있다. 유효하지 않거나 존재하지 않는 주소로 이더를 보내면 이더는 사라진다. geth를 포함한 대부분의 소프트웨어는 유효하지 않은 주소를 사용하지 못하도록 대문자 기준 체크섬을 사용한다. 체크섬은 입력한 주소가 올바른지 확인하기 위한 메커니즘이다.

이더리움 EIP55[1]를 통해 대소문자를 혼합하는 체크섬 주소가 도입됐다. 체크섬 가능한 주소를 생성하려면 표준 주소의 이진 Keccack256 해시를 생성하고, 주소의 인덱스 i에 있는 문자가

---

[1] 깃허브, "Ethereum Improvement Proposal 55", github.com/ethereum/EIPs/blob/master/EIPS/eip-55.md, 2018년 4월 4일

문자 a ~ f 중 하나이며 이진 해시의 인덱스 4 * i가 1인 경우 해당 문자를 대문자로 한다. 간단히 말하자면, 이 방법은 주소의 일부를 임의 방법으로 대문자로 전환하되 재현적으로 전환한다. 이 시스템을 사용하면 실수로 입력한 주소가 유효할 확률이 5,000 분의 1에 불과하다.

체크섬의 혜택을 받으려면 이더 또는 토큰을 보내는 주소가 대문자와 소문자를 모두 포함하는지 확인하자. 소문자만 있는 주소는 체크섬되지 않으므로, 주소 중 한 글자라도 잘못 복사하거나 오타가 들어가 있으면 이더를 잃게 될 수 있다.

5.2.2 컨트랙트

geth를 쓰다가 이더를 유실하는 흔한 사례는 트랜잭션에 to 필드를 포함해야 하는데 누락하는 경우다. 이렇게 하면 이더가 널^{null} 주소로 전달되고 EVM은 컨트랙트 생성을 시도하게 된다. 하지만 데이터가 없으므로 이더가 들어 있는 빈 컨트랙트가 만들어지면서 해당 이더는 영원히 유실된다. 이러한 사고의 가장 대표 사례로, 1이더가 1달러 미만이던 시절에 이더 1,000개가 유실된 etherscan.io/tx/0x7614ee2f5deede9748a8c19f092100369a7fc5c59bae8e1938 b50c779eb7afa0를 들 수 있다. 현재 이더 1,000개는 십만 달러 이상의 가치가 있다.

또 다른 일반적인 오류는 컨트랙트 생성 데이터를 널 주소 대신 0 주소로 보내는 것이다. 이를 피하려면 컨트랙트를 생성하는 동시에 이더를 보내지 않는 것이 좋다. 두 프로세스를 분리하자. 실수로 데이터를 0 주소로 보내면 가스 비용만 잃게 된다. 0 주소로 이더를 보내서 잃어버린 사람들의 예제를 보려면 0 주소의 이더스캔 링크(etherscan.io/address/0x0000000000000000000000000000000000000000)를 찾아보자. 이더리움 버전의 다윈상$^{Darwin\ Awards}$이라 할 만하다.

자폭 컨트랙트도 때때로 문제를 일으킬 수 있다. 사용자가 이더를 자폭 컨트랙트에 보내면 해당 이더는 회수할 수 없게 된다. 이를 방지하려면 컨트랙트가 특정 조건에서는 자폭하지 않고 유지하도록 설계할 수 있다. 이러한 상태에서 컨트랙트는 모든 통신 시도를 거부하고 자금 출금만 허용할 것이다. 이 장의 뒷부분에서 이러한 컨트랙트를 다룰 것이다.

5.3 컨트랙트에 이더 담기

컨트랙트로 보낸 모든 이더는 컨트랙트에 저장되며 이더를 새로운 주소로 보내거나 컨트랙트를 자폭시키는 컨트랙트 함수에 의해서만 전송될 수 있다. 이더를 보내는 방법을 코딩하지 않으면 이더가 컨트랙트 내에 영원히 동결될 수도 있다.

이더는 컨트랙트의 payable() 함수를 통해서만 보낼 수 있다. 트랜잭션 데이터 없이 컨트랙트 주소로 이더를 전송하면 컨트랙트에 payable 폴백 함수가 없는 전송이 거부된다.

컨트랙트에 payable() 함수가 없다고 해서 해당 컨트랙트의 잔고를 0으로 보장하는 것은 아니다. 두 번째 컨트랙트에서 첫 번째 컨트랙트의 주소를 인수로 해서 selfdestruct(address)를 호출하는 방식으로 이더가 컨트랙트 잔고에 쌓일 수 있다. 두 번째 컨트랙트에 저장된 모든 이더가 첫 번째 컨트랙트로 보내지는데 이 트랜잭션을 거부할 로직은 없다. 첫 번째 컨트랙트에 이더 출금 방법이 코딩되지 않았으면 컨트랙트의 이더는 유실된다.

이러한 문제를 피하는 가장 쉬운 방법은 컨트랙트에 담기는 이더의 양을 최소화하는 것이다. 컨트랙트에 이더가 군이 필요하지 않다면 일정한 주기로 이더를 인출하자. 컨트랙트에 사용자의 잔고가 담겨 있는 경우 잔고를 저장하기 전에 일반 사용자 지갑으로 안전하게 송금하자. 컨트랙트가 그 목적을 달성했으면 가능한 한 빨리 컨트랙트를 자폭시키면서 남은 잔고를 인출하자. 문제의 소지를 최대한 빨리 없애는 것이 좋으므로 최대한 빨리 컨트랙트에서 돈을 빼자.

5.4 이더 보내기

이더 전송 함수를 부적절하게 사용하면 솔리디티 버그 및 해킹의 가장 큰 원인이 된다. 솔리디티에서 이더를 전송하는 방법은 세 가지다.

- address.transfer(value)
- address.send(value)
- address.call.value(value)()

전송에 실패하면 address.transfer는 오류를 던지고 주소를 반환한다. address.send는 false를 반환한다. 수신자 주소가 컨트랙트 주소인 경우 이 세 함수 모두가 수신 컨트랙트의 폴백 함수를 트리거한다. address.transfer와 address.send는 모두 이벤트 로깅만 위해 고정적으로 2,300gas를 사용한다. 이더를 수신하는 컨트랙트에게 필요한 더 많은 가스를 제공하려면 address.call.value가 미사용 가스를 참가자에게 전달한다.

> **CAUTION_** address.call.value를 사용하면 이 장의 뒷부분에서 설명할 재진입 공격이 가능한 틈새가 만들어진다. 이것은 수백만 개 이더가 유실된 DAO 해킹 사건의 중요한 요소였다.

특별한 이유가 없다면 가장 안전한 .transfer() 함수를 사용하는 것이 좋다. [예제 5-3]은 이더를 전송하는 가장 간단한 예제로, 컨트랙트의 전체 잔액을 사용자 주소로 보내는 역할을 한다.

예제 5-3 한 명의 사용자에게 컨트랙트 잔고 전체 전송하기

```
address receiver = address(15); // 더미 주소
function payout () {
    uint balance = address(this).balance;
    receiver.transfer(balance);
}
```

이 예제는 컨트랙트에서 이더를 보내는 가장 간단한 방법이다. 전체 잔고를 잡아서 수신자의 주소로 보낸다. 수신자 계정이 단 하나이며 해당 계정이 사용자 지갑 주소라면 이 정도로 충분하다.

하지만 수신자가 컨트랙트 주소인 경우 transfer() 함수가 폴백 함수의 실행을 시도할 것이다. 폴백 함수가 없거나 폴백 함수가 payable() 함수가 아닌 경우, transfer() 함수는 오류를 발생시키고 결국 이더 전송은 실패한다. 또한, .transfer는 단지 2,300gas만 폴백 함수에 제공하기 때문에 폴백 함수가 그 이상의 가스를 소비하면 OutOfGasError로 실패한다.

함수가 이더를 지급하는 것 외에 다른 목적이 없다면 이것은 크게 문제되지 않는다. 컨트랙트가 이더를 받기 원한다면 해당 컨트랙트의 개발자가 이를 위한 적절한 폴백 함수를 만들어야 한다. 그러나 함수가 [예제 5-4]와 같이 여러 개를 전송하거나 다른 상태 업데이트를 수행하는 경우, 여러 건의 전송 및 업데이트가 실패한 전송과 함께 롤백될 것이다. 공격자는 이를 이용해 컨트랙트를 잠그고 컨트랙트가 원하는 상태에 도달하는 것을 막을 수 있다.

예제 5-4 여러 수신자에게 전송하는 코드를 잘못 작성한 예

```
// 사용 금지: 나쁜 코드의 예시임
contract TrustFund {
    address[3] children;

    function TrustFund (address[3] _children) {
        children = _children;
    }

    function updateAddress(uint child, address newAddress) {
        require(msg.sender == children[child]);
        children[child] = newAddress;
    }

    function disperse () {
        uint balance = address(this).balance;
        children[0].transfer(balance / 2);
    children[1].transfer(balance / 4);
    children[2].transfer(balance / 4);
    }

    function () payable {}
}
```

[예제 5-4]는 children(자식) 중 한 명이 전체 자금의 절반을 받고 다른 두 children은 각각 1/4을 받는 TrustFund라는 컨트랙트다. 컨트랙트가 잔고를 받는 데 사용할 수 있는 빈 payable 폴백 함수와 children이 각자의 주소를 업데이트할 수 있는 updateAddress() 함수가 있다.

자, 본인이 두 번째 children이고 자금을 공평하게 분배받지 못해 화가 났다고 가정해보자. children은 자신의 주소를 업데이트할 수 있으므로, 자신의 주소로 폴백 함수가 없는 빈 컨트랙트를 넣으면 자금을 분배하는 disperse() 함수가 무조건 실패하고 롤백되게 만들 수 있다. 즉, 아무도 기금에 접근할 수 없도록 컨트랙트를 잠글 수 있다.

```
contract SaltyChild {}
```

이 컨트랙트는 비어 있으며 폴백 함수도 없기 때문에 이 컨트랙트에 이더를 보내더라도 거부하

게 된다. 이제 첫 번째 children이 disperse() 함수를 실행해 자기 자금을 받으려고 시도하면 두 번째 children에게 자금을 나누는 과정에서 실패한다. 이 실패가 세 children 전송을 모두 롤백한다. 곧이어 모두가 자신의 자금에 접근할 수 없음을 알게 된다.

[예제 5-5]는 .transfer 대신 .send를 사용하도록 함수를 수정해 이 특별한 경우를 해결한다.

예제 5-5 정해진 수의 주소로 이더를 안전하게 분배하는 disperse() 함수

```
function disperse () {
    uint balance = address(this).balance;
    children[0].send(balance / 2);
    children[1].send(balance / 4);
    children[2].send(balance / 4);
}
```

이제 오류를 던지는 대신 .send는 두 번째 children에게 보내는 전송에 대해 false를 반환하고 다른 모든 사람은 자신의 이더를 받을 수 있게 된다.

하지만 이 방법은 고정된 수의 주소에 대해 이더를 전송하는 경우이므로, 임의의 대규모 주소 목록으로 이더를 보내는 경우까지 일반적으로 쓰일 수는 없다. [예제 5-6]은 그러한 상황을 나타내는 Welfare 컨트랙트다.

예제 5-6 대규모 주소 목록으로 이더를 보내는 예

```
// 사용 금지: 나쁜 코드의 예시임
contract Welfare {
    address[] recipients;

    function register () {
        recipients.push(msg.sender);
    }

    function disperse () {
        uint balance = address(this).balance;
        uint amount = balance / recipients.length;
        for (uint i=0; i < recipients.length; i++) {
            recipients[i].send(amount);
        }
    }
}
```

```
    function () payable {}
  }
```

이전 컨트랙트에서와 마찬가지로 이 컨트랙트도 payable() 폴백 함수 덕분에 이더를 받아서 잔고를 관리할 수 있다. 그러나 이번에는 누구나 자유롭게 자신의 주소를 수신인으로 등록할 수 있기 때문에 이더를 받을 수신자의 총수를 알 수 없다. 또한, 전송을 위해 .send()를 사용하기 때문에 수신자 한 명이 전송 오류로 전체 큐를 막는 사태도 일어나지 않는다.

그러나 너무 많은 사람이 수신인으로 등록한다면 어떻게 될까? 각 .send 작업은 9,000gas를 소모한다. 1,000명이 등록하면 disperse() 함수는 9백만gas가 필요할 것이다. 현재 한 블록의 가스 한도는 약 7백만이다. 이때 disperse() 함수를 실행하면 OutOfGasError가 발생할 것이다. 공격자는 이 취약점을 이용해 가짜 주소를 무더기로 컨트랙트의 수신인에 등록하는 스팸 공격을 강행하고 이를 통해 컨트랙트의 이더를 잠글 수 있다.

이 문제를 방지하려면 내부 잔고를 통한 withdraw() 함수를 사용하는 것이 가장 좋다. 다음 절에서 이 방법을 다룰 것이다.

5.5 withdraw() 함수

withdraw() 함수는 하나의 트랜잭션당 하나의 전송만 수행한다. 내부 잔고와 withdraw() 함수를 결합하면 전송으로 인해 발생하는 오류가 악의적인 사용자나 무능한 사용자의 이더만 동결하게 할 수 있다. [예제 5-7]은 간단한 Roulette 컨트랙트에서 이러한 내부 잔고를 구현하는 방법을 보여준다.

> **NOTE_** [예제 5-7]은 일종의 모범 코드로 독자의 컨트랙트에서도 안전하게 사용할 수 있을 것이다.

예제 5-7 내부 잔고

```
// 좋은 코드!
contract Roulette {
```

```
    mapping(address => uint) balances;

    function betRed () payable {
        winner = (randomNumber() % 2 == 0);
        if (winner)
            balances[msg.sender] += msg.value * 2;
    }

    function randomNumber() returns (uint) {
        // 0~36 범위의 숫자를 반환하는 부분으로,
        // 이 부분은 뒷절에서 구현할 예정.
    }

    function withdraw () {
        uint amount = balances[msg.sender];
        balances[msg.sender] = 0;
        msg.sender.transfer(amount);
    }
}
```

이 컨트랙트는 매핑을 통해 내부 잔고를 유지하고 관리한다. 이 매핑이 저장할 수 있는 주소의 수에는 제한이 없다. 사용자가 내기에서 승리하면 컨트랙트는 사용자에게 직접 이더를 전송하는 대신 내부 잔고 목록을 업데이트한다. 사용자는 별도의 트랜잭션을 통해 이더를 출금할 수 있다.

이 컨트랙트는 실제로 withdraw() 함수 없이도 안전하게 작성될 수 있다. [예제 5-8]처럼 betRed() 함수를 작성하면 withdraw() 함수와 내부 잔고가 필요하지 않게 된다.

예제 5-8 안전한 Roulette 컨트랙트의 또 다른 구현 방식

```
function betRed () payable {
    bool winner = (randomNumber() % 2 == 0);
    if (winner)
        msg.sender.transfer(msg.value * 2);
}
```

물론 안전을 위해서는 withdraw() 함수를 사용하는 것이 가장 좋다. 직접적인 이더 전송 함수를 사용하면 매번 공격 경로의 존재 가능성을 주의 깊게 생각해야 한다. [예제 5-7]의 withdraw() 함수를 사용하는 방식이 가장 안전하다고 할 수 있다.

이제 Welfare 컨트랙트로 돌아가자. 이 컨트랙트가 의도한 대로 작동하게 하려면 어떻게 설계해야 할까? 컨트랙트에 자금이 들어올 때마다 모든 사용자의 내부 잔고를 직접 저장할 수는 없다. 왜? 마찬가지로, 가스 비용 때문이다. 스토리지에 워드 1개를 저장하거나 업데이트하는 SSTORE opcode는 20,000gas를 소비한다. 1,000개의 주소 잔고를 업데이트하면 2,000만 gas가 소비되며 이 역시 블록 가스 한도를 훨씬 초과한다.[2] 대안으로 [예제 5-9]에서 각 사용자가 인출한 총 자금 및 개별 금액을 추적한다.

예제 5-9 대규모의 수신인 주소 목록으로 이더를 분배하는 안전한 방법

```
contract Welfare {
    address[] recipients;
    uint totalFunding;
    mapping(address => uint) withdrawn;

    function register () {
        recipients.push(msg.sender);
    }

    function () payable {
        totalFunding += msg.value;
    }

    function withdraw () {
        uint withdrawnSoFar = withdrawn[msg.sender];
        uint allocation = totalFunding / recipients.length;
        require(allocation > withdrawnSoFar);

        uint amount = allocation - withdrawnSoFar;
        withdrawn[msg.sender] = allocation;
        msg.sender.transfer(amount);
    }
}
```

allocation 변수에는 컨트랙트가 가진 총 자금을 등록된 전체 사용자의 수로 나눠서 계산한 값이 할당된다. withdraw() 함수를 실행하려면 require()문에 의해 사용자가 지금까지 인출한 자금의 총액보다 allocation의 값이 커야 한다는 조건이 붙는다. require()의 조건을 만족

---

2 **감수자주_** 현재 이더리움 메인넷의 블록 가스 한도는 900만 수준이다.

하는 경우 allocation만큼 사용자에게 전송된다. 이 설계에서는 각 전송을 개별 트랜잭션으로 처리하므로 컨트랙트에서 처리할 수 있는 수신인의 수에는 제한이 없다. 또한 withdraw() 함수를 실행하고 매핑을 업데이트하는 과정에서 잔고를 추적하므로 하나의 트랜잭션에서 둘 이상의 상태 업데이트가 발생하지 않는다.

지금까지 이더를 보내기 위해 .transfer와 .send만 사용했다. 컨트랙트 주소에서 자금 인출을 시도할 때 이 두 함수는 모두 2,300gas만 사용하는 외부 폴백 함수를 호출한다. 만약, 복잡한 폴백 함수를 가진 컨트랙트가 이더를 인출하게 해야 한다면 어떻게 할까? [예제 5-10]은 두 명의 사용자 간에 잔고를 나누는 컨트랙트를 보여주고 있다.

예제 5-10 복잡한 폴백 함수

```
contract Marriage () {
    address wife = address(0); // 더미 주소
    address husband = address(1); // 더미 주소

    function withdraw () {
        uint amount = balances[msg.sender];
        balances[msg.sender] = 0;
        msg.sender.transfer(amount);
    }

    function () payable {
        balances[wife] += msg.value / 2;
        balances[husband] += msg.value / 2;
    }
}
```

이 Marriage 컨트랙트는 husband(남편)와 wife(아내) 사이에 50:50의 비율로 잔고를 나눠준다. 이전에 언급했듯이, 상태 트리에 1개 워드를 업데이트하면 20,000gas를 소비하기 때문에 이 폴백 함수는 transfer() 함수가 쓰는 비용인 2,300gas를 훨씬 초과한다. 이제 [예제 5-7]의 withdraw() 함수를 수정해 Marriage 컨트랙트에 적용한 [예제 5-11]을 살펴보자.

> **CAUTION_** [예제 5-11]의 코드가 안전하기는 하지만, 다음 절에서 다루는 재진입 공격의 위험성을 읽고 이해한 뒤에 실전에 사용하기를 권장한다.

예제 5-11 withdraw가 복잡한 폴백 함수를 호출하도록 허용하는 예

```
// 재진입 공격에 대한 이해 없이 이 코드를 사용하지 말 것!
function withdraw () {
    uint amount = balances[msg.sender];
    balances[msg.sender] = 0;
    bool success = msg.sender.call.value(amount)();
    require(success);
}
```

앞 절에서 언급한 바 있듯이, address.call.value(amount)() 함수는 이더를 보내기 위한 세 번째 방법이다. address.call(data)은 외부 컨트랙트 함수를 호출하는 데 사용할 수 있다. 또한 주어진 값과 가스로 외부 호출을 하기 위해 .value(amount)와 .gas(limit)의 두 가지 제어자를 사용할 수 있다. .gas가 생략됐을 경우에는 디폴트로 가스 제한 없이 호출을 수행한다.

여기서 address.call은 외부로부터의 호출이 성공했는지 여부를 나타내는 bool을 반환한다. 전송이 실패하면 require 문이 모든 상태 변경을 롤백한다.

5.6 외부 컨트랙트 호출

복잡한 동작을 수행하기에 충분한 양의 가스를 써서 외부 컨트랙트를 호출하는 행위는 위험하다. 외부 컨트랙트의 활동을 통제할 수 없기 때문이다. 외부 컨트랙트는 악성 코드를 실행함으로써 재진입 공격을 수행하거나 경합 조건^{race condition}을 유발할 수 있다. 알 수 없는 외부 함수에 대한 모든 호출을 잠재적인 공격 경로로 간주해야 한다.

5.6.1 재진입 공격

재진입 공격^{re-entrancy attack}은 외부 컨트랙트 호출이 호출의 주체가 되는 컨트랙트로 다시 들어가는 악의적인 기능을 트리거할 때 발생하는 패턴이다. [예제 5-12]는 재진입 공격으로 해킹당할 수 있는 Roulette 컨트랙트의 예를 보여준다.

CAUTION_ 이 절에 예시로 나온 코드를 사용해서는 안 된다. 이 코드는 재진입 공격을 받을 수 있다. 안전하게 사용 가능한 코드가 필요하다면 5.5절 'withdraw() 함수'에 있는 코드를 참조하자.

예제 5-12 재진입 공격에 취약한 컨트랙트

```
contract HackableRoulette {
    mapping(address => uint) public balances;

    function betRed () payable {
        bool winner = (randomNumber() % 2 == 0);
        if (winner)
            balances[msg.sender] += msg.value * 2;
    }

    function randomNumber() returns (uint) {
        // 기본적으로 0을 반환하는 부분으로
        // 이후의 절에서 실제로 이 부분을 구현할 예정이다.
    }

    function withdraw () {
        uint amount = balances[msg.sender];
        msg.sender.call.value(amount)();
        balances[msg.sender] = 0;
    }
}
```

이 HackableRoulette 컨트랙트와 안전한 Roulette 컨트랙트의 유일한 차이점은 withdraw() 함수의 마지막 두 줄이다. 사용자의 잔고를 0으로 만들기 전에 전송이 이루어지며, address.transfer() 대신 address.call.value()를 사용하므로 가스가 제한 없이 전달된다.

즉, 인출되는 이더를 받는 컨트랙트는 HackableRoulette 컨트랙트를 다시 호출하며 진입할 수 있으며, 재진입 시에 이더를 받는 컨트랙트의 잔고는 여전히 전체 잔고가 된다. [예제 5-13]은 이러한 보안 취약점을 활용해 HackableRoulette의 모든 이더를 인출하는 컨트랙트의 예다.

```
contract ReentrancyAttack {
    HackableRoulette public roulette;

    function ReentrancyAttack(address rouletteAddress) {
        roulette = HackableRoulette(rouletteAddress);
    }

    function hack () payable {
        // 컨트랙트 잔고가 0 이상이고
        // 컨트랙트가 내기에 이길 때까지 빨간색에 베팅
        while (roulette.balances(address(this)) == 0)
            roulette.betRed.value(msg.value)();

        roulette.withdraw();
    }

    // HackableRoulette.withdraw가 폴백 호출
    function () payable {
        if (roulette.balance >=
        roulette.balances(address(this)))
            roulette.withdraw();
    }
}
```

이 ReentrancyAttack 컨트랙트는 HackableRoulette 컨트랙트의 주소를 roulette에 할당하면서 인스턴스화된다. hank() 함수를 호출하면 이 함수는 베팅 중 하나에서 이길 때까지 betRed() 호출로 베팅을 계속한다. 이는 HackableRoulette 컨트랙트에서 이더를 인출할 때 HackableRoulette 컨트랙트의 내부 잔액이 0이 아니어야 하기 때문에 필요하다.

잔액이 0이 아니게 되면 roulette.withdraw()를 호출해 withdraw 루프를 시작할 수 있다. roulette의 withdraw() 함수는 이더를 ReentrancyAttack 컨트랙트로 보내고 이는 폴백 함수를 트리거한다. 폴백 함수는 또 다른 인출을 실행하며, 아직 잔고가 0이 아니기 때문에 HackableRoulette은 ReentrancyAttack이 전체 잔고를 다시 인출할 수 있게 한다. 이 루프는 HackableRoulette의 컨트랙트 잔고가 ReentrancyAttack의 내부 잔고보다 적을 때까지 계속한다. 이 시점에서 더 이상 이더를 인출할 수 없게 된다.

NOTE_ 이 재진입 공격 패턴을 이 책의 깃허브 저장소에서 직접 테스트해볼 수도 있다. 컨트랙트는 github. com/k26dr/ethereum-games/blob/master/contracts/ReentrancyAttack.sol에서, 마이그레이션은 github.com/k26dr/ethereum-games/blob/master/migrations/5_reentrancy_attack.js에서, 테스트 파일은 github.com/k26dr/ethereum-games/blob/master/test/reentrancy.js에서 내려받을 수 있다. 프로젝트 루트에서 truffle test test/reentrancy.js를 실행하고 어떤 일이 일어나는지 살펴보자.

공격을 막는 방법으로는, 외부 컨트랙트를 호출하기 전에 잔고를 0으로 만들거나 msg. transfer를 사용해 가스 한도를 제한하고 재진입을 방지하는 두 가지 방법이 있다. 둘 다 사용하면 [예제 5-7]을 안전하게 구현할 수 있다. 그래도 복잡한 외부 폴백 함수를 호출할 필요가 있다면 [예제 5-14]의 방법을 사용하자. [연습 5-2]를 통해 직접 공격을 테스트할 수도 있다.

예제 5-14 복잡한 폴백 함수를 안전하게 다루는 방법

```
function withdraw () {
    uint amount = balances[msg.sender];
    balances[msg.sender] = 0;
    msg.sender.call.value(amount)();
}
```

연습　5-2 재진입 방지

[예제 5-7]의 코드와 [예제 5-14]의 코드를 반영해서 HackableRoulette 컨트랙트를 수정해보자. 각 수정 사항에 대해 재진입 테스트를 다시 실행하고 컨트랙트의 이더를 출금하는 공격을 시도할 때 테스트가 어떻게 실패하는지 지켜보자.

5.6.2 경합 조건

경합 조건은 외부 컨트랙트를 호출할 때 발생할 수 있는 버그의 종류를 가리키는 일반 용어다. 경합 조건은 외부 함수 호출 시에 알 수 없는 상태 변경이 발생하면서 일어날 수 있다. 재진입 공격 역시 경합 조건의 한 형태다. 두 개의 컨트랙트가 있는데 둘 다 세 번째 컨트랙트에서 동일한 변수를 수정하는 경우에도 또 다른 형태의 경합 조건이 발생할 수 있다. 재진입을 포함하지 않는 경합 조건은 드물게 발생하는데, 이 책의 게임에서 발생하는 경우만 다루어볼 것이다.

5.7 중지 가능한 컨트랙트

짧은 시간 동안 많은 양의 이더를 보내거나 받는 모든 컨트랙트는 중지 가능suspendable하게 구현해야 한다.

중지 가능하게 컨트랙트를 구현하면 컨트랙트에 많은 양의 이더가 포함되는데 치명적인 버그가 발견되는 경우에 컨트랙트를 중지시켜 출금 전용 모드로 설정함으로써 안전하지 않은 외부 컨트랙트와의 통신을 방지할 수 있다.

컨트랙트가 토큰 판매와 같이 제한된 기간 동안 이더를 수락하는 컨트랙트가 대표적이다. 컨트랙트를 자폭시키는 대신 중지 가능하게 설계하면 뒤늦게 참여하는 투자자의 이더를 보호할 수 있다. [예제 5-15]는 중지 가능한 토큰 판매 컨트랙트의 예제다.

예제 5-15 중지 가능한 컨트랙트

```
contract TokenSale {
    enum State { Active, Suspended }

    address public owner;
    ERC20 public token;
    State public state;

    function TokenSale(address tokenContractAddress) {
        owner = msg.sender;
        token = ERC20(tokenContractAddress);
        state = State.Active;
    }

    // 토큰과 이더를 1:1 비율로 교환
    function buy() payable {
        require(state == State.Active);
        token.transfer(msg.sender, msg.value);
    }

    function suspend () {
        require(msg.sender == owner);
        state = State.Suspended;
    }

    function activate () {
```

```
        require(msg.sender == owner);
        state = State.Active;
    }

    function withdraw() {
        require(msg.sender == owner);
        owner.transfer(address(this).balance);
    }
}
```

이 컨트랙트 내에는 State라는 열거형이 있어 컨트랙트의 상태를 추적한다. 투자자가 토큰을 구입하려면 state의 값이 State.Active(활성화)여야 한다. 컨트랙트 소유자는 언제든지 컨트랙트를 중지하고 투자자가 토큰을 사지 못하게 할 수 있다. 소유자는 컨트랙트를 중지한 후에도 다시 활성화할 수 있다. 컨트랙트 소유자는 컨트랙트를 중지한 상태에서도 언제든지 컨트랙트의 모든 이더를 출금할 수 있다.

컨트랙트를 중지하면 컨트랙트에 이더를 보내는 모든 트랜잭션을 거부한다. 이것은 컨트랙트가 자폭하는 것보다는 훨씬 낫다. 자폭한 컨트랙트는 개인키를 잃어버린 지갑 주소와 같다. 자폭한 컨트랙트에 담겨 있던 이더는 모두 사라진다. 투자자가 의도하지 않게, 중지된 컨트랙트에 이더를 보내면 트랜잭션 거부가 일어나고 이더는 사라지는 대신 투자자에게 반환된다.

5.8 난수 생성

이더리움은 결정론적 환경이기 때문에, 솔리디티에는 난수 생성에 사용할 수 있는 기본 엔트로피 소스를 기본 제공하지 않는다. 그나마 엔트로피 소스에 가장 가까운 것이 블록 해시다. 블록이 채굴될 때 블록 해시가 생성되는데, 이 블록 해시는 누구도 맞힐 수 없다. block.blockhash(block.number − 1) 코드를 사용하면 컨트랙트 내에서 최근의 블록 해시에 접근할 수 있다. [예제 5-16]은 block.blockhash를 사용해 구현한 난수 생성기[RNG: Random-Number Generator]의 예다.

```
function random(uint seed) public view returns (uint) {
    return uint(
        keccak256(block.blockhash(block.number-1), seed)
    );
}
```

이 함수는 부모 블록 해시를 사용자 생성 시드와 함께 해시한 다음 결과로 나오는 바이트 값을 정수형으로 반환한다. 시드를 변경하면 출력도 함께 변경된다. 이렇게 하면 0에서 2^{256} 사이의 수를 결과로 얻을 수 있는데, 나눗셈 연산을 사용하면 출력되는 결과값의 범위를 줄일 수 있다.

```
// 0~99 범위의 난수
random(0x7543def) % 100;
```

블록 해시는 블록 난이도보다 낮다고 알려졌지만, 그래도 블록이 채굴되기 전까지는 정확한 수를 알 수 없다.

즉, 아쉽지만 현재 블록의 블록 해시는 블록이 채굴되기 전에는 사용할 수 없기 때문에 부모 블록의 블록 해시를 사용해야 한다. 그런데 이는 부모 블록 해시 및 시드에 접근할 수 있는 모든 사용자가 어떤 난수가 나타날지 추측할 수 있음을 의미한다. 또한 최근의 256개 블록에서만 블록 해시를 가져올 수 있으며 이 블록보다 오래된 블록에 대해 block.blockhash를 호출하면 0x0이 반환된다.

공격자는 간단한 공격만으로 난수를 추측할 수 있다. 위 예제의 random() 함수를 복사해 공격자의 컨트랙트에 붙여넣은 다음, random() 함수를 사용하는 트랜잭션과 동일한 블록에서 해당 함수가 채워지는지 확인하면 된다. 이렇게 하면 부모 블록 해시가 동일하게 되고 시드만 유일하게 다른 요소가 된다. 시드는 트랜잭션의 사용자 입력 또는 컨트랙트의 결정적 소스에서 가져와야 하며 이 중 하나를 미리 알 수 있다.

엔트로피 소스의 무작위성을 유지하는 유일한 방법은 이중 트랜잭션 시스템을 사용하는 것이다. 첫 번째 트랜잭션은 엔트로피의 소스로 미래의 블록 번호를 고정한다. 선택된 블록이 채굴되면 두 번째 트랜잭션은 로직을 실행하기 위해 엔트로피 소스로써 선택된 블록의 블록 해시를 사용한다.

이중 트랜잭션 RNG 시스템은 느리지만 상당히 안전하다. 그럼에도 채굴자가 이를 조작할 여지가 있다. 채굴자가 복권 이벤트에 참여하고 있는데, 이 복권이 승자를 골라내기 위해 난수 생성기를 사용하고 있다고 가정해보자. 채굴자가 유효한 블록 해시를 생성할 때 난수가 생성되고, 이 난수로 인해 해당 채굴자가 복권에 당첨되지 않으면 해시를 삭제하고 채굴을 계속 진행할 수도 있다. 이를 통해 채굴자는 네트워크상 해시 파워에 비례해 자신의 승률을 높일 수 있다.

이것이 이론적인 가정이며, 실제로 이 공격이 이루어졌다고 문서화된 사례는 없다. 즉, 블록 보상을 훨씬 초과하는 충분히 큰 보상이 있다면 채굴자가 이 공격을 시도할 가능성이 있다.

이러한 모든 결함을 알고 있는 상태에서 내릴 수 있는 결론은, 대규모 이더를 다룰 때 간단한 RNG에 의존해서는 안 된다는 점이다. 대규모의 이더를 나눌 때 난수가 필요한 경우, 복권으로 난수를 생성하는 우수한, 하지만 복잡한 방법을 8장에서 다룰 것이다.

5.9 정수형의 문제

안전성 검사가 없는 솔리디티에서 정수 자료형을 사용하면 코드가 복잡해질 수 있다. 이제부터 두 종류 오류를 살펴볼 것이다. 첫째는 언더플로/오버플로 오류, 둘째는 언어의 소수점 지원 부족으로 인한 오류다.

5.9.1 언더플로/오버플로

솔리디티는 오버플로, 언더플로 오류를 방지하지 못한다. 오버플로는 정수형의 값이 해당 자료형의 최대값을 초과할 때 발생한다. 값이 최소값보다 작아지면 언더플로가 발생한다.

uint의 최소값은 0이며 최대값은 $2^b - 1$이다. 여기서 b는 자료형의 길이를 비트 단위로 표현한 값이다. 따라서 uint8의 최대값은 $2^8 - 1 = 255$이며, 256비트의 길이를 가지는 uint의 최대값은 $2^{256} - 1$이다.

int의 최소값은 $-(2^{b-1})$이고 최대값은 $2^{b-1} - 1$이다. int8의 경우 최소값은 −128이고 최대값은 127이다.

정수가 오버플로되면 다시 최소값으로 되돌아가며, 정수가 언더플로되면 최대값까지 올라간다.

[예제 5-17]의 코드는 모두 오버플로 또는 언더플로를 발생시킨다.

예제 5-17 정수 언더플로/오버플로

```
uint a = 5;
a -= 6; // 2²⁵⁶ -1
a += 1; // 0

int8 b = 64;
b *= 3; // -64

// i가 오버플로되기에 이 반복문은 영원히 반복됨
uint[300] numbers;
uint sum = 0;
for (uint8 i=0; i < numbers.length; i++)
    sum += numbers[i];
```

언더플로 및 오버플로를 방지하기 위해 대부분 개발자는 SafeMath라는 표준 컨트랙트를 사용한다. SafeMath 컨트랙트는 오버플로 및 언더플로 조건을 확인하고 오류 조건을 인식하면 오류를 발생시킨다. SafeMath 컨트랙트의 구현은 [예제 5-18]을 통해 확인할 수 있다.

예제 5-18 언더플로와 오버플로를 방지하는 SafeMath 컨트랙트

```
contract SafeMath {
    function safeMul(uint a, uint b) internal pure returns(uint) {
        uint c = a * b;
        assert(a == 0 || c / a == b);
        return c;
    }

    function safeDiv(uint a, uint b) internal pure returns(uint) {
        assert(b > 0);
        uint c = a / b;
        assert(a == b * c + a % b);
        return c;
    }

    function safeSub(uint a, uint b) internal pure returns(uint) {
        assert(b <= a);
```

```
            return a - b;
    }

    function safeAdd(uint a, uint b) internal pure returns(uint) {
        uint c = a + b;
        assert(c>=a && c>=b);
        return c;
    }
}
```

5.9.2 나눗셈으로 인한 버림

솔리디티는 소수점을 지원하지 않으므로 소수점 연산을 근사화하기 위해 정수를 응용해야 한다. 정수를 응용한 소수점 구현의 예를 [예제 3-32]에서 다룬 바 있다. 그런데 이와 같은 방식에서는 나눗셈 연산을 수행할 때마다 정수의 버림이 발생하고 그만큼 정밀도를 잃을 가능성이 있다. 정수 나눗셈으로 인한 버림은 두 개의 숫자로 나눗셈을 수행할 때 나머지가 발생할 경우에 발생한다. 즉, 솔리디티에서 11 / 2는 5.5가 되는 것이 아니라, 5를 출력하고 0.5를 버리게 된다.

소수점 정밀도가 필요한, 중요한 자산을 추적할 때는 이를 명심해야 한다. 물론, 이더를 기준으로 할 때 한두 개 웨이를 잃어버리는 것은 별로 중요하지 않다.

하지만 Google(GOOG)의 주식을 거래한다고 가정해보자. 각 주식은 1,000달러 상당의 가치를 가지며 1주를 더 작은 단위로 나눌 수는 없다. [예제 5-19]에서와 같이 두 사람이 주식을 분배하는 컨트랙트를 잘못 작성하면 버림으로 주식을 잃을 수 있다.

예제 5-19 버림으로 인한 자산 유실

```
// 주의: 본 컨트랙트는 Stock 컨트랙트를 정의하기 전에는 컴파일 불가
contract MarriageInvestment {
    address wife = address(0); // 더미 주소
    address husband = address(1); // 더미 주소
    Stock GOOG = Stock(address(2)); // 더미 주소

    function split () public {
        uint amount = GOOG.balanceOf(address(this));
```

```
        uint each = amount / 2;
        GOOG.transfer(husband, each);
        GOOG.transfer(wife, each);
    }
}
```

이 컨트랙트는 주식을 wife(아내)와 husband(남편)에게 나눠준다. 한 부부가 3주를 나눠 갖는 상황을 가정해보자. 부부간에 주식을 나눠 가지려면 아내와 남편은 1주씩만 가지게 된다. 마지막 남은 주식은 정수 연산 규칙에 의해 1 / 2 = 0이므로 유실된다.

이때, 남은 주식을 참여자 중 한 명에게 이전하는 방식으로 이를 해결할 수도 있다(예제 5-20).

예제 5-20 정수 버림으로 인한 자산 유실 방지하기

```
function split () public {
    uint amount = GOOG.balanceOf(address(this));
    uint each = amount / 2;
    uint remainder = amount % 2;
    GOOG.transfer(husband, each + remainder);
    GOOG.transfer(wife, each);
}
```

5.10 함수는 기본적으로 public이다

솔리디티에서 가시성 제어자가 별도로 붙지 않은 함수는 기본적으로 public이다. 4장에서 언급한 것처럼 가장 바람직한 코딩 방식은 각 함수에 가시성 제어자를 명시적으로 지정하는 것이다. 솔리디티 버전 0.4.17 이후로부터 함수에 가시성 제어자가 지정되지 않으면 컴파일 시 경고가 나타난다. 모든 컴파일러 경고가 수정될 때까지 오류 수정과 함께 코드를 업데이트해야 한다.

적절한 가시성 제어자를 사용해 private이 돼야 하는 함수를 private 함수로 만들지 못하면 패리티 멀티시그 해킹의 원인이 된다. internal이어야 하는 함수가 internal 함수가 되지 못하면 지갑에 통제권을 개방하는 것이나 다름없다.

5.11 tx.origin 대신 msg.sender 사용하기

tx.origin 프로퍼티는 컨트랙트 함수에서 msg.sender 대신 사용 가능한 대안이다. msg.sender가 특정 함수를 호출한 최근의 컨트랙트 또는 지갑 주소를 가리키는 반면, tx.origin은 원래 트랜잭션을 서명한 지갑 주소를 가리킨다. tx.origin의 가장 좋은 사용법은? 사용하지 않는 것이다. 대부분은 msg.sender를 사용하는 것이 훨씬 낫다.

msg.sender를 사용하면 컨트랙트가 트랜잭션 발신자를 대신해 주소와 연관된 내부 컨트랙트 상태(잔고 등)를 수정할 수 있다. 발신자가 컨트랙트 함수를 직접 호출해야 하므로 msg.sender를 사용하는 것이 더 안전하다고 간주할 수 있다.

컨트랙트에서 tx.origin을 사용하면 사용자가 전달 공격을 받을 수 있다. 권한 부여를 위해 tx.origin을 사용하는 함수를 만들고 이를 해킹할 방법을 살펴보자(예제 5-21 참조).

> **CAUTION_** 이 절의 예시 코드는 해킹당할 수 있는 코드이므로 컨트랙트에 사용하지 말자.

예제 5-21 tx.origin으로 인한 잘못된 접근 권한의 예

```
// 사용 금지: 나쁜 코드의 예
function transferTo(address dest) {
    require(tx.origin == owner);
    dest.transfer(address(this).balance);
}
```

이 함수를 사용하면 컨트랙트 소유자가 컨트랙트의 잔액을 목적지 주소로 보낼 수 있다. 공격자는 [예제 5-22]처럼 전달 컨트랙트로 이를 활용할 수 있다.

예제 5-22 tx.origin 접근 권한을 활용한 전달 공격

```
contract ForwardingAttack {
    HackableTransfer hackable;
    address attacker;

    function ForwardingAttack (address _hackable) public {
        hackable = HackableTransfer(_hackable);
        attacker = msg.sender;
```

```
    }

    function () payable public {
        hackable.transferTo(attacker);
    }
}
```

해킹은 다음과 같이 작동한다. 공격자는 일반 지갑 주소로 가장해 지불을 요청함으로써 대상 컨트랙트가 공격 컨트랙트의 주소로 이더를 전송하게 만든다. 이더를 전송하면 공격 컨트랙트의 폴백 함수가 공격 대상 컨트랙트의 transferTo() 함수를 호출하고 공격 대상 컨트랙트의 잔고를 공격자의 지갑 주소로 전송하려고 시도할 것이다. 트랜잭션이 지갑 주소에서 시작됐으므로 적절한 권한이 부여되고 공격자는 공격 대상 컨트랙트의 모든 이더를 자신의 지갑 주소로 전송한다.

이러한 공격을 막으려면 [예제 5-23]과 같이 tx.origin을 msg.sender로 변경하면 된다.

예제 5-23 전달 공격 방지 코드

```
// 안전한 코드
function transferTo(address dest) {
    require(msg.sender == owner);
    dest.transfer(address(this).balance);
}
```

5.12 프런트 러닝

트랜잭션은 전체 네트워크로 브로드캐스트되며 일반적으로 블록에 포함되기 전에 모든 노드에서 볼 수 있다. 트랜잭션이 블록에 포함될 때는 트랜잭션 비용순으로 포함된다. 이것은 프런트 러닝front running[3]의 여지를 만들어낸다.

프런트 러닝은 트랜잭션을 보고 그 내용을 이용해 자신의 트랜잭션을 보내는 방법을 말한다.

---

3 역자주_ 프런트 러닝은 일반적으로 증권 거래에서 더 자주 쓰이는 용어다. 국문으로는 선매매, 또는 선행 매매라고도 불린다. 증권 업계에서는 기관 투자가의 매매 정보가 확실한 경우, 펀드 매니저나 주식 중개인이 고객 주문을 체결하기 전에 '동일한 증권'을 자기계산으로 매매하거나 제 3자에게 매매를 권유해 부당 이득을 챙기는 행위를 말하는데 스마트 컨트랙트에서도 비슷한 맥락으로 해석할 수 있다.

만약 누군가가 만든 트랜잭션이 그가 참조한 트랜잭션보다 먼저 완료된다면 이는 프런트 러닝을 한 것이다. 모든 트랜잭션이 공개적으로 표시되고 트랜잭션 순서를 강제하는 전역 메커니즘이 없기 때문에 어떤 트랜잭션이든 프런트 러닝에 노출됐다.

실제로 이 방법은 효과가 있다. 누군가가 상금을 건 수수께끼 컨트랙트를 배포했다고 가정해보자. 답을 맞힌 승자는 상금으로 걸린 5이더를 잠금 해제해 얻게 된다. 이더리움의 모든 계산은 결정론적이기 때문에, 주어진 답이 상금의 잠금을 해제하는지 여부를 미리 결정할 수 있다. 공격자는 컨트랙트에 들어가는 모든 트랜잭션을 검색하고 성공한 답을 발견하면 성공한 답안을 복사한 트랜잭션을 보내면서 원래의 가격보다 훨씬 높은 가스 가격을 책정할 수 있다. 트랜잭션은 가스 가격순으로 처리되므로 공격자의 대답이 먼저 처리되고 결국 공격자가 상금을 받게 된다.

프런트 러닝에 대한 대책은 컨트랙트에 따라 달라진다. 상금을 건 수수께끼 컨트랙트의 경우, 답변 기간을 설정하고 답변 기간이 끝난 후에는 상금을 청구할 수 없도록 만드는 방식이 유효할 것이다. 이 책의 후반부에 나오는 게임을 통해 프런트 러닝 문제를 해결하는 여러 방법을 알아볼 것이다.

5.13 잘 알려진 해킹 공격 사례

그동안 이더리움 스마트 컨트랙트는 치명적인 버그를 악용한 해킹으로 고통받아 왔다. 이번 절에서는 주요 해킹 사건을 살펴보고 각 사건에서 얻을 수 있는 교훈을 알아볼 것이다.

5.13.1 DAO 해킹 사건

DAO 해킹 사건은 가장 악명 높은 이더리움 해킹 사건이다. 하드 포크로 해킹을 롤백하기에 앞서 350만 개 이더가 손실됐다. 해킹 피해가 너무 크다 보니, 이더리움 재단은 해킹의 원인이 된 트랜잭션을 롤백하고 DAO 자금을 투자자에게 돌려주는 결정을 감행했다. 이로 인해 발행한 하드 포크는 상당한 논쟁을 불러일으켰으며, 결국 이더리움 체인이 둘로 갈라졌다. 하나는 하드 포크 이전의 상태를 유지하는 이더리움 클래식Ethereum Classic이고 다른 하나는 포크를 한 이후의 주류 체인인 이더리움 체인이다.

DAO 해킹은 복잡한 재진입 공격이었다. [코드 5-24]는 DAO에서 취약점을 가진 코드를 재현한 것이다. 재진입을 허용하는 두 줄은 굵은 글씨체로 표시했다. 보다시피, 잔고는 외부 컨트랙트으로 이전된 후 0으로 초기화된다.

예제 5-24 DAO의 취약점

```
    // splitDAO 함수의 마지막 부분
    Transfer(msg.sender, 0, balances[msg.sender]);
    withdrawRewardFor(msg.sender);
    totalSupply -= balances[msg.sender];
    balances[msg.sender] = 0;
    paidOut[msg.sender] = 0;
    return true;
}
```

withdrawRewardFor() 함수는 [예제 5-25]에서 이더를 외부 주소로 보내는 payOut() 함수를 호출한다.

예제 5-25 DAO의 payout() 함수

```
function payOut(address _recipient, uint _amount) returns(bool) {
    if (msg.sender != owner || msg.value > 0
        || (payOwnerOnly && _recipient != owner))
        throw;
    if (_recipient.call.value(_amount)()) {
        PayOut(_recipient, _amount);
        return true;
    } else {
        return false;
    }
}
```

굵게 표시한 부분은 외부 호출이 발생하는 부분이다. 안전하지 않은 address.call.value() 함수를 사용해 이더를 보내면서 한도 없이 가스를 사용하므로, 공격자는 폴백 함수를 가진 컨트랙트를 배포해서 withdraw 루프를 반복하고 컨트랙트의 잔고를 빼낼 수 있다. 이러한 공격 방식은 5.6.1절 '재진입 공격'에서 살펴본 바 있다.

이 경우, 수신자 컨트랙트가 DAO의 하위 컨트랙트여야 한다는 제약이 있었다. 내부 규정으로 인해 자금은 사용되기 전에 7일간 잠겼다.

```
// 자금의 최소 잠금 기간
uint constant minSplitDebatePeriod = 1 weeks;
```

이 7일이라는 유지 기간 덕택에 하드 포크의 안전한 실행이 가능했다. 공격자가 자금을 즉시 인출할 수 있었다면 자금을 거래소로 옮겨서 매도했을 것이고 해킹을 롤백하는 것은 불가능했을 것이다. 왜냐하면 이더를 보유한 일반인들도 롤백의 영향을 받게 되기 때문이다.

5.13.2 패리티 멀티시그 해킹 사건

패리티Parity 멀티시그 지갑은 패리티 소프트웨어에 내장된 스마트 컨트랙트로, 컨트랙트의 자금을 인출하기 위해서 여러 개의 키를 사용해야만 했다. 많은 ICO 벤처 기업이 자금을 안전하게 유지하기 위해 이 기능을 사용하고 있었다. 하지만 이 멀티시그 지갑은 여러 컨트랙트에 걸쳐 총 15만 이더를 잃게 만든 치명적인 폴백 함수를 가지고 있었다.

범인은 일반인이 접근할 수 없었던 라이브러리의 함수였다(예제 5-26).

예제 5-26 패리티 멀티시그 지갑의 취약점

```
function initWallet(address[] _owners, uint _required, uint _daylimit) {
    initDaylimit(_daylimit);
    initMultiowned(_owners, _required);
}
```

이 함수는 소유자가 여럿인 멀티시그 지갑을 초기화한다. 이는 컨트랙트를 초기화할 때만 호출돼야 하는 함수다. 이 함수에 접근할 수 있는 주체는 컨트랙트를 리셋하고 새 소유자를 선언할 수 있다. 라이브러리 함수는 대개 ABI를 통해 접근할 수 없지만 이 컨트랙트는 선언되지 않은 함수를 실행하기 위해 [예제 5-27]과 같이 위험한 폴백 함수가 포함하고 있었다.

예제 5-27 권한을 지나치게 개방한 폴백 함수

```
function () payable {
    // 현금만 받는 용도?
```

```
        if (msg.value > 0)
            Deposit(msg.sender, msg.value);
        else if (msg.data.length > 0)
            _walletLibrary.delegatecall(msg.data);
    }
```

이 폴백 함수는 일치하지 않는 함수 이름을 호출할 때 실행된다. delegatecall() 함수는 함수 호출을 다른 라이브러리 또는 컨트랙트로 전달하는 데 사용할 수 있다. 이 경우 일치하지 않는 함수가 initWallet() 함수가 포함된 라이브러리로 전달됐다. 공격자는 그 기능을 호출해 자신을 소유자로 만들고 자금을 인출할 수 있었다.

이러한 사태를 방지하는 방법은 간단하다. .delegatecall() 함수를 절대로 사용하지 않는 것이다. 이 함수는 위험하며 보안 구멍을 쉽게 노출시킨다. 전달할 함수를 명시적으로 기술하는 편이 낫다.

5.13.3 코인대시 해킹 사건

코인대시Coindash 해킹은 스마트 컨트랙트 취약점을 이용한 해킹이 아니었고 구식 웹 해킹이었다. 코인대시의 ICO가 진행되는 동안 공격자는 코인대시 ICO의 이더리움 주소를 자신의 주소로 대체했다. 이로 인해 투자자들은 코인대시 ICO 컨트랙트 대신 공격자의 주소로 30,000개 이더를 보냈다.

5.13.4 거번멘털 버그 사건

거번멘털Governmental 컨트랙트는 해킹당한 것은 아니었다. 그 안의 미묘한 버그로, 수 개월간 컨트랙트의 상금 배분이 어려워졌던 일이었다. 거번멘털은 일종의 피라미드 컨트랙트였다. 피라미드 컨트랙트의 기본은 한 명의 플레이어가 큰 상을 가져갈 수 있다는 의미다(7장에서 이러한 컨트랙트를 더 자세히 논의하겠다). 거번멘털의 잔고를 지급하는 코드는 [예제 5-28]과 같다.

예제 5-28 거번멘털의 이더 지급 코드

```
// 마지막 채권자에게 모든 컨트랙트 자금을 전송
creditorAddresses[creditorAddresses.length -
```

```
1].send(profitFromCrash);
corruptElite.send(this.balance);

// 컨트랙트 상태 초기화
lastCreditorPayedOut = 0;
lastTimeOfNewCredit = block.timestamp;
profitFromCrash = 0;
creditorAddresses = new address[](0);
creditorAmounts = new uint[](0);
round += 1;
return false;
```

굵게 표시된 두 줄은 상태 트리에서 상당한 규모의 저장소를 업데이트해야 했다. 수백 명이 게임에 참가했기 때문에 수백 개 주소와 잔고를 0으로 설정해야 했던 것이다. 이 트랜잭션에 대한 가스 요금은 당시의 블록 가스 한도를 초과할 정도로 높았으며, 승자는 지불금을 청구할 수없었다. 결국 승자는 블록 가스 한도가 증가할 때까지 기다린 후에야 상금을 수취할 수 있었다.

5.14 마치며

이 장에서는 솔리디티로 안전한 컨트랙트를 작성하는 방법을 다뤘다. 이제 스마트 컨트랙트로 안전하게 이더를 보내고 저장하고 인출하는 방법과 난수를 생성하는 방법, 그 외에 개발 중 주의해야 하는 많은 잠재적 보안 위험 요소를 알게 됐을 것이다. 이제 프로젝트를 진행할 준비가됐다. 하지만 프로젝트에 뛰어들기 전에, 코드 창에서 약간 눈을 돌려 블록체인 뒤에 있는 경제와 보상 체계를 알아보는 시간을 가져보자.

## CHAPTER 6

암호경제학과 게임 이론

암호경제학crypto-economics은 블록체인의 유지와 관련된 보상, 경제, 게임 이론에 대한 새로운 연구 분야를 일컫는 이름이다. 보상 체계만으로 경제를 단순화할 수 있다면 암호경제학은 블록체인 관련 보상 체계에 대한 연구가 될 것이다. 이 장에서는 블록 생성 방법, 블록체인 보안, 합의, 좋은 보상 체계의 중요성, 블록체인에서 가장 일반적인 공격 경로를 다룬다.

6.1 블록체인 유지 메커니즘

현재 성공적인 블록체인의 대다수는 작업 증명PoW; Proof-of-Work 채굴의 계산적 성능인 해시 파워hashpower를 통해 유지된다. 다른 블록체인은 시스템을 유지하는 방법으로 지분 증명PoS; Proof-of-Stake, 권한 증명PoA; Proof-of-Authority 방식을 실험하기 시작했다. 이더리움 연구자들은 네트워크가 곧 지분 증명 방식으로 전환될 것이라고 언급하고 있으며 이는 관심을 기울일 만한 주제다.

6.1.1 작업 증명

작업 증명 방법론의 탄생은 비트코인의 혁신을 가능하게 한 동력 중 하나였다. 이더리움은 원래 계획상 탄생 후 3년 동안 작업 증명을 사용하고, 그 후에는 지분 증명을 사용할 계획이다. 작업 증명 채굴 방식은 1장에서 간단히 다룬 바 있다.

작업 증명 방식은 1992년 학계의 논문을 통해 스팸 방지 대책으로 처음 제안됐다. 이후에 DDoS 공격을 막기 위한 방식으로 또 한번 제안된 바 있다. 두 제안 모두 받아들여지지 못했지만 이후에 암호화폐에 작업 증명이 사용하기 위한 길을 열었다.

비트코인은 작업 증명 알고리즘에 SHA-256 해싱을 사용한다. 채굴자는 논스와 타임스탬프 필드를 사용해 새 입력을 생성하고 SHA-256으로 블록 헤더를 반복 해싱한다. 네트워크 난이도에 해당하는 32byte보다 작은 해시를 생성하는 데 성공한 채굴자는 블록을 네트워크에 전파한다. 채굴자는 그의 해시 파워에 대한 보상으로, 새로운 비트코인으로 보상받는 코인베이스 트랜잭션을 블록에 포함할 수 있다.

SHA-256의 단점을 해결하기 위해 작업 증명 알고리즘의 여러 변형이 설계됐다. SHA-256 알고리즘의 단순성 덕택에 ASIC^Application-Specific Integrated Circuit을 사용해 채굴 로직을 쉽게 구현할 수 있다. 라이트코인^Litecoin은 메모리 집약적 스크립트^Scrypt 방식을 사용하지만 채굴자들은 여기에도 ASIC 채굴을 구현했다. 모네로^Monero는 크립토나이트^CryptoNight를 사용하는데, 크립토나이트는 특수한 시스템 콜을 이용해 CPU 기반 채굴이 가장 효과적인 암호화폐를 만들어냈다.

이더리움은 이더리움에 최적화된 맞춤형 알고리즘 Ethash를 사용해, 가장 효율적인 채굴 방법으로 GPU를 이용한 채굴을 구현했다. Ethash는 메모리에 저장된 DAG^Directed Acyclic Graph으로부터 반복 읽기를 수행해야 하는데, DAG는 1GB보다 크기 때문에 일반적으로 메모리가 거의 없는 ASIC은 채굴에 적합하지 않다.

Ethash 알고리즘을 자세히 알고 싶다면 Ethash 위키(github.com/ethereum/wiki/wiki/Ethash)를 참고하자. 테스트 채굴 코드를 위한 현재 시점의 DAG를 생성하기 위해서는 다음 명령을 사용하면 된다.

```
geth makedag
```

작업 증명 채굴은 해시 파워의 51%를 제어하기 위해 네트워크를 장악하려는 공격자를 강요해 블록체인을 보호한다(6.5.1절 '51% 공격' 참조). 블록 보상 및 트랜잭션 수수료는 채굴자가 블록 채굴을 수행하기 위한 동기를 부여한다. 네트워크 난이도는 목표 평균 차단 시간을 유지하기 위해 정기적으로 조정된다. 이더리움 네트워크의 목표 평균 블록 시간은 현재 약 20초다.

이 숫자는 이더리움 코드에서 "난이도 폭탄" 때문에 서서히 상향선을 긋고 있다. 이 코드는 평균 블록 시간을 천천히 늘린다. 이 배후의 동기는 블록 시간이 너무 길어지고 블록 보상에서 새로운 이더 생성에 제한을 두면 이더리움이 지분 증명으로 전환하도록 강제하는 것이다. 지분 증명이 도입된 후에는 블록 보상이 줄어들거나 0이 될 것으로 추정된다.

6.1.2 지분 증명

이더리움의 지분 증명 구현에 대한 세부 사항은 여전히 완료 일정이 정해지지 않았고 계속 지연되고 있다. 블록체인을 유지하기 위한 지분 증명의 구현 방식에는 여러 유형이 있다. 이더리움의 지분 증명 시스템은 캐스퍼^{Casper}라고 불리며 사용자가 네트워크 승인 여부에 대한 도박을 통해 블록을 확인할 수 있다.

최초의 지분 증명 기반 암호화폐는 피어코인^{Peercoin}이었다. 피어코인은 블록을 유지하고 암호화폐 공급량을 제어하는 코인 에이지$^{coin-age}$라는 규칙을 사용했다. 스티밋^{Steemit}과 EOS는 위임 지분 증명$^{DPOS;\ Delegated\ Proof\ of\ Stake}$ 방식을 사용한다. DPOS는 블록을 생산할 권한이 있는 일련의 블록 생산자가 투표를 함으로써 블록 검증이 이루어진다. 캐스퍼가 직접 민주주의와 유사하다면 DPOS는 대의 민주주의와 유사하다.

이더리움은 가까운 장래에 캐스퍼를 도입할 계획이다.

6.1.3 권한 증명

권한 증명 블록체인은 허가형 블록체인과 유사하다. 인증된 키를 가진 노드만 블록을 게시할 수 있으므로 실제로 탈중앙화된 시스템이 아니다. 권한 증명 블록체인은 네트워크의 합의나 채굴이 필요하지 않기 때문에 탈중앙화된 네트워크보다 훨씬 빠른 속도로 블록을 생성할 수 있다.

이더리움 테스트넷인 롭스텐^{Ropsten}과 코반^{Kovan}은 권한 증명 블록체인이다. 이러한 테스트넷상 이더는 실제 가치가 없으므로 사실상 블록 보상 및 트랜잭션 수수료가 없는 것이나 마찬가지다. 즉, 이러한 시스템에는 블록 채굴을 유도하거나 트랜잭션 스팸을 방지하기 위한 보상 체계가 없다. 권한 증명 체계의 블록 생성 프로세스는 너무나 쉽게 공격당할 수 있으므로(6.5.5절 '테스트넷 공격 및 이슈' 참조) 그 사용이 테스트넷 용도로만 한정된다.

6.2 합의의 형성

합의는 노드가 블록을 블록체인에 추가할지 여부를 결정하는 프로세스다. 합의는 모두가 공유하는 규칙을 통해 형성된다. 네트워크의 모든 노드가 공통된 합의에 도달하려면 호환 가능한 규칙을 바탕으로 함께 작동해야 한다. 합의 규칙은 노드가 블록체인의 로컬 복사본에 블록을 수락할지 여부를 결정하는 데 사용하므로 일부 블록체인은 이를 블록 유효성 검사 규칙이라고도 부른다.

이더리움의 합의 규칙은 EVM 및 상태 트리의 머클 루트Merkle root를 실행할 때 인코딩된다. 각 노드는 순서대로 블록 내 트랜잭션을 실행한다. 각 트랜잭션은 순서대로 실행되는 일련의 EVM opcode이다. 노드가 EVM 실행에 동일한 규칙을 가진다고 가정하면 동일한 최종 상태에 도달하게 된다.

포크fork는 네트워크의 노드 집단이 서로 다른 일련의 합의 규칙을 채택할 때 발생한다. 새 규칙이 이전 규칙의 하위 집합인 경우 소프트 포크soft fork가 발생한다. 소프트웨어를 새 규칙으로 업데이트하는 작업은 채굴자의 역할인데, 이전 버전을 사용하는 노드는 새로운 규칙에 의해 생성된 블록의 유효성을 검사하기 때문이다.

새 규칙이 기존 규칙의 하위 집합이 아닌 경우 하드 포크hard fork가 발생한다. 하드 포크가 일어나는 상황에서는 네트워크상 모든 노드가 소프트웨어를 업데이트해야 한다. 하드 포크 상황에서 소프트웨어 업데이트를 거부하는 노드는 업데이트하는 노드에서 분기된다. 이더리움 클래식 역시 이러한 방식으로 분기됨으로써 만들어졌다. 일부 노드가 DAO 하드 포크를 수용하기 위한 소프트웨어 업데이트를 거부한 것이다.

6.3 트랜잭션 수수료

트랜잭션 수수료는 악의적인 행위자가 네트워크를 스팸하는 것을 막음으로써 네트워크를 보호한다. 트랜잭션 수수료를 사용하면 네트워크 접근을 두고 경쟁하는 시장이 형성되며, 가장 비싼 값을 매기는 사람(가장 높은 요금을 지불할 의사가 있는 사람)순으로 접근 우선순위가 결정된다.

많은 블록체인에서 트랜잭션 수수료는 네트워크의 본원 통화를 사용해서만 지불 가능하다. 그래서 이더의 가치가 미래의 트랜잭션 수수료의 순 현재 가치^{NPV; Net Present Value}로 결정된다는 이야기가 나오는 것이다. 이는 주식이 미래의 배당금의 NPV로부터 그 가치를 끌어내는 것과 유사하다. 그러나 트랜잭션 수수료에 의해 생성된 가치가 이더에 프로그래밍 가능한 통화로서의 추가 용도를 제공하기 때문에, 미래의 트랜잭션 수수료의 NPV는 이더 가격의 최저점 역할을 한다고 말하는 것이 더 정확할 수 있다.

6.4 보상

좋은 보상 메커니즘은 안전한 블록체인의 토대를 이룬다. 새로운 블록체인 기술을 평가할 때 가장 먼저 해야 할 질문은 "이 블록체인은 어떤 유형의 행동을 유도하는가?"가 될 것이다. 메커니즘을 설계할 때 블록체인 사용자가 항상 자신의 이익을 최대화한다고 가정해야 한다. 블록체인의 설계가 잘못되면 익명성을 이용해 큰 보상을 가져가려는 악용 행위가 쉽게 이루어질 것이다.

블록체인은 공격받을 때를 포함해 모든 조건에서 원활하게 작동해야 성공적이라고 말할 수 있다. 6.5.5절 '테스트넷 공격 및 이슈'에서 보상 체계를 잘못 설계한 블록체인이 어떻게 됐는지 살펴볼 것이다.

이더리움의 보상 체계와 이러한 보상 체계가 네트워크 보안에 어떻게 기여하는지 알아보자.

- **블록 보상**: 채굴자는 블록을 성공적으로 채굴함으로써 블록 보상을 받게 되므로 인프라에 투자해 네트워크의 해시 파워를 확장할 수 있다. 채굴자의 해시 파워가 늘어나면 단일 개체가 51% 공격으로 네트워크를 장악하는 것을 어렵게 하기 때문에 네트워크를 안전하게 유지하는 효과가 생겨난다.
- **네트워크 난이도**: 네트워크의 해시 파워가 높아짐에 따라 네트워크 난이도가 높아지며, 가능한 한 가장 많은 해시 파워를 얻기 위해 채굴자 간 인프라 경쟁이 발생한다. 채굴자들은 경제적 수익이 0에 도달할 때까지 더 큰 해시 파워에 투자할 동기를 가지게 된다.
- **트랜잭션 수수료**: 스팸 공격자가 쓸데없는 트랜잭션으로 네트워크를 막지 못하게 한다.
- **합의 규칙**: 각 노드에 블록 수용에 동등한 권한을 부여해 네트워크의 권력을 탈중앙화한다. 악의적으로 형성된 블록은 네트워크가 거부될 것이기에 채굴자들은 귀중한 해시 파워를 낭비하지 않게 된다.

6.5 공격 벡터

완벽한 보상 체계는 없다. 모든 블록체인에는 시스템을 악용하는 데 사용할 수 있는 일련의 공격 벡터가 있다. 좋은 시스템 설계의 목표는 가능한 공격 벡터를 할 수 있는 한 어렵게 만드는 것이다. 이더리움 네트워크를 공격하는 데 사용할 수 있는 기본 공격 벡터를 살펴보자.

6.5.1 51% 공격

이더리움 채굴 시스템은 어느 한 개체가 해시 파워의 절반을 제어하지 않는 한 안전하도록 설계됐다. 단일 개체가 네트워크 전체 해시 파워의 절반 이상을 제어할 수 있다면 그 개체는 51%의 공격을 수행해 네트워크의 신뢰를 파괴할 수 있다.

여러 버전의 체인 헤드가 존재한다 하더라도 메인 체인은 단 하나만 존재할 수 있다. 메인 체인을 결정하는 규칙은 간단하다. 가장 긴 체인이 메인 체인이다. 가장 안전한 체인은 가장 많은 해시 파워가 있는 체인이며 가장 긴 체인은 가장 많은 해시 파워를 가진 체인이다. 또한 메인 체인을 결정하는 규칙은 모든 노드가 탈중앙화된 방식으로 동일한 합의에 도달할 수 있을 만큼 단순해야 한다.

공격은 다음과 같이 이루어진다. 공격자는 네트워크의 블록을 채굴하지만 채굴한 블록을 브로드캐스트하지 않는다. 공격자가 해시 파워의 절반 이상을 제어하기 때문에 로컬 체인은 메인 체인보다 길어진다. 상당한 블록 수(예: 1일 분량의 블록)가 경과하고 나면 공격자는 모든 블록을 한 번에 브로드캐스트해 마지막 날에 발생한 모든 트랜잭션을 무효화할 수 있다.

이런 무효화가 벌어지면 이더로 대금을 지불받았던 판매자는 고객을 다시 찾아가 다시 지불을 요청하거나 반품을 요청해야 할 것이다. 이 작업을 반복하면 네트워크에 대한 신뢰가 무너질 수 있다. 현재로서 대규모 블록체인에 대한 이러한 공격은 이론적인 이야기에 그칠 뿐이다. 해시 파워의 51%를 모으는 데 필요한 자본의 양은 네트워크의 신뢰를 무너뜨리는 비용 치고 너무 크다. 비트코인이나 이더리움과 같은 대규모 체인 중 하나에서 51%의 공격을 수행하려면 엄청난 규모의 자금을 가지고 충분한 공격 동기를 보유해야 한다. 아직 아무도 이런 공격을 성공해내지 못했기 때문에 51% 공격은 그 시도 자체가 큰 도박이라 할 만하다.

6.5.2 네트워크 스팸 공격

앞에서 트랜잭션 비용은 스팸 공격자가 쓸데없는 트랜잭션으로 네트워크를 마비시키는 것을 막을 수 있다고 언급했다. 사실 이 표현은 약간 부정확한 면이 있다. 트랜잭션 수수료는 실제로 네트워크에 스팸 공격을 감행해서 블록을 채우고 나머지 네트워크에 대한 트랜잭션 수수료를 높이는 역할을 할 수도 있다.

이더리움의 네트워크 스팸은 EVM의 특정 버그를 타깃으로 할 때 가장 효과적이라는 것이 입증됐다. 2016년 9월, EXTCODESIZE opcode를 대상으로 한 네트워크 스팸 공격은 당시 블록 유효성 검사 시간을 60초로 늘렸다[1]. EXTCODESIZE opcode는 상태 트리에서 컨트랙트 코드의 크기를 얻기 위해 디스크 읽기를 수행한다. 이 opcode는 20gas를 소모해 비용이 낮은 편이기 때문에 반복적으로 호출하는 데 경계심을 가지지 않겠지만, 각 블록 유효성 검사가 약 50,000건의 디스크 읽기를 수행하면 전체 네트워크 속도가 느려진다[2]. 이 문제는 EIP^Ethereum Improvement Proposal 150에서 해당 opcode의 가스 비용을 700으로 늘림으로써 결국 수정됐다[3].

스팸 공격은 가치가 없는 공짜 이더가 지급되는 이더리움 테스트넷에서 더 성공이라는 점이 입증됐다. 6.5.5절 '테스트넷 공격 및 이슈'에서 이를 논의할 것이다.

6.5.3 암호화에 대한 공격

블록체인을 공격하는 가장 효과적인 방법은 네트워크에서 사용하는 암호화 알고리즘 중 하나를 깨는 것이다. 이더리움의 작업 증명 알고리즘인 Ethash는 해시 알고리즘으로 Keccack256을 사용하고 Secp256k1 타원 곡선을 사용해 공개키와 개인키를 생성한다. 이 중 하나를 무너뜨리면 시스템에 대한 신뢰가 무너질 수 있다. 다행히 이 알고리즘을 깨는 것은 쉬운 일이 아니다.

두 알고리즘 모두 보안을 위해 단방향 함수를 사용한다. 단방향 함수는 한 방향으로는 계산하기 쉽지만 반대 방향에서는 계산하기가 쉽지 않다. 주어진 메시지의 Keccak256 해시를 계산

1 Ethereum Blog, "Transaction Spam Attacks: Next Steps", blog.ethereum.org/2016/09/22/transaction-spam-attack-next-steps

2 "EVM 1.0 gas costs", docs.google.com/spreadsheets/d/1m89CVujrQe5LAFJ8-YAUCcNK950dUzMQPMJBxRtGCqs/edit#gid=0 (bit.ly/2xRm47x)

3 Github, "Ethereum Improvement Proposal 150", github.com/ethereum/EIPs/blob/master/EIPS/eip-150.md

하기는 쉽지만 주어진 해시를 가지고 원래의 메시지를 계산하는 것은 사실상 불가능하다.

해시 함수는 이더리움 스마트 컨트랙트에서 정보를 변조하는 목적으로 광범위하게 사용한다. 앞서 살펴본 바와 같이 Keccak256은 Ethash뿐 아니라 EVM의 opcode, 솔리디티, 주소, 트랜잭션, 블록 해시, ABI, 머클 패트리샤 트리^{Merkle Patricia Tree} 등에도 사용된다.

뒤에서 다룰 상금 수수께끼 예제에서도 해시를 사용해 답을 변조할 것이다. 물론 해시 함수를 공격하는 방법도 존재한다. 가장 기본은 사전 공격이다. 대용량의 키/값 데이터베이스에 일반 단어와 비트 시퀀스의 해시를 매핑하고 해시가 발생하면 데이터베이스를 조회해 발생한 해시가 데이터베이스 내의 해시 시퀀스와 일치하는지 확인하는 방법이다.

이러한 사전 공격으로 해시가 무효화되는 것을 피하려면 솔트^{salt}를 사용해야 한다. 솔트는 일반 해시 데이터베이스에 표시되지 않도록 출력물을 고유하게 만들기 위해 모든 워드 앞에 붙이는 무작위의 시퀀스다. 솔트가 추가된 해시를 해커가 공격하는 유일한 방법은, 난수 시퀀스를 솔트로써 계속 입력하면서 해시 값이 일치할 때까지 해시를 계속하는 것이다. 이러한 공격의 연산 비용은 너무 비싸서 슈퍼 컴퓨터조차 표준 Keccak256 해시를 해석할 수 없다고 알려졌다.

공개키와 개인키 역시 마찬가지다. 개인키와 타원 곡선 암호화를 통해 공개키가 생성된다. 자세한 내용은 이 책에서 다루지 않지만 간단한 입문서는 arstechnica.com/information-technology/2013/10/a-relatively-easy-tounderstand-primer-on-elliptic-curve-cryptography (bit.ly/32NF70z)에서 볼 수 있다. 공개키로 개인키를 알아내는 것은 Keccak256 해시를 깨는 것보다 훨씬 어렵다. 이 암호화를 깰 수 있는 사람이라면 네트워크상 모든 주소와 해당 주소 내 이더를 제어할 수 있게 된다.

6.5.4 리플레이 공격

리플레이 공격^{replay attack}은 하드 포크 상황에서만 발생할 수 있다. 이는 이더리움과 이더리움 클래식이 분기되던 당시의 주요 쟁점이었다. 하드 포크 후에 이더리움에서 트랜잭션을 보낸 많은 사람들이 이더리움 클래식 체인에서도 같은 트랜잭션을 재생(리플레이)했다.

포크가 일어나는 동안 모든 사용자는 분기되는 두 체인 모두에서 동일한 잔고를 가진다. 이것은 포크 당시 이더리움 잔고를 가진 사람은 이더리움 클래식 체인에서도 동일한 잔고를 가진다는 것을 의미한다. 불행히도 두 체인이 동일한 트랜잭션 로직을 사용했기 때문에 이더리움에서 일어난 트랜잭션은 이더리움 클래식에서도 유효했다.

잔고는 일반적으로 사용자의 개인키를 통해 보호된다. 사용자는 이더를 보내기 위해 개인키로 트랜잭션에 서명해야 한다. 그러나 포크 직후에 사용자는 이더리움 체인과 이더리움 클래식 체인 모두에 동일한 개인키를 사용했으며, 이더리움 체인에서 서명한 트랜잭션은 이더리움 클래식 체인에서도 유효했다. 공격자는 이더리움 네트워크에서 서명된 트랜잭션을 가져와서 이더리움 클래식 네트워크로 브로드캐스트했다. 이것은 이더리움을 보내는 사람이 자신도 모르게 이더리움 클래식도 보내고 있음을 의미했다.

리플레이 공격이 묘한 점은 공격자가 공격에서 거의 이익을 얻지 못한다는 것이다. 트랜잭션의 수신자만 이익을 얻게 된다. 대부분 수신자는 공격을 수행할 만큼 악의적이거나 전문화된 사람이 아니다. 그러나 누구라도 수신자를 대신해 공격을 수행할 수 있으므로 악의적인 행위자는 이더리움을 불안정하게 만들기 위해 리플레이 공격을 진행했다.

리플레이 공격을 방지하는 방법은 간단하다. EIP 155(github.com/ethereum/EIPs/blob/master/EIPS/eip-155.md)는 트랜잭션에 체인 ID 필드를 추가해 이 문제를 해결했다. 이더리움 메인 체인은 체인 ID 1, 이더리움 클래식 체인에는 체인 ID 61이 붙었다. 트랜잭션의 체인 ID가 네트워크 클라이언트의 체인 ID와 일치하지 않으면 클라이언트는 트랜잭션을 거부하게 됐다.

6.5.5 테스트넷 공격 및 이슈

이더리움의 테스트넷을 작업 증명 방식으로 설정해 운영하는 것은 어려운 것으로 판명됐다. 테스트넷의 이더에는 가치가 없기 때문에 채굴자가 테스트넷에서 채굴을 진행할 보상 동기가 없으며, 같은 이유로 51% 공격과 네트워크 스팸 공격이 의미가 없다. 이더리움이 과거에 사용했던 작업 증명 기반 테스트넷은 공격자에 의해 무너졌다.

최초의 이더리움 배포 구현체는 올림픽Olympic 테스트넷이었다. 스팸 공격이 가끔 발생하지만 심각하진 않았다. 테스트넷의 가장 큰 문제는 프론티어Frontier 메인넷에 대한 최초의 업그레이드가 발생했을 때 드러났다. 프론티어에는 리플레이 공격 보호 장치가 없었기 때문에, 올림픽과 프론티어에서 동일한 개인키 및 주소를 사용하는 사람은 누구나 올림픽 테스트넷의 트랜잭션을 프론티어 메인넷에서 리플레이할 수 있었다. 사용자는 이 문제를 피하기 위해 새로운 프론티어 메인넷에서 다른 키를 사용해야 했다.

다음으로 등장한 공식 이더리움 테스트넷은 모덴Morden이었다. 모덴은 계정 논스 정보를 사용해 리플레이 공격 보호 기능을 구현했다. 메인넷에서 트랜잭션이 재생되지 않도록 모덴 테스트넷은 모든 계정의 시작 논스를 2**20으로 설정했다. 하지만, 불행히도 EIP 161 (github.com/ethereum/EIPs/blob/master/EIPS/eip-161.md)를 통해 논스 생성 코드가 변경됐고 패리티와 geth 클라이언트에 존재했던 모덴에 특화된 구현의 차이로 인해 포크가 발행했다. 이 시점에서 모덴 테스트넷을 버리고 새로운 롭스텐 테스트넷으로 교체하기로 결정했다.

롭스텐은 메인넷에서 트랜잭션이 재생되지 않도록 리플레이 공격 방지책 EIP 155 (github.com/ethereum/EIPs/blob/master/EIPS/eip-155.md)를 구현했다. 네트워크 난이도는 여전히 낮았지만 소량의 해시 파워로도 네트워크를 제어할 수 있었다.

롭스텐이 1년째 운영되는 시점에, 악의적인 사용자가 네트워크 해시 파워를 점유하고 블록 크기를 팽창시키기 시작했다. 채굴자는 블록을 채굴할 때마다 현재 블록 가스 한도를 기존 한도에서 1/1024만큼 증가하도록 제안할 수 있다. 악의적인 채굴자는 이를 반복 수행해 대량의 스팸 트랜잭션으로 블록을 채웠다. 이러한 스팸 트랜잭션을 불러오고 검증하는 데는 상당한 시간이 걸렸다. 블록이 너무 크고 느려지자 결국 네트워크와의 동기화가 불가능해졌고, 롭스텐은 일시적으로 사용할 수 없는 상태가 됐다.

롭스텐은 권한 증명 방식을 사용하는 테스트넷, 링키비Rinkeby로 대체됐다. 권한 증명 방식은 이미 등록된 노드를 통해서만 블록을 생성한다. 링키비는 15초마다 블록을 생성한다. 블록 생성 시간이 가변적인 채굴형 테스트넷만큼 현실적인 환경은 아니지만, 스팸 공격자나 악의적 채굴자의 공격으로부터 영향을 받지 않는 것이 장점이다.

롭스텐 테스트넷은 결국 GPU 해시 파워의 기증으로 부활했다. 기증된 해시 파워는 스팸 공격 이전의 새로운 최장 체인에서 채굴을 다시 시작하는 데 사용됐다. 가장 긴 체인이 주 체인이기 때문에 이 새로운 최장 체인은 클라이언트가 스팸 블록을 삭제할 수 있게 해줬다. 스팸이 아닌 모든 트랜잭션은 부활한 체인에서 재생됐다.

6.6 마치며

요약하자면 이더리움 생태계에서 블록체인을 확보하는 데 사용하는 세 가지 방법은 작업 증명, 지분 증명, 권한 증명 방식이다. 작업 증명은 현재 사용하는 보안 방식이다. 다가오는 이더리움 하드 포크를 통해 기존의 작업 증명 방식은 지분 증명 방식의 일종인 캐스퍼 프로토콜로 대체 될 것이다. 권한 증명 방식은 이더리움 테스트넷에서 사용한다.

노드는 작업 증명에 쓰이는 해시 파워 외에도 합의 규칙을 사용해 네트워크를 보호한다. 노드 는 소프트웨어로 인코딩된 합의 규칙을 블록 및 트랜잭션에 개별 적용하고 블록을 수락할지 여 부를 결정한다. 경쟁 블록이나 체인이 여러 개인 경우 가장 긴 체인이 메인 체인이 된다. 네트 워크의 모든 노드는 블록을 검증하는 데 정확히 동일한 합의 규칙을 사용해야 한다. 네트워크 의 하위 집합이 다른 규칙 집합을 사용하기로 결정하면 포크가 발생하고 체인이 분기된다.

블록체인은 참여자들의 행동을 원하는 대로 유도하기 위해 보상 체계와 시장 메커니즘을 사용 한다. 성공적인 보상 체계의 설계는 곧 성공적인 블록체인을 구축하는 열쇠다. 블록 보상, 트랜 잭션 수수료, 네트워크 난이도 조정은 이더리움이 블록체인을 보호하고 유익한 행동을 촉진하 는 데 사용하는 보상 체계의 좋은 예다.

그러나 어떠한 보상 시스템도 완벽하지 않으며 공격 벡터는 항상 존재한다. 이더리움은 과거 에 플랫폼의 특정 버그를 대상으로 한 스팸 공격 및 리플레이 공격에 취약한 것으로 드러났다. 51% 공격과 암호화 공격은 이론적으로는 가능하지만 아직은 이더리움 메인넷에 대해 이루어 진 적이 없다.

테스트넷은 또 다른 이야기다. 작업 증명 테스트넷의 보상과 트랜잭션 수수료에는 실제 가치가 없으므로 네트워크 스팸 공격과 해시 파워 제어, 블록 생성에 드는 비용이 적다. 이 책에서 사 용하는 테스트넷, 링키비는 허가된 주소만 블록을 생성할 수 있는 권한 증명 방식의 블록체인 이다.

앞의 네 장에서는 솔리디티 언어의 기초, 솔리디티에서의 모범적인 보안 구현 사례, 블록체인 의 작동 원리를 설명했다. 지금까지 쌓은 지식으로 첫 번째 게임을 만들 준비가 됐을 것이다. 다음 장에서는 간단한 이더리움 피라미드 컨트랙트를 만들어보자.

## CHAPTER 7

폰지와 피라미드

후반부에서 펼쳐질 프로젝트 및 게임의 첫 번째 장을 시작해보자. 앞서 6장에서는 이더리움과 솔리디티의 기초를 다뤘다. 우리는 이제 이론에서 벗어나 솔리디티 코드의 실제 예를 살펴볼 것이다. 일반적으로 사기의 일종으로 알려진 폰지 구조는 언뜻 보기에는 실용 사례가 아닌 것 같다. 놀랍게도 이더리움에서 출시된 최초의 인터랙티브 스마트 컨트랙트 중 일부는 검증 가능한 폰지 구조였다. 이 장에서는 우선 간단한 폰지 컨트랙트를 작성한 다음 이더리움 메인넷에 배포된 예제를 살펴볼 것이다.

7.1 폰지 vs 피라미드

피라미드 구조에서 참가자는 제품을 판매하고 이 구조에 참여할 신입 회원을 모집해 소득을 창출한다. 회원들은 일반적으로 그들이 모집한 회원의 판매 수익을 일부 가져간다. 피라미드 방식은 수익의 출처 및 유통 방식에서 피라미드 마케팅과 구별된다. 법적으로 유효한 피라미드 마케팅은 대부분 수익이 판매로 발생한다. 그에 비해 피라미드 구조는 대부분 수익이 회원 모집에서 나오는 것이다.

폰지 구조에서 투자자는 증권을 구매하거나 투자자에게 수익을 창출하는 실제 회사에 투자한다고 생각한다. 하지만 새로운 투입된 자금은 기존에 투자한 투자자에게 빚을 갚는 데 사용된다. 폰지 구조는 완전히 무너지기 전까지 몇 년 동안 지속될 수 있다. 폰지 구조라는 이름은

1920년대에 이 방식을 처음 실행한 찰스 폰지Charles Ponzi의 이름을 따서 명명됐다. 오늘날 가장 유명한 폰지는 버니 마도프Bernie Madoff의 사례다. 버니 마도프는 48년에 걸쳐 투자자들에게 200억 달러를 모았으며 전체 펀드 규모가 650억 달러에 이른다고 투자자들을 속여 왔다[1].

피라미드 구조는 식별하기 쉽다. 회원들이 의미 있는 수입을 창출하기 위해서 회원을 추가로 모집해야 하기 때문이다. 또한 '모집책'은 전체 구조의 일부이며 회사가 어떻게 운영되는지 볼 수 있다. 반면 폰지 구조에서 '모집책'은 외부에 있고, 회사의 내부 작업에 대한 지식이 없으므로 전체 구조가 발각되지 않고 오래 지속될 수 있다.

피라미드 구조와 폰지 구조는 서로 다른 의미를 지녔음에도 종종 같은 의미로 사용된다. 앞으로 살펴보겠지만 배포된 이더리움 사기의 대다수가 폰지에 해당하는데도 해당 컨트랙트의 개발자는 이를 피라미드로 간주하는 경향이 있다.

7.2 검증 가능한 부패

만약 그 부패성을 검증할 수 있다면 폰지 구조가 더 나은 것일까? 지금까지 이더리움 커뮤니티는 주저 없이 '그렇다!'라고 대답해 왔다. 폰지와 피라미드 구조는 이상할 정도로 관심을 많이 받았는데, 이는 이더리움 초기에 결정론적 코딩을 통해 사용자들의 자금을 털어낼 수 있었기 때문이다. 블록체인에 배포된 대표 사례를 살펴보기에 앞서서 간단하게 자신만의 버전을 작성해볼 시간이다.

> **NOTE_** 이 장의 모든 코드는 해당 깃허브 저장소(github.com/k26dr/ethereum-games/blob/master/contracts/PonzisAndPyramids.sol)에서 확인할 수 있다.

---

1 CNN Money, "Five Things You Didn't Know About Bernie Madoff's Epic Scam,"money.cnn.com/2013/12/10/news/companies/bernard-madoff-ponzi/index.html (cnn.it/32PF8Rw), 2013.

7.3 간단한 폰지

가장 간단한 버전의 폰지는 새로운 투자자가 보낸 돈을 이전 투자자에게 옮기는 방식이다. 각 투자가 이전 투자보다 크면 마지막 투자자를 제외한 모든 투자자가 투자 수익을 얻는다. 이를 컨트랙트로 코딩해보자(예제 7-1).

예제 7-1 간단한 폰지 구조

```
contract SimplePonzi {
    address public currentInvestor;
    uint public currentInvestment = 0;

    function () payable public {
        // 새로운 투자는 현재 투자금의 10% 이상이어야 한다
        uint minimumInvestment = currentInvestment * 11/10;
        require(msg.value > minimumInvestment);

        // 새로운 투자자 정보 저장
        address previousInvestor = currentInvestor;
        currentInvestor = msg.sender;
        currentInvestment = msg.value;

        // 이전의 투자자에게 투자금 지급
        previousInvestor.send(msg.value);
    }
}
```

[예제 7-2]의 변수를 시작으로 컨트랙트를 한 번에 두 행씩 자세히 살펴보자.

예제 7-2 간단한 폰지: 변수

```
address public currentInvestor;
uint public currentInvestment = 0;

function () payable public {
```

이 컨트랙트에는 두 변수, currentInvestor와 currentInvestment가 있다. 변수 currentInvestor는 컨트랙트에서 최근 투자자의 주소를 담는다. 이 주소는 투자 수익을 얻지 못한 유일한 주소다. 또한 이 주소는 새로 투자하는 사람이 아무도 없으면 모든 투자금을 잃게

되는 주소이며, 이때 잃게 되는 투자금이 변수 currentInvestment다.

이 컨트랙트에는 단 하나의 함수가 있으며 이는 [예제 7-3]의 폴백 함수다. 이 함수는 배포된 컨트랙트의 주소로 직접 이더를 보냄으로써 실행할 수 있다.

예제 7-3 간단한 폰지: 최소 투자

```
uint minimumInvestment = currentInvestment * 11/10;
require(msg.value > minimumInvestment);
```

새로운 투자는 현재 투자보다 최소한 10% 이상 커야 한다. 그렇지 않으면 새로운 투자는 거절된다. 기존 투자자들은 맛있는 수익을 기대하고 있으며 속임수는 환영받지 못한다. 최소 투자액을 계산하려면 기존 투자액에 1.1을 곱해야 한다. 불행히도 솔리디티에서는 소수점을 사용할 수 없기 때문에 동일한 값을 얻기 위해 11을 곱한 다음 10으로 나눌 것이다(예제 7-4).

예제 7-4 간단한 폰지: 새로운 모집책 추가

```
address previousInvestor = currentInvestor;
currentInvestor = msg.sender;
currentInvestment = msg.value;
```

이전 투자자에 대한 참조 변수를 유지함으로써 새로운 투자가 들어왔을 때 이전 투자자에게 보상을 지급할 수 있다.

```
previousInvestor.send(msg.value);
```

새로운 투자는 이전 투자자에게 직접 전달된다. 중요한 용도가 아니라면 굳이 컨트랙트에 이더를 담을 이유가 없다.

주목할 점은 여기에서 .transfer 대신 .send를 사용한다는 점이다. .transfer를 사용하면 사용자가 악의적인 컨트랙트나 잘못 코딩한 컨트랙트로부터 이더를 보내서 폰지 컨트랙트를 동결하게 만들 수 있다. 반면 .send를 사용하면 악의적인 컨트랙트나 잘못 코딩한 컨트랙트에서 이더를 보내는 투자자는 아무 이더도 받지 못할 것이다. 이러한 시나리오에서는 .send가 실패하고 false를 반환하므로, 반환 값을 무시하게 되고 컨트랙트는 새 투자자로 주소를 덮어쓸 것이다. 이렇게 들어온 이더는 컨트랙트에 남아 외부에서 청구할 수 없게 된다. .send는 2,300gas 만 소모하므로 재진입 공격으로부터 안전하기도 하다.

이는 앞으로 작성할 컨트랙트에서 맞닥뜨릴 공통된 주제다. 가능할 때마다 해킹 시도에 벌금을 부과함으로써 공격자를 억제해야 한다. 이 과정에서 선의를 가진 소수의 개발자가 오류 때문에 불이익을 받는다고 해도 이는 수용할 수 있는 담보다. 블록체인 개발에서 가장 중요한 것은 보안이며, 그 외의 모든 사항은 부차적 고려 사항이다.

언제나 그렇듯 이 컨트랙트를 배포하려면 마이그레이션이 필요하다. [예제 7-5]에서 이 컨트랙트를 위한 마이그레이션을 볼 수 있다. 설명이 필요하면 3장을 참조하자.

예제 7-5 간단한 폰지: 마이그레이션

```
var fs = require('fs');
var SimplePonzi = artifacts.require("SimplePonzi");

module.exports = function(deployer, network) {
    // geth 계정을 잠금을 해제
    if (network == "rinkeby" || network == "mainnet") {
        var password = fs.readFileSync("password", "utf8").split('\n')[0];
        web3.personal.unlockAccount(
            web3.eth.accounts[0], password);
    }

    deployer.deploy(SimplePonzi);
};
```

이 마이그레이션의 사본은 이 책의 공식 깃허브 저장소(github.com/k26dr/ethereum-games/blob/master/migrations/6_simple_ponzi.js)에서 확인할 수 있다. 이제 [예제 7-6]의 코드를 실행해 컨트랙트를 프라이빗 체인에 배포하자. 첫 번째 행은 트러플 개발 환경을 열고 두 번째 행은 컨트랙트를 배포한다. 마이그레이션 번호가 책의 예제와 동일하다면 문제 없이 작동할 것이다. 그렇지 않으면 6을 해당 마이그레이션 번호로 바꾸자.

예제 7-6 간단한 폰지: 배포

```
truffle develop
migrate -f 6
```

[예제 7-7]을 따라 컨트랙트와 통신해보자. 두 개의 계정을 통해 컨트랙트에 투자하고 두 번째 투자자에서 첫 번째 투자자까지의 자금 흐름을 살펴보자.

예제 7-7 간단한 폰지 컨트랙트와 통신하기

```
// 다음 예제는 [예제 6-7]과 동일한 트러플 개발 환경에서 개별 행 단위로 입력해야 한다.

accounts = web3.eth.accounts
web3.eth.sendTransaction({ from: accounts[0], to: SimplePonzi.address, value: 1e18 })
web3.eth.getBalance(accounts[0]) // 최초 검사
web3.eth.sendTransaction({ from: accounts[1], to: SimplePonzi.address, value: 1e17 })
// 에러
web3.eth.sendTransaction({ from: accounts[1], to: SimplePonzi.address, value: 2e18 })
web3.eth.getBalance(accounts[0]) // 두 번째 검사
```

accounts[1]의 투자 시도는 accounts[0]의 투자보다 이더를 덜 보내므로 거부될 것이다. 첫 번째 잔고 확인과 두 번째 잔고 확인 사이에 accounts[1]이 2이더를 전송하므로, 잔고는 2이더만큼 증가했을 것이다. 이제 [연습 7-1]과 [연습 7-2]에서 같은 코드를 메인넷에서 실행함으로써 실전 감각을 익혀 보자.

연습 7-1 일생 일대의 투자!

아무도 돈을 벌거나 잃지 않는다면 폰지에 무슨 재미가 있겠는가? 그래서 필자는 이더리움 메인넷에 SimplePonzi 컨트랙트를 배포해 독자의 흥미를 돋우기 위한 준비를 마쳤다. etherscan. io/address/0xd09180f956c97a165c23c7f932908600c2e3e0fb에서 컨트랙트 소스를 보고 현재 투자 내역과 거래 내역을 볼 수 있다. 이 컨트랙트는 실제로 작동하는 폰지 컨트랙트다. 누군가가 당신에게 투자한 경우에만 투자 수익을 얻을 것이다. 폰지가 시작되도록 처음에 0.005 이더를 컨트랙트에 담았다. 용감한 자만 보상을 얻을지니.

연습 7-2 첫 해킹 도전

SimplePonzi 컨트랙트는 경미한 보안 결함이 있는데, 이 결함 때문에 컨트랙트의 사용이 불가능해질 정도다. 더 자세히 설명하면 독자가 쉽게 결함을 찾을 테니 여기까지만 언급하겠다. 시도해보겠는가? 결함을 공격하는 트랜잭션을 만들어 깃허브 저장소(github.com/k26dr/ethereum

−games/issues/1)에 댓글을 다는 첫 번째 사용자에게 0.1이더의 보상을 지급할 예정이다. 물론 컨트랙트 또는 다른 사용자로부터 이더를 훔쳐서 알아서 보상을 받을 수도 있지만, 그런 경우를 허용할 정도의 결함은 없으리라 본다!

7.4 현실적인 폰지

SimplePonzi는 간단하면서도 사용자가 돈을 돌려받을지 여부를 확신할 수 없는 긴장감 있는 시나리오를 만들었다. 반면, 보통의 실제 폰지 구조는 전체 펀드의 규모가 너무 커서 유지가 어려울 때까지 평균 이상의 수익률로 투자자에게 점진적으로 수익금을 지불하는 경향을 가진다. 그러므로 보다 현실적인 시나리오를 구현하는 컨트랙트(예제 7-8)를 작성해보자. 이번에도 역시 명확한 이해를 위해 부분별로 코드를 살펴볼 것이므로, 한번에 전체 코드를 이해하지 못한다고 해도 걱정하지 말자.

예제 7-8 보다 현실적인 점진적 폰지

```
contract GradualPonzi {
    address[] public investors;
    mapping (address => uint) public balances;
    uint public constant MINIMUM_INVESTMENT = 1e15;

    function GradualPonzi () public {
        investors.push(msg.sender);
    }

    function () public payable {
        require(msg.value >= MINIMUM_INVESTMENT);
        uint eachInvestorGets = msg.value / investors.length;
        for (uint i=0; i < investors.length; i++) {
            balances[investors[i]] += eachInvestorGets;
        }
        investors.push(msg.sender);
    }

    function withdraw () public {
        uint payout = balances[msg.sender];
```

```
            balances[msg.sender] = 0;
            msg.sender.transfer(payout);
        }
    }
```

이 점진적 폰지 컨트랙트에는 세 가지 상태 변수와 세 가지 함수가 있다. 처리해야 할 지불금이 상당히 많기 때문에 이더를 직접 보내는 대신 withdrawal() 함수와 내부 잔고를 사용한다. 또한 아무 가치가 없는 트랜잭션을 통해 투자자가 되는 무임 승차자가 없도록 최소 투자 조건 MINIMUM_INVESTMENT를 추가했다. 새로운 투자는 투자자들 간에 균등하게 분배되기 때문에 최소 지불액보다 큰 돈을 보낼 동기가 없다. 이는 투자자 지분 추적의 복잡성을 피하기 위한 설계다.

[예제 7-9]를 통해 이 컨트랙트의 변수와 생성자부터 살펴보자.

예제 7-9 GradualPonzi의 변수와 생성자

```
contract GradualPonzi {
    address[] public investors;
    mapping (address => uint) public balances;
    uint public constant MINIMUM_INVESTMENT = 1e15;

    function GradualPonzi () public {
        investors.push(msg.sender);
    }
```

이 코드는 두 개의 상태 변수와 최소 투자액에 해당하는 상수 MINIMUM_INVESTMENT를 설정한다. 생성자는 컨트랙트 작성자를 첫 번째 투자자로 추가한다. 컨트랙트 작성자 외에는 송금할 수 있는 사람이 없으므로, 작성자는 이더를 보내지 않고도 폰지에 가입할 수 있는 특권을 얻는다.

새로운 투자자가 폰지에 가입하려면 최소 투자액을 충족시켜야 한다. 투자자가 이더를 보내면 이 자금은 모든 기존 투자자에게 균등하게 배분된다(예제 7-10).

예제 7-10 GradualPonzi 투자 로직

```
function () public payable {
    require(msg.value >= MINIMUM_INVESTMENT);
```

```
        uint eachInvestorGets = msg.value / investors.length;
        for (uint i=0; i < investors.length; i++) {
            balances[investors[i]] += eachInvestorGets;
        }
        investors.push(msg.sender);
    }
```

폰지의 투자자 수가 증가하면 각각의 새로운 투자에서 발생하는 투자자당 수익은 감소한다. 수익 분배가 완료되면 최근 투자자가 투자자 목록에 추가된다(예제 7-11).

예제 7-11 GradualPonzi의 출금 함수 withdraw()

```
function withdraw () public {
    uint payout = balances[msg.sender];
    balances[msg.sender] = 0;
    msg.sender.transfer(payout);
}
```

이 컨트랙트의 마이그레이션 코드는 깃허브 저장소(github.com/k26dr/ethereum-games/blob/master/migrations/7_gradual_ponzi.js)에서 확인할 수 있다. [예제 7-12]에서도 확인할 수 있으며 표준 마이그레이션이므로 자세한 설명은 생략한다.

예제 7-12 GradualPonzi의 마이그레이션 코드

```
var fs = require('fs');
var GradualPonzi = artifacts.require("GradualPonzi");

module.exports = function(deployer, network) {
    // geth 계정 잠금 해제
    if (network == "rinkeby" || network == "mainnet") {
        var password = fs.readFileSync("password", "utf8").split('\n')[0];
        web3.personal.unlockAccount(web3.eth.accounts[0], password);
    }
    deployer.deploy(GradualPonzi);
};
```

이제 트러플 개발 콘솔을 열어서 컨트랙트를 배포하고 dev 콘솔에서 컨트랙트와 통신해보자. [예제 7-13]를 한 번에 한 행씩 dev 콘솔에 입력하자.

```
migrate -f 7

ponzi = GradualPonzi.at(GradualPonzi.address)

web3.eth.sendTransaction({ from: web3.eth.accounts[1], to:
ponzi.address, value: 1e15, gas: 200e3 })

ponzi.balances(web3.eth.accounts[0])

ponzi.withdraw({ from: web3.eth.accounts[0] })
```

첫 번째 행은 컨트랙트를 배포한다. 마이그레이션에서 다른 번호를 사용한 경우 7을 각자의 마이그레이션 번호로 변경하자. 나머지 행은 컨트랙트와 예제 통신을 하기 위한 것이다. 계정 1이 컨트랙트에 0.001이더를 보내 폰지에 투자한 후, 계정 0은 잔고를 확인하고 출금한다. 계정 1이 투자하는 시점에서 계정 0이 유일한 기존 투자자이기 때문에 모든 이더는 계정 0으로 이동한다. 후속 투자에서는 이 자금이 여러 투자자에게 분배될 것이다. [연습 7-3]로 컨트랙트와 더 구체적인 통신 연습을 수행해보자. 그런 다음 [연습 7-4]로 메인넷에서 실제 이더를 투자해보자.

연습   7-3 점진적 폰지

[예제 7-13]으로 트러플 dev 콘솔의 각 계정에서 하나씩, 총 10건의 투자를 실행해보자. 모든 투자를 실행한 후 각 계정의 잔고를 확인해보자. 전통적인 폰지 구조에 따라 가장 오래된 투자자가 가장 많은 수익 분배를 받고 가장 나중에 참여한 투자자가 가장 적은 수익 분배를 받아야 한다.

연습   7-4 아름다운 폰지

필자는 미리 메인넷에 GradualPonzi 컨트랙트를 배포했다. 트랜잭션 내역 및 컨트랙트 상태는 etherscan.io/address/0xf89e29fd10716757d1d3d2997975c639c8750e92에서 확인할 수 있다. 이제 컨트랙트에 0.001이더를 보내 폰지에 가입해보자. 일찍 들어갈수록 수익이 좋을 것이다. 얼마나 일찍 들어가야 충분히 일찍 들어갔다고 할 수 있을까? 시간이 답해줄 것이다.

7.5 간단한 피라미드

피라미드는 폰지보다 조금 더 복잡하다. 피라미드는 점점 더 커지는 피라미드를 형성하면서 참가자들에게 수익금을 지불해야 하기 때문이다. [예제 7-14]를 통해 피라미드 구조를 가진 SimplePyramid 컨트랙트를 볼 수 있다. 각 단계는 전 단계보다 두 배 크며, 각 단계는 다음 단계가 채워지면 투자금을 회수할 수 있다. 남은 이더는 모든 참가자들에게 분배된다.

예제 7-14 SimplePyramid 컨트랙트[2]

```
contract SimplePyramid {
    uint public constant MINIMUM_INVESTMENT = 1e15; // 0.001이더
    uint public numInvestors = 0;
    uint public depth = 0;
    address[] public investors;
    mapping(address => uint) public balances;

    function SimplePyramid () public payable {
        require(msg.value >= MINIMUM_INVESTMENT);
        investors.length = 3;
        investors[0] = msg.sender;
        numInvestors = 1;
        depth = 1;
        balances[address(this)] = msg.value;
    }

    function () payable public {
        require(msg.value >= MINIMUM_INVESTMENT);
        balances[address(this)] += msg.value;

        numInvestors += 1;
        investors[numInvestors - 1] = msg.sender;

        if (numInvestors == investors.length) {
            // 앞 단계에 투자자 지급
            uint endIndex = numInvestors - 2**depth;
            uint startIndex = endIndex - 2**(depth-1);
            for (uint i = startIndex; i < endIndex; i++)
                balances[investors[i]] += MINIMUM_INVESTMENT;
```

----

2 **감수자주**_ 이 코드에서 굵게 표시된 부분은, 0.5 버전 이후로는 uint I; 형태로 명시적으로 적어줘야 한다. 그리고 더해서 이러한 패턴의 컨트랙트 프로그래밍은 numInestors가 충분히 클 경우 동작하지 않을 수 있다(블록 가스 한도).

```
            // 남은 이더를 전체 참여자에게 분배
            uint paid = MINIMUM_INVESTMENT * 2**(depth-1);
            uint eachInvestorGets = (balances[address(this)]- paid) / numInvestors;
            for(i = 0; i < numInvestors; i++)
                balances[investors[i]] += eachInvestorGets;

            // 상태 변수 업데이트
            balances[address(this)] = 0;
            depth += 1;
            investors.length += 2**depth;
        }
    }

    function withdraw () public {
        uint payout = balances[msg.sender];
        balances[msg.sender] = 0;
        msg.sender.transfer(payout);
    }
}
```

이해를 돕기 위해 부분별로 코드를 살펴보자. 우선 [예제 7-15]를 통해 이 컨트랙트의 변수를 알아보자.

예제 7-15 SimplePyramid의 변수

```
contract SimplePyramid {
    uint public constant MINIMUM_INVESTMENT = 1e15;
    uint public numInvestors = 0;
    uint public depth = 0;
    address[] public investors;
    mapping(address => uint) public balances;
```

이 코드는 4개의 변수와 1개의 상수를 선언한다. 모든 변수와 상수는 public이다.

- **MINIMUM_INVESTMENT**: 컨트랙트에 참여하는 데 필요한 최소 금액이다. 최소 금액 이상을 보내도 아무런 이득이 없다. 누구나 부담 없이 참여하게 하기 위해 1^{15}wei, 즉 0.001이더로 설정했지만 이를 수정하면 파급력이 큰 피라미드를 만들 수 있다.

- **numInvestors**: 지금까지 투자한 주소의 수를 내부에서 집계하는 카운트 변수다.

- **depth**: 현재 피라미드 단계를 나타낸다. 각 단계의 투자자 수는 depth**2(depth의 2제곱)이다. 뒤의 단계가 채워진 후에 수익 지불이 발생한다. 각 단계의 크기는 기하 급수적으로 증가하기 때문에 결국에는 너무

커지게 된다. 첫 번째 단계에서는 depth가 0으로 하나의 투자자만 포함하고, 두 번째 단계(depth = 1)에는 두 명의 투자자가 포함되며, 세 번째 단계(depth = 2)에는 네 명의 투자자가 포함된다.

- **investors**: 지금까지 투자한 모든 주소를 순서대로 포함하는 배열이다. 투자자가 순서대로 있기 때문에 투자가 발생한 단계를 투자자의 배열로부터 계산할 수 있다.

- **balances**: 이더 잔고를 위한 표준 내부 장부다.

[예제 7–16]을 통해 생성자 코드를 살펴보자.

예제 7-16 SimplyPyramid의 생성자

```
function SimplePyramid () public payable {
    require(msg.value >= MINIMUM_INVESTMENT);
    investors.length = 3;
    investors[0] = msg.sender;
    numInvestors = 1;
    depth = 1;
    balances[address(this)] = msg.value;
}
```

생성자는 컨트랙트 작성자가 첫 번째 투자자가 되게 만든다. 제작자는 적어도 최소한의 투자금을 보내야한다. 처음에 개방된 슬롯은 3명의 투자자에게 제공된다. 컨트랙트의 작성자는 혼자서 첫 번째 단계에 있고, 두 번째 단계에는 두 개의 채워지지 않은 슬롯이 있다. 두 번째 단계가 채워질 때까지는 지불금이 없으므로 초기 투자는 컨트랙트의 내부 잔고에 추가된다.

[예제 7–17]은 투자 로직의 앞 단계를 기술한다.

예제 7-17 SimplePyramid 투자 로직

```
function () payable public {
    require(msg.value >= MINIMUM_INVESTMENT);
    balances[address(this)] += msg.value;

    numInvestors += 1;
    investors[numInvestors - 1] = msg.sender;
```

단계를 채우지 않고 지불금을 트리거하지 않는 기본 투자가 이루어지는 경우에는 컨트랙트가 상태 변수만 업데이트한다. 투자가 최소 투자액을 초과하면 컨트랙트의 내부 잔고가 투자 가치

를 더해서 업데이트되고, 새 투자자는 투자자 배열의 끝에 추가된다.

새로 들어온 투자자가 피라미드의 한 단계를 채우면 [예제 7-18]의 코드가 실행된다.

예제 7-18 SimplePyramid의 지불금 지급 코드

```
if (numInvestors == investors.length) {
    // 앞 단계에 투자자 지급
    uint endIndex = numInvestors - 2**depth;
    uint startIndex = endIndex - 2**(depth-1);
    for (uint i = startIndex; i < endIndex; i++)
        balances[investors[i]] += MINIMUM_INVESTMENT;
```

코드는 앞 단계의 투자자에게 초기 투자 비용을 지불하는 것으로 시작한다. 각 단계에 $2**depth$만큼 참가자가 포함됐기 때문에 총 투자자 수(numInvestors)에서 $2**depth$만큼 뺀 인덱스를 배열에서 조회하면 앞 단계의 끝(endIndex)을 확인할 수 있다. 앞 단계는 현재 단계의 절반밖에 되지 않으므로, 해당 단계의 시작은 단계의 끝(endIndex)에서 $2**(depth-1)$를 뺀 인덱스가 된다. 그리고 각 단계의 시작 인덱스에서 끝 인덱스로 for 반복문을 돌려서 각 투자자의 내부 잔고에 초기 투자금을 반환하게 된다.

앞 단계에 상환이 끝나면 컨트랙트의 나머지 이더가 모든 구성원에게 균등하게 배분된다(예제 7-19).

예제 7-19 SimplePyramid의 이자 분배 로직

```
// 남은 이더를 전체 참여자에게 분배
uint paid = MINIMUM_INVESTMENT * 2**(depth-1);
uint eachInvestorGets = (balances[address(this)] - paid) / numInvestors;
for(i = 0; i < numInvestors; i++)
    balances[investors[i]] += eachInvestorGets;
```

상환으로 지불된 금액을 결정하기 위해 최소 투자액에 앞 단계의 크기인 $2**(depth-1)$를 곱한다. 나머지는 균등하게 분할돼 각 투자자의 내부 잔고에 추가된다(예제 7-20).

예제 7-20 SimplePyramid에서 단계를 추가하는 로직

```
// 상태 변수 업데이트
```

```
balances[address(this)] = 0;
depth += 1;
investors.length += 2**depth;
```

컨트랙트의 내부 잔고는 투자자들 사이에 분배됐기 때문에 0이 할당되고, depth가 1만큼 증가하며 투자자 배열은 다음 투자자 단계를 수용하도록 늘어난다.

이 컨트랙트 역시 표준 withdraw() 함수를 사용한다(예제 7-21). 자세한 내용은 4장을 참조하자.

예제 7-21 SimplePyramid의 withdraw() 함수

```
function withdraw () public {
    uint payout = balances[msg.sender];
    balances[msg.sender] = 0;
    msg.sender.transfer(payout);
}
```

이 컨트랙트의 마이그레이션은 한 가지 예외를 제외하고 표준과 동일하다. 초기 투자를 위해 배포에 1^{15}wei만큼 금액 전송이 포함된다. 전체 마이그레이션은 깃허브 저장소 github.com/k26dr/ethereum-games/blob/master/migrations/8_simple_pyramid.js 에서 확인할 수 있다. 표준과 다른 행만 따로 표시하자면 다음과 같다.

```
deployer.deploy(SimplePyramid, { value: 1e15 });
```

컨트랙트를 프라이빗 체인에 배포하려면 트러플 dev 콘솔에서 [예제 7-22]를 실행하자. 언제나처럼 마이그레이션 번호가 다르다면 번호 8을 각자의 마이그레이션 번호로 바꾸자.

예제 7-22 SimplePyramid 배포

```
truffle develop

# 다음 명령은 개발 콘솔을 열고 입력한다.
migrate -f 8
pyramid = SimplePyramid.at(SimplePyramid.address)
```

이를 통해 배포된 컨트랙트에 대한 포인터 변수가 생성될 것이다. [연습 7-5]에서 이 포인터를 사용해 컨트랙트와 통신할 것이다.

연습 7-5 피라미드 분배

[예제 7-22]에서 생성된 피라미드 변수를 사용해 트러블 dev 콘솔에서 SimplePyramid와 통신할 수 있다. 트러플이 만든 10개의 계정을 사용해 처음 세 단계를 채운 다음 피라미드의 투자금이 재분배되는 것을 지켜보자.

프라이빗 체인에서 피라미드 구조를 충분히 연습했다면 [연습 7-6]으로 메인넷에서 진짜 피라미드에 가입할 수 있다.

연습 7-6 지옥행 피라미드 열차

필자는 메인넷에 SimplePyramid 컨트랙트마저 배포해버렸다. 스캠의 세계에 온 것을 환영한다! 최소 투자액은 합리적으로 0.001이더로 설정했으므로 게임에 너무 많은 돈을 잃을 염려는 없을 것이다. 일찍 들어온 사람만 돈을 벌 수 있다. geth 콘솔을 사용해 피라미드 컨트랙트로 0.001 이더를 보내고 이더스캔에서 트랜잭션 내역을 추적해보자. 컨트랙트 코드와 그 상태는 etherscan.io/address/0x9b0033bccf2d913dd17c08a5844c9dd31dd34833에서 읽을 수 있다.

7.6 거번멘털[3]

거번멘털Governmental은 2016년 초에 이더리움 메인넷에서 40일 동안 운영됐던 복잡한 피라미드 구조의 컨트랙트였으며, 당시 이더리움 네트워크에서 가장 인기 있는 컨트랙트이기도 했다. 게임의 규칙과 코드는 각각 [예제 7-23]과 [예제 7-24]에 재현됐다. governmental.github. io/GovernMental 및 etherscan.io/address/0xf45717552f12ef7cb65e95476f217ea00

---

3 이 절의 코드는 0.4 이전 버전으로 작성되었다. 이후 버전에서 원활히 작동하지 않을 수 있다.

8167ae3#code (bit.ly/30T09sQ)의 코드에서 그 규칙을 확인할 수 있다.

예제 7-23 거번멘털의 규칙

- 컨트랙트에 이더를 빌려줄 수 있으며, 이 컨트랙트는 10%의 이자로 갚을 것을 약속한다. 최소 대출액은 1이 더다.

- 거번멘털이 12시간 동안 새 자금을 받지 못하면 시스템이 무너진다. 가장 마지막에 들어온 채권자는 시스템이 무너지는 것을 보며 잭팟을 받게 됐다. 다른 모든 채권자는 대여금을 영영 잃어버렸다.

- 모든 입금은 다음과 같은 방식으로 처리된다. 우선 들어온 돈의 5%는 "잭팟"(최대 10,000이더로 제한)으로 들어간다. 다른 5%는 거번멘털을 운영하는 부패한 엘리트에게 들어간다. 나머지 90%는 대출 날짜순으로 채권자에게 대출금을 상환하는 데 사용한다. 잭팟이 가득 차 있으면 95%를 채권자의 대출금을 상환하는 데 사용한다.

- 채권자는 추천인 링크를 공유할 수 있다. 이 방법으로 입금된 돈은 다음과 같이 분배된다. 5%는 추천인에게 직접 들어가고, 5%는 부패한 엘리트에게, 5%는 잭팟으로(가득차기 전까지) 이동한다. 나머지는 상환금으로 사용된다.

예제 7-24 거번멘털의 코드

```
contract Government {

    // 전역 변수
    uint32 public lastCreditorPayedOut;
    uint public lastTimeOfNewCredit;
    uint public profitFromCrash;
    address[] public creditorAddresses;
    uint[] public creditorAmounts;
    address public corruptElite;
    mapping (address => uint) buddies;
    uint constant TWELVE_HOURS = 43200;
    uint8 public round;

    function Government() {
        // 부패한 엘리트가 새로운 정권(government)을 수립한다.
        // 이 함수는 부패한 엘리트의 약정으로,
        // 잭팟의 초기값이 명시된다.
        profitFromCrash = msg.value;
        corruptElite = msg.sender;
        lastTimeOfNewCredit = block.timestamp;
    }
```

```
function lendGovernmentMoney(address buddy) returns (bool) {
    uint amount = msg.value;
    // 시스템이 이미 파산 상태인지 확인한다.
    // 새 채권자가 12시간 내에 자금을 투입하지 않으면 시스템은 파산한다.
    // 12시간에 해당하는 평균 블록 시간은 60*60*12/12.5 = 3456 이다.
    if (lastTimeOfNewCredit + TWELVE_HOURS < block.timestamp) {
        // 송금자에게 자금을 돌려보낸다.
        msg.sender.send(amount);
        // 컨트랙트에 남은 잔액 전체를 마지막 채권자에게 보낸다.
        creditorAddresses[creditorAddresses.length - 1]
            .send(profitFromCrash);
        corruptElite.send(this.balance);
        // 컨트랙트 상태 변수를 리셋한다.
        lastCreditorPayedOut = 0;
        lastTimeOfNewCredit = block.timestamp;
        profitFromCrash = 0;
        // 0.5 버전에서는 creditorAddressed.length = 0;
        creditorAddresses = new address[](0);
        // 0.5 버전에서는 creditorAmounts.length = 0;
        creditorAmounts = new uint[](0);
        round += 1;
        return false;
    }
    else {
        // 시스템은 생존을 위해 파산 이후 잔고에서
        // 이후 최소 12시간을 더 지속할 수 있다.
        if (amount >= 10 ** 18) {
            // 시스템이 새로운 자금을 수혈하면,
            // 이후 최소 12시간을 더 지속할 수 있다.
            lastTimeOfNewCredit = block.timestamp;
            // 새로운 채권자를 등록하고, 그의 이자율을 10%로 설정한다.
            creditorAddresses.push(msg.sender);
            creditorAmounts.push(amount * 110 / 100);
            // 부패한 엘리트에게 5%가 할당되었다. 도둑놈들!
            corruptElite.send(amount * 5/100);
            // 5%는 잭팟으로 흘러가며,
            // 이는 최후의 채권자가 받을 금액을 늘린다.
        if (profitFromCrash < 10000 * 10**18) {
            profitFromCrash += amount * 5/100;
        }
        // 정부에 친구(추천인)가 있다면, 그리고 그 친구가 채권자 목록에 있다면,
        // 그는 예탁금의 5%를 받을 수 있다. 친하게 지내자.
        if(buddies[buddy] >= amount) {
```

```solidity
            buddy.send(amount * 5/100);
        }
        buddies[msg.sender] += amount * 110 / 100;
        // 자금의 90%가 기존 채권자에게 대출을 상환하는 데 사용된다.
        if (creditorAmounts[lastCreditorPayedOut] <=
            address(this).balance - profitFromCrash) {
            creditorAddresses[lastCreditorPayedOut].send(
                creditorAmounts[lastCreditorPayedOut]);
            buddies[creditorAddresses[lastCreditorPayedOut]] -=
                creditorAmounts[lastCreditorPayedOut];
            lastCreditorPayedOut += 1;
        }
        return true;
    }
    else {
        msg.sender.send(amount);
        return false;
    }
    }
}

// 폴백 함수
function() {
    lendGovernmentMoney(0);
}

function totalDebt() returns (uint debt) {
    // 반복문을 사용할 때, 반복문이 매우 길어질 가능성이 있을 경우
    // 코드 자체는 문제가 없으나 실행 환경(블록 가스 리밋)으로 인해
    // 런타임 과정에서 동작하지 않는 코드가 될 가능성이 높다.
    for(uint i=lastCreditorPayedOut; i<creditorAmounts.
    length; i++){
        debt += creditorAmounts[i];
    }
}

function totalPayedOut() returns (uint payout) {
    for(uint i=0; i<lastCreditorPayedOut; i++){
        payout += creditorAmounts[i];
    }
}

// 이 함수를 권장하는 순간 당신은 낚이는 것이다.
// 물론, 본인이 부패한 엘리트의 일원이고,
```

```
// 시스템의 신뢰성을 홍보하고 싶다면 호출해도 좋다.
function investInTheSystem() {
    profitFromCrash += msg.value;
}

    // 부패한 엘리트가 자신의 권력을 후대에
    // 전수하는 경우도 가끔 있다.
    function inheritToNextGeneration(address nextGeneration) {
        if (msg.sender == corruptElite) {
            corruptElite = nextGeneration;
        }
    }

    function getCreditorAddresses() returns (address[]) {
        return creditorAddresses;
    }

    function getCreditorAmounts() returns (uint[]) {
        return creditorAmounts;
    }
}
```

참고로 이 코드는 솔리디티 최신 버전에서 제대로 작동하지 않으므로 주의하자.[4] 이 컨트랙트에서, 솔리디티 자체에서 더 이상 지원하지 않는 몇 가지 문법을 쓰고 있기 때문이다. 최신 버전에서 작동하는 버전은 깃허브 저장소의 contracts/Governmental.sol 에서 찾을 수 있다. 원하는 독자는 언제든 배포하고 통신해 연습 체력을 쌓도록 하자.

코드 자체에 주석이 잘 달려 있으므로 다른 컨트랙트와 마찬가지로 코드 전체를 자세하게 다루지 않을 것이다. [예제 7-25]의 변수부터 시작해 이해하기 어려운 부분만 살펴보자.

------

4 감수자주_ 0.5 버전에서 동작하게 하려면 코드의 굵은 부분을 다음과 같이 수정하면 된다.

```
function getCreditorAddresses() returns(address[] memory) {
    address[] memory tempAddress;
    tempAddress = creditorAddress;
    return tempAddress;
}

function getCreditorAmounts () returns(address[] memory) {
    uint[] memory tempAmounts;
    tempAmounts = creditorAmounts;
    return tempAmounts;
}
```

```
// 전역 변수
uint32 public lastCreditorPayedOut;
uint public lastTimeOfNewCredit;
uint public profitFromCrash;
address[] public creditorAddresses;
uint[] public creditorAmounts;
address public corruptElite;
mapping (address => uint) buddies;
uint constant TWELVE_HOURS = 43200;
uint8 public round;
```

실제로 쓰는 상태 변수를 이해하면 컨트랙트 내용 자체를 이해하는 데 드는 시간이 절반으로 단축된다.

- **lastCreditorPayedOut**: 썩 정확한 변수 이름이라고 하기는 어렵다. 대출금을 상환받지 않은 첫 번째 채권자의 인덱스를 저장한다. 이는 creditorAddresses 및 creditorAmounts와 함께 사용된다.

- **lastTimeOfNewCredit**: 마지막 투자의 타임스탬프를 저장하는 UNIX 타임스탬프다. 새로운 투자가 12시간 이내에 도착하지 않으면 이 폰지 구조는 '붕괴'하고 마지막 채권자는 잭팟을 받는다.

- **profitFromCrash**: 마지막 채권자가 이기기 위한 잭팟의 규모다. 부패한 엘리트가 초기 금액을 할당하며 이후 모든 채권자가 투자하는 금액의 5%가 여기에 더해진다.

- **creditorAddresses**: 채권자 주소의 목록이다. creditorAddresses[lastCreditorPayedOut]는 대출금을 상환받지 못한 첫 번째 채권자를 나타낸다.

- **creditorAmounts**: 각 채권자에게 대출받은 금액의 목록이다. creditorAmounts[lastCreditorPayedOut]는 지급되지 않은 첫 번째 채권자에게 컨트랙트가 빚진 금액을 나타낸다.

- **corruptElite**: 컨트랙트 작성자의 주소를 가리키며, 이 주소는 들어오는 모든 자금의 5%를 수령한다.

- **buddies**: 채권자 주소와 채권자 금액을 담는 매핑이다. creditorAddresses와 creditorAmounts의 중복된 조합이지만 배열이 아닌 매핑이기 때문에 단일 주소를 찾는 것이 훨씬 빠르다. 추천인 보너스를 결정하는 데 사용한다.

- **TWELVE_HOURS**: 12시간을 초 단위로 담는 상수다.

- **round**: 잭팟이 지불될 때마다 새로운 라운드를 시작한다. 이론적으로 이 게임은 영원히 계속될 수 있다. 실제로 게임이 너무 커지면 어떤 일이 일어나는지 5장에서 그 사례를 다룬 바 있다.

변수를 이해했다면 다음으로 컨트랙트에서 이해하기 어려운 부분인 채권자 대출금 상환 부분을 살펴보자(예제 7-26).

```
// 자금의 90%가 기존 채권자에게 대출을 상환하는 데 사용된다.
if (creditorAmounts[lastCreditorPayedOut] <=
    address(this).balance - profitFromCrash) {

    creditorAddresses[lastCreditorPayedOut].send(
        creditorAmounts[lastCreditorPayedOut]);

    buddies[creditorAddresses[lastCreditorPayedOut]] -=
        creditorAmounts[lastCreditorPayedOut];

    lastCreditorPayedOut += 1;
}
```

코드를 읽기 쉽게 하기 위해 각 행 사이에 빈 행을 추가했다. 조건문부터 살펴보자. 다음 채권자에게 대출금을 상환하더라도 잭팟을 지불하기에 충분한 이더가 컨트랙트에 남을 수 있어야만 if 문 내부에 진입하게 된다. 즉 잭팟에 대출금 상환보다 높은 우선순위가 부여된다. 이것은 상환받지 못하는 채권자들이 줄지어 발생할 수 있음을 의미한다.

컨트랙트에 다음 채권자에게 상환할 이더가 충분하면 대출금을 해당 채권자의 주소로 보낸다. 채권자에게 빚진 금액에는 초기 투자에 대한 이자 10%가 포함됐음을 기억하자.

세 번째 행은 buddies 배열에서 지불한 금액을 차감한다. 코드를 간소화하기 위해 값을 0으로 설정해도 동일한 코드가 된다. 대출금을 상환받은 주소는 더 이상 추천인 보너스를 청구할 수 없다. 마지막 행은 다음 트랜잭션에서 다음 채권자가 상환을 받을 수 있도록 채권자 인덱스를 증가시킨다.

7.7 마치며

이 장에서는 폰지 컨트랙트와 피라미드 컨트랙트를 다뤘고 실제로 배포됐던 폰지 컨트랙트 사례인 거번멘털도 설명했다. 메인넷에 배포된 SimplePonzi, GradualPonzi, SimplePyramid 컨트랙트는 다른 독자와 함께 플레이할 수 있다. 폰지와 피라미드는 이더리움으로 만들 수 있는 독특한 게임 설계 중 일부다. 다음 장에서는 또 다른 이더리움 게임의 대표 사례, 복권을 알아볼 것이다.

## CHAPTER 8

복권

복권은 이더리움 사용의 훌륭한 사례다. 복권 역시 피라미드처럼 이더리움 블록체인 컨트랙트가 활용된 초기 사례다. 결과는 공평하며, 중앙의 운영자가 상금을 삭감할 걱정이 없고, 하나의 법령에 귀속되지 않은 채 운영이 가능하다. 장래의 복권은 블록체인상에서 이루어질 가능성이 높다. 이 장에서는 좋은 복권과 난수 생성을 위한 주요 쟁점을 설명하고 점진적으로 난이도를 올려가며 복권 컨트랙트를 실습해볼 것이다.

> **NOTE_** 이 장에 등장하는 모든 코드는 해당 깃허브 저장소(github.com/k26dr/ethereum-games/blob/master/contracts/Lotteries.sol)에서 내려받을 수 있다.

8.1 난수 생성기

5장에서 난수 생성(RNG)을 자세히 다뤘다. 간단히 요약하자면, 엔트로피 소스로 활용할 수 있는 주요 수단은 블록 해시와 외부의 오러클^{oracle}이다. 여기에서는 복잡성과 외부 의존성을 최소화하기 위해 난수에 블록 해시를 사용할 것이다.

현재 블록이 아닌 이전 블록의 해시만 사용할 수 있는데, 이전 블록의 해시는 트랜잭션이 실행되는 시점에 알려지기 때문에 최종 난수 결과값을 예측할 수 없게 만드는 추가 조치를 취해야 한다. 구체적으로는 티켓 구입 기간과 당첨자 추첨 사이에 시간 지연을 설정함으로써 복권 티켓이 배포되는 시점에 당첨자를 결정하는 데 사용된 블록 해시를 알 수 없게 만들 수 있다.

5장에서 복권을 사용하면 더 나은 RNG를 만들 수 있다고 언급했다. 이 장의 뒷부분에서 이를 실제로 다룰 것이다. 블록 해시를 사용하는 것보다 복잡하고 사용자 친화적이지 않지만 그 대신 더 나은 엔트로피 소스를 얻을 수 있다.

8.2 간단한 복권

우선 가능한 한 간단한 복권으로 시작해보자. 간단한 복권은 반복적이지 않고, 난수에 블록 해시를 사용하며 단 한 명의 승자만 존재한다. 부분별로 상세히 설명하기 전에 먼저 전체 코드를 살펴보자(예제 8-1).

예제 8-1 간단한 복권

```
contract SimpleLottery {
    uint public constant TICKET_PRICE = 1e16; // 0.01 이더

    address[] public tickets;
    address public winner;
    uint public ticketingCloses;

    function SimpleLottery (uint duration) public {
        ticketingCloses = now + duration;
    }

    function buy () public payable {
        require(msg.value == TICKET_PRICE);
        require(now < ticketingCloses);

        tickets.push(msg.sender);
    }

    function drawWinner () public {
        require(now > ticketingCloses + 5 minutes);
        require(winner == address(0));
```

```
        bytes32 rand = keccak256(
            block.blockhash(block.number-1)
        );
        winner = tickets[uint(rand) % tickets.length];
    }

    function withdraw () public {
        require(msg.sender == winner);
        msg.sender.transfer(this.balance);
    }

    function () payable public {
        buy();
    }
}
```

이 컨트랙트에는 사용자가 취할 수 있는 세 가지 작업(티켓 구매, 당첨자 추첨, 상금 청구)에 해당하는 생성자 및 세 가지 public 함수가 있다. 폴백 함수는 기본적으로 사용자가 컨트랙트 주소에 이더를 보냄으로써 티켓을 구입할 수 있게 한다.

컨트랙트에서 선언된 상태 변수와 상수를 검토하면 자세한 구현 내용을 감잡을 수 있다.

- **TICKET_PRICE**: 복권 티켓의 가격이다. 사용자가 티켓을 구입하면 컨트랙트는 트랜잭션과 함께 이 값을 사용자에게 보낸다.
- **tickets**: 티켓을 구입한 사용자의 주소 목록이다. 사용자가 여러 티켓을 구매하면 배열에 같은 주소가 여러 번 들어갈 수 있다.
- **winner**: 추첨의 당첨자로, 당첨자는 상금을 청구할 수 있다. 당첨자가 결정되기 전까지는 상금의 출금이 불가능하다.
- **ticketingCloses**: 티켓 발권 종료 시간을 가리키는 UNIX 타임스탬프로, 이 시간까지만 티켓을 구입할 수 있다. 복권의 발권 과정에서 난수의 블록 해시를 알 수 없도록 이 시간으로부터 적어도 5분 후에 당첨자 추첨이 이루어진다.

컨트랙트 생성 시 값을 설정해야 하는 유일한 변수는 ticketingCloses이다. 컨트랙트 기간은 생성자에 대한 인수로 지정되며, 티켓 발권 종료 시간은 컨트랙트 배포 후 경과되는 초 단위의 시간으로 설정된다.

생성자가 인수를 취하므로 해당 인수는 마이그레이션으로부터 전달돼야 한다. 전체 마이그레이션은 github.com/k26dr/ethereum-games/blob/master/migrations/9_simple_ lottery.js 깃허브 저장소에서 확인할 수 있다. [예제 8-2]에는 생성자 인수가 지정된 마이그레이션의 특정 부분만 발췌했다.

예제 8-2 생성자 인수가 지정된 SimpleLottery 마이그레이션

```
    ...
    var duration = 3600 * 24 * 3; // 3일
    deployer.deploy(SimpleLottery, duration);
};
```

티켓을 구입하는 함수는 매우 간단하므로 따로 예제를 싣지 않고 간략하게 살펴보자. 구입 대금은 티켓 가격과 정확히 일치해야 하며, 티켓 발권 종료 시간 전에 트랜잭션 채굴이 마무리돼야 한다. 티켓을 구입하면 구입자의 주소가 tickets 배열에 추가된다.

당첨자 추첨(예제 8-3)은 tickets 배열에서 임의의 주소를 선택한다.

예제 8-3 SimpleLottery의 당첨자 추첨

```
function drawWinner () public {
    require(now > ticketingCloses + 5 minutes);
    require(winner == address(0));

    bytes32 rand = keccak256(
        block.blockhash(block.number-1)
    );
    winner = tickets[uint(rand) % tickets.length];
}
```

당첨자를 뽑기 위해서는 티켓 발권이 종료되고 적어도 5분이 경과돼야 한다. 이것은 티켓을 구입하는 동안 아무도 난수의 엔트로피 소스인 블록 해시를 알 수 없도록 하기 위해서다. 아직 당첨자 추첨이 이루어지지 않은 것을 검증하기 위해 require()문으로 당첨자의 주소가 0으로 설정됐음을 확인한다.

다음으로, 최근 블록 해시를 해시해 임의의 바이트 열을 생성한다. 생성된 바이트를 정수로 변환한 다음 나눗셈 연산을 사용해서 계수의 범위를 제한하면 무작위 인덱스가 생성된다. tickets 배열상에서 무작위 인덱스에 있는 주소가 당첨자의 주소가 된다.

나머지 두 함수는 모두 이전에 다뤘던 함수다. 표준 withdraw() 함수를 사용해 전체 컨트랙트 잔액을 당첨자에게 보낸다. 폴백 함수는 단순히 티켓 구매를 위한 것이다. [연습 8-1]에서 복권 코드를 수정해 컨트랙트와 통신해보자.

연습 8-1 **간이 복권**

당첨자 추첨 시간을 5분에서 1분으로 줄이고, 마이그레이션에서 복권 기간을 1분으로 설정하자. 수정된 복권 스마트 컨트랙트를 프라이빗 체인에 배포하고 루프를 사용해 10개의 계정 각각에 티켓을 구입해보자. 발권 및 추첨 대기 시간이 끝날 때까지 2분 정도 기다린 다음, 당첨자 계정을 통해 당첨자의 주소에서 상품을 수령하자. 모든 컨트랙트 변수는 공개됐으므로 컨트랙트 상태를 추적하는 데는 문제가 없을 것이다.

8.3 순환 복권

이전 절에서 작성한 복권 스마트 컨트랙트는 사용성을 어느 정도 포기하면서 단순성에 중점을 뒀다. 이번 절에서는 메인넷에 배포할 수 있는 보다 현실적인 복권 컨트랙트를 작성할 것이다. 새로운 복권은 여러 라운드에 걸쳐 일어나므로 추첨이 종료될 때마다 새로운 상금 풀이 시작된다. 또한 사용자가 단일 티켓을 구입하는 것이 아니라 복수로 티켓을 구매할 수 있게 하고, 몇 가지 향상된 보안 기능도 추가할 것이다. 전체 컨트랙트 코드는 [예제 8-4]에서 확인할 수 있다.

예제 8-4 멀티 티켓 복권

```
contract RecurringLottery {
    struct Round {
        uint endBlock;
        uint drawBlock;
        Entry[] entries;
        uint totalQuantity;
        address winner;
    }
```

```
struct Entry {
    address buyer;
    uint quantity;
}

uint constant public TICKET_PRICE = 1e15;

mapping(uint => Round) public rounds;
uint public round;
uint public duration;
mapping (address => uint) public balances;

// duration은 블록 단위의 시간으로, 1일은 약 5,500블록에 해당
function RecurringLottery (uint _duration) public {
    duration = _duration;
    round = 1;
    rounds[round].endBlock = block.number + duration;
    rounds[round].drawBlock = block.number + duration + 5;
}

function buy () payable public {
    require(msg.value % TICKET_PRICE == 0);

    if (block.number > rounds[round].endBlock) {
        round += 1;
        rounds[round].endBlock = block.number + duration;
        rounds[round].drawBlock = block.number + duration + 5;
    }

    uint quantity = msg.value / TICKET_PRICE;
    Entry memory entry = Entry(msg.sender, quantity);
    rounds[round].entries.push(entry);
    rounds[round].totalQuantity += quantity;
}

function drawWinner (uint roundNumber) public {
    Round storage drawing = rounds[roundNumber];
    require(drawing.winner == address(0));
    require(block.number > drawing.drawBlock);
    require(drawing.entries.length > 0);

    // 승자 선정
    bytes32 rand = keccak256(
        block.blockhash(drawing.drawBlock)
```

```
    );
    uint counter = uint(rand) % drawing.totalQuantity;
    for (uint i=0; i < drawing.entries.length; i++) {
        uint quantity = drawing.entries[i].quantity;
        if (quantity > counter) {
            drawing.winner = drawing.entries[i].buyer;
            break;
        }
        else {
            counter -= quantity;
        }
    }

    balances[drawing.winner] += TICKET_PRICE * drawing.totalQuantity;
}

function withdraw () public {
    uint amount = balances[msg.sender];
    balances[msg.sender] = 0;
    msg.sender.transfer(amount);
}

function deleteRound (uint _round) public {
    require(block.number > rounds[_round].drawBlock + 100);
    require(rounds[_round].winner != address(0));
    delete rounds[_round];
}

function () payable public {
    buy();
}
}
```

보다시피 이것은 3.2절 '간단한 복권'보다 훨씬 복잡한 컨트랙트다. 일부 기능은 재사용하지만 대부분은 새로운 컨트랙트다.

8.4 상수와 변수

컨트랙트의 최상단에는 상태 변수 정의에 앞서 두 개의 구조체가 정의됐다(예제 8-5).

```
struct Round {
    uint endBlock;
    uint drawBlock;
    Entry[] entries;
    uint totalQuantity;
    address winner;
}

struct Entry {
    address buyer;
    uint quantity;
}
```

자료형 정의와 구조체 정의는 보통 변수 정의를 비롯한 컨트랙트의 나머지 부분에서 사용되기 때문에 컨트랙트의 시작 부분에 위치하게 된다. 이 예제에서는 Round와 Entry라는 두 개의 구조체를 정의했다.

endBlock에 해당하는 번호의 블록이 체굴되면 한 라운드가 종료되고, 이 과정에서 무작위로 당첨자가 결정된다. 당첨자를 결정하는 난수 시드는 drawBlock에 해당하는 번호의 블록에서 나오는 블록 해시다. 하나의 Entry 구조체는 구매자 주소 buyer와 구입한 티켓 수량 quantity가 들어 있다. 하나의 Entry가 둘 이상의 티켓을 보유할 수 있기 때문에 Entry를 바탕으로 판매된 총 티켓 수를 계산하려면 Entry의 수가 늘어남에 따라 계산 비용이 많이 들게 된다. 그래서 대신 Round 구조체 내의 totalQuantity를 정의해 각 라운드에서 판매되는 티켓 수를 추적하게 했다.

상태 복잡성의 대부분은 구조체 정의에서 결정되므로, 이어지는 컨트랙트의 상수와 상태 변수의 규모는 최소화된다.

- **TICKET_PRICE**: 티켓 한 장의 가격이다. 한 번에 여러 티켓을 구입할 수 있기 때문에 저렴한 가격일 수 있다.
- **round**: 라운드 수에 해당하며, 이 변수 덕택에 추첨을 반복할 수 있다.
- **rounds**: round를 Round 구조체로 연결하는 매핑 변수다.
- **duration**: 블록 내 단일 라운드의 지속 시간에 해당한다. 24시간은 약 5,500블록에 달한다.
- **balances**: 사용자 잔고를 담는 표준 매핑이다.

생성자 함수(예제 8-6)는 몇 개의 변수를 초기화한다.

예제 8-6 RecurringLottery의 생성자

```
function RecurringLottery (uint _duration) public {
    duration = _duration;
    round = 1;
    rounds[round].endBlock = block.number + duration;
    rounds[round].drawBlock = block.number + duration + 5;
}
```

이번에는 duration을 비롯한 시간을 초 단위가 아닌 블록 단위로 측정한다. 이는 티켓 구매 시점과 추첨 시점 사이의 초 경과가 아닌 블록 수를 주로 고려하기 때문이다. endBlock과 drawBlock 사이의 시간 간격은 5블록으로 설정돼, 어떤 참가자도 블록 해시를 알 수 없다.

8.5 게임플레이

라운드 증가 로직은 티켓 구매 과정에서 처리된다(예제 8-7).

예제 8-7 라운드 증가 로직

```
function buy () payable public {
    require(msg.value % TICKET_PRICE == 0);

    if (block.number > rounds[round].endBlock) {
        round += 1;
        rounds[round].endBlock = block.number + duration;
        rounds[round].drawBlock = block.number +
        duration + 5;
    }
    ...
```

먼저 트랜잭션의 이더 값이 티켓 가격의 배수인지 확인한다. 한 번에 여러 티켓을 구입할 수 있지만 하나의 티켓을 쪼개서 구입할 수는 없다. 다음으로 현재 라운드가 만료됐는지 여부를 확인한다. 만료됐을 경우 라운드 카운터를 증가시키고, 새로운 라운드의 종료 시간과 추첨 시간

을 설정한다. 티켓 구매는 계속 진행되지만 다음 구매는 새로운 라운드의 첫 구매가 된다.

[예제 8-8]은 buy() 함수의 후반부에 있는 티켓 구매 로직을 자세히 보여준다.

예제 8-8 티켓 구매 로직

```
    ...
    uint quantity = msg.value / TICKET_PRICE;
    Entry memory entry = Entry(msg.sender, quantity);
    rounds[round].entries.push(entry);
    rounds[round].totalQuantity += quantity;
}
```

구입한 티켓의 수량은 트랜잭션과 함께 전송된 티켓 가격의 배수다. payable() 함수이므로 이더를 받을 수 있다.

두 번째 행에는 흥미로운 요소가 있다. 컨트랙트에서 명시적으로 memory 제어자를 사용한 것은 이번이 처음이다. 솔리디티는 자동으로 모든 구조체의 생성자를 만드는데, 이러한 생성자는 struct의 속성을 인수로 사용한다. memory 제어자와 함께 만들어진 구조체는 생성될 때 스토리지가 아닌 메모리상에 생성된다. 만약 memory 제어자를 생략하면 솔리디티는 기본적으로 스토리지를 가리키는 포인터를 생성하는데, 스토리지를 가리키는 Entry 포인터는 memory상 Entry 값을 참조할 수 없기 때문에 [그림 8-1]과 같이 컴파일러에서 자료형 불일치 오류가 발생한다.

그림 8-1 스토리지와 메모리 간의 자료형 불일치 에러

```
,/home/kedar/code/ethereum-games/contracts/Lotteries.sol:82:9: TypeError: Type struct R
ecurringLottery.Entry memory is not implicitly convertible to expected type struct Recu
rringLottery.Entry storage pointer.
        Entry entry = Entry(msg.sender, quantity);
        ^-----------------------------------------^
Compilation failed. See above.
```

메모리 구조체가 스토리지 배열로 푸시되면, 솔리디티는 자동적으로 메모리 구조체를 스토리지 구조체로 변환해 배열에 푸시한다. 그래서 [예제 8-8]의 세 번째 행은 오류를 발생시키지 않는다.

한 라운드가 끝나면 당첨자가 추첨되기까지 5블록의 대기 기간이 소요된다. 아무도 블록 해시를 추정하지 못하게 할 목적으로 블록 5개 정도면 충분하다. 만약 대기 시간을 최소한으로 줄

이고 싶다면 2블록도 가능하다. 난수를 위해 사용 가능한 최근의 블록 해시는 1블록 앞에 있기 때문이다(이해가 어렵다면 5.8절 '난수 생성'을 참조하자). 하지만 보수적 관점에서는 5블록을 기다리는 편이 더 안전하다.

[예제 8-9]는 drawWinner() 함수의 앞부분으로, 이 함수는 roundNumber를 인수로 취한다.

예제 8-9 당첨자 추첨을 위한 drawWinner() 함수의 초기 조건 및 로컬 변수 선언

```
function drawWinner (uint roundNumber) public {
    Round storage drawing = rounds[roundNumber];
    require(drawing.winner == address(0));
    require(block.number > drawing.drawBlock);
    require(drawing.entries.length > 0);

    // 승자 선정
    bytes32 rand = keccak256(
        block.blockhash(drawing.drawBlock)
    );
    uint counter = uint(rand) % drawing.totalQuantity;
    ...
```

먼저 require()문으로 세 가지 검사를 수행한다. 첫째, 지정된 라운드에서 당첨자가 아직 설정되지 않았음을 확인한다. 둘째, drawBlock의 블록 해시를 사용할 수 있는지 확인한다. 셋째, 적어도 하나의 티켓이 구입됐는지 확인한다. 누구나 언제든지 임의의 라운드에 대해 drawWinner() 함수를 트리거할 수 있지만 이 세 가지 검사로 한 라운드에 한 번만 drawWinner() 함수가 실행된다는 것을 보장할 수 있다.

추첨이 언제 이루어지는지에 관계없이 난수 생성기는 drawBlock의 블록 해시를 사용해 임의의 시드를 생성한다. 단순성을 위해 SimpleLottery에서 언급하지 않은 작은 보안 결함도 여기에서 수정됐다. 이전 블록의 blockhash는 사용자가 drawWinner() 함수를 트리거할 때 사용자에게 알려진다. 블록 해시가 상금을 결정한다는 것을 알게 되면 사용자는 블록 해시가 드러날 때까지 계속 함수를 트리거하지 않고 기다릴 수 있다. 함수를 트리거함으로써 보상을 받는 유일한 사용자는 해당 해시로부터 상품을 수령할 사용자다. 따라서 모든 사람이 추첨의 시드에 해당하는 블록 해시만 기다리면서 서로 함수를 트리거하지 않고 눈치를 보는 시스템의 남용 가능성을 해결해야 한다.

블록 해시를 뽑아낼 정확한 블록 수를 지정하면 이 문제가 해결된다. drawWinner() 함수가 트리거될 때마다 동일한 블록 해시가 사용된다면 다음 블록을 기다리는 사태가 일어나지는 않을 것이다. 그런데 이 방법을 쓰면 또 다른 작은 문제가 발생한다. 솔리디티와 EVM은 최근 256개의 블록 해시에만 접근할 수 있고, 그보다 오래된 블록의 블록 해시를 반환받으려고 하면 0x0 값을 얻게 된다. drawWinner() 함수가 지정된 추첨 블록으로부터 256블록(약 80분) 내에서 트리거되지 않으면 블록 해시를 통한 추첨은 더 이상 의사 난수 기반이 아니게 된다. 다행히도 이 결함을 피하는 방법은 간단하다. 티켓 판매 종료 후 1시간 이내에 당첨자 추첨이 이루어지게 하면 이 결함이 더 이상 문제되지 않는다.

마지막 행에 있는 counter는 실제 당첨 티켓에 해당하는데, '카운터'라는 변수명이 붙은 이유는 실제 당첨자 주소를 결정하는 방식 때문이다. [예제 8-10]을 통해 실제 당첨자 결정 로직을 직접 확인해보자.

예제 8-10 RecurringLottery 라운드 당첨자 결정

```
...
for (uint i=0; i < drawing.entries.length; i++) {
    uint quantity = drawing.entries[i].quantity;
    if (quantity > counter) {
        drawing.winner = drawing.entries[i].buyer;
        break;
    }
    elsea
        counter -= quantity;
}
balances[drawing.winner] += TICKET_PRICE * drawing.entries.length;
...
```

모든 entries에는 연관된 quantity가 있다. [예제 8-9]에서는 모든 entries의 quantity를 합친 drawing.totalQuantity를 사용해 [예제 8-9]의 시드를 나누고 그 결과를 counter에 저장했다. 이 카운터의 값이 곧 당첨 티켓에 해당하며, 이 당첨 티켓이 속하는 주소를 결정해야 한다.

이를 위해 [예제 8-10]에서는 entries에 반복문을 돌리고 counter로 각 entries의 quantity를 차감한다. 결국 entries의 티켓 수가 counter에 남아있는 수보다 커지는 시점이 오게 된다. 즉, 해당 entries의 티켓 중 하나가 당첨 티켓이 되므로, 해당 entries의 구매자를 승자로 표시

하고 반복문을 종료하게 된다.

상금은 티켓 가격에 라운드에서 판매된 티켓 수를 곱하는 방식으로 결정되며, 결정된 상금은 사용자가 자신의 계정에서 인출할 수 있는 잔고로 입금된다. 이 컨트랙트도 표준 withdraw() 함수를 사용한다(5.5절 'withdraw() 함수' 참조).

8.6 정리 및 배포

라운드가 완료되고 당첨자가 상금을 수령하고 나면 해당 라운드의 상태는 더 이상 필요하지 않게 된다. 컨트랙트가 유명해지면 상태 정보의 크기가 매우 커질 수 있으므로 deleteRound 함수를 통해 오래된 데이터를 정리함으로써 블록체인 시민 의식을 준수하도록 하자(예제 8-11).

예제 8-11 만료된 라운드의 상태 삭제

```
function deleteRound (uint _round) public {
    require(block.number > rounds[_round].drawBlock + 100);
    require(rounds[_round].winner != address(0));
    delete rounds[_round];
}
```

당첨 블록 이후 100개 이상의 블록이 경과하고 당첨자가 이미 상금을 수령하면 이 함수는 지정된 라운드를 삭제한다. 누구든지 이 함수를 호출할 수 있다.

이 컨트랙트의 마이그레이션 역시 SimpleLottery와 유사하다. 기간은 초 단위가 아닌 블록 단위로 지정된다. 전체 마이그레이션 코드는 깃허브 저장소 github.com/k26dr/ethereum-games/blob/master/migrations/10_recurring_lottery.js 에서 찾을 수 있다. [예제 8-12]에 표준이 아닌 두 개의 행만 표시했다.

예제 8-12 RecurringLottery의 마이그레이션

```
// duration은 블록 단위의 시간으로, 1일은 약 5,500블록에 해당
var duration = 5500 * 7; // 7일
deployer.deploy(RecurringLottery, duration);
```

[연습 8-2]의 마이그레이션 및 배포된 컨트랙트에서는 라운드의 지속 기간을 약 7일로 설정했지만, 필요에 따라 자유롭게 수정해도 무방하다.

연습 8-2 복권 플레이

필자는 메인넷(etherscan.io/address/0x9283340ee8f47b59511a4f1a4bad3c5466283c09)과 테스트넷(rinkeby.etherscan.io/address/0x6d198b8c429da4536f2b77d3b92731e025207884) 양쪽에 RecurringLottery를 배포했다. 티켓을 구입하고 행운을 시험해보자. 주간 복권 추첨을 기다리는 동안 추첨이 이루어지지 않은 기존 라운드, 또는 삭제할 수 있는 라운드가 있는지 확인해서 있을 경우 동료 독자들을 위해 추첨 트랜잭션을 실행하거나 만료된 라운드를 삭제하자.

8.7 난수 복권

블록 해시를 RNG의 엔트로피 소스로 사용하는 데는 이론적인 한계가 있다. 추첨을 위한 이더 상금이 블록 보상을 크게 초과하면, 채굴자들은 블록 해시를 조작해 자신이 상금을 받기 때까지 유효한 블록 해시를 버리게 만들 수 있다.

아직 이러한 공격 벡터는 이론상으로만 가능하며 성공한 공격 사례는 없다. 티켓이 수백 건 있는 추첨의 경우, 채굴자가 블록 해시를 무효화시켜 올릴 수 있는 승률은 몇 퍼센트에 불과하다. 그런데 복권을 위한 더 안전한 RNG가 제안됐고, 이는 한 번쯤 다뤄볼 만한 가치가 있다.

이번에 다룰 예제 컨트랙트의 목적은 더 안전한 RNG 사용을 입증하기 위한 것이므로 추첨 기능은 간단하게만 유지할 것이다. 단품 구매만 가능한 일회성 복권 판매가 될 것이다.

이 난수 복권의 개념은, 확증적인 순서를 사용해 검증 가능한 난수를 생성하는 것이다. 모든 티켓 구매자는 티켓을 구입할 때 약정 해시를 제출한다. 이 약정 해시는 사용자의 주소와, 사용자만 아는 비밀번호의 조합을 해시함으로써 생성된다.

발권 기간이 끝나면 각 구매자가 약정 해시 생성에 사용된 비밀번호를 공개해야 하는 기간(공개 기간)이 시작된다. 제출된 비밀번호는 블록체인상에서 제출자와 주소와 함께 해시되며, 이

해시가 처음에 티켓 구매 시에 사용자가 제출한 약정 해시와 일치하는지 확인하는 절차가 이어진다. 공개 기간 동안 비밀번호를 공개하지 않은 사용자는 당첨자 추첨에서 제외된다. 사용자들이 제출한 모든 비밀번호는 함께 해시돼 당첨자를 뽑을 수 있는 임의의 시드를 생성한다.

[예제 8-13]을 통해 먼저 전체 컨트랙트를 가볍게 훑어보자. 부분별 설명은 뒤에 이어질 것이다.

예제 8-13 RNG 복권

```
contract RNGLottery {
    uint constant public TICKET_PRICE = 1e16;

    address[] public tickets;
    address public winner;
    bytes32 public seed;
    mapping(address => bytes32) public commitments;

    uint public ticketDeadline;
    uint public revealDeadline;
    uint public drawBlock;

    function RNGLottery (uint duration, uint revealDuration) public {
        ticketDeadline = block.number + duration;
        revealDeadline = ticketDeadline + revealDuration;
        drawBlock = revealDeadline + 5;
    }

    function createCommitment(address user, uint N)
        public pure returns (bytes32 commitment) {
        return keccak256(user, N);
    }

    function buy (bytes32 commitment) payable public {
        require(msg.value == TICKET_PRICE);
        require(block.number <= ticketDeadline);

        commitments[msg.sender] = commitment;
    }

    function reveal (uint N) public {
        require(block.number > ticketDeadline);
        require(block.number <= revealDeadline);
```

```
        bytes32 hash = createCommitment(msg.sender, N);
        require(hash == commitments[msg.sender]);

        seed = keccak256(seed, N);
        tickets.push(msg.sender);
    }

    function drawWinner () public {
        require(block.number > drawBlock);
        require(winner == address(0));

    uint randIndex = uint(seed) % tickets.length;
    winner = tickets[randIndex];
    }

    function withdraw () public {
        require(msg.sender == winner);
        msg.sender.transfer(this.balance);
    }
}
```

이 컨트랙트에는 이전에 보지 못했던 네 가지 새로운 변수가 있다.

- **seed**: 당첨자를 결정하는 데 사용할 임의의 시드다. 새로운 비밀번호가 제출될 때마다 시드는 이를 포함하도록 업데이트된다.

- **commitments**: 모든 티켓 구매자는 구매에 대한 약정 해시를 제출하며 제출된 약정 해시는 이 매핑 변수에 저장된다.

- **ticketDeadline**: 이전 컨트랙트의 endBlock과 동일하다. 이 블록 번호가 경과하고 나면 티켓을 구매할 수 없다.

- **revealDeadline**: 약정 해시 공개는 이 컨트랙트에서 도입된 새로운 요소로, 약정 해시 공개에 마감도 필요하다. 이 변수는 해시 공개 마감 시간에 해당하며 모든 공개는 티켓 마감일과 공개 마감 전에 이루어져야 한다.

생성자는 이번에는 하나가 아닌 두 개의 지속 시간 매개 변수를 사용하고(티켓 구매 기간과 약정 해시 공개 기간에 하나씩), 소요 시간을 사용해 티켓 구매 및 약정 해시 공개에 마감 시간을 설정한다.

사용자는 티켓을 구매하기 전에 먼저 약정 해시를 제출해야 한다. 이것을 쉽게 하기 위해 컨트랙트에 createCommitment() 함수를 구현했다(예제 8-14).

```
function createCommitment(address user, uint N)
    public pure returns (bytes32 commitment) {
    return keccak256(user, N);
}
```

이 함수는 주소와 비밀번호 N을 사용해 약정 해시를 생성한다. 해당 주소는 사용자의 주소여야 하므로 공개 단계에서 약정 해시가 유효한지 체인상에서 제대로 확인할 수 있다.

사용자의 주소는 비밀번호와 결합돼 해시되는데, 이는 비밀번호 저장에 솔트가 사용되는 것과 같은 이유를 가지고 있다. 숫자만 사용하면 사전 방식 공격으로 약정 정보가 노출될 수 있기 때문이다. 공격자는 일반 숫자, 구문, 또는 바이트 시퀀스의 해시가 포함된 대용량 데이터베이스를 만들고 관리할 수 있다. 비밀번호가 일반 숫자가 되면 공격자는 해시 번호를 확인할 수 있다. 해시 전에 비밀번호에 사용자 주소를 추가하면 해시를 데이터베이스로 확인할 수 없게 된다.

이 책에서 pure() 함수를 사용하는 것은 이번이 처음이다. pure() 함수의 출력은 함수의 인수에만 의존하며, 그 덕분에 pure() 함수를 호출할 때는 트랜잭션을 전송할 필요가 없다. 상태 트리를 업데이트하고 합의 프로토콜을 거치지 않고도 로컬에서 결과를 계산하고 사용할 수 있다. 사용자는 트러플 dev 콘솔의 로컬 환경에서도 약정 해시를 생성할 수 있다(예제 8-15).

예제 8-15 로컬 환경에서 약정 해시 생성하기

```
lottery = RNGLottery.at(RNGLottery.address)
N = 173849032
lottery.createCommitment(web3.eth.accounts[0], N)
```

세 번째 행은 약정 해시를 32byte의 16진수 문자열로 생성한다. 이 약정 해시는 티켓 구매 트랜잭션(예제 8-16)에서 사용될 수 있다.

예제 8-16 약정 해시를 제출하며 티켓을 구입하는 예

```
commitment = lottery.createCommitment(
    web3.eth.accounts[0], N)
lottery.buy(commitment,
    { from: web3.eth.accounts[0], value: 1e16 })
```

NOTE_ 여러 개의 약정 해시가 제출되고 공개되는 심층적인 상호 작용을 보고 싶다면 깃허브 저장소의 test/RNGLottery.js에서 전체 상호 작용을 테스트할 수 있다.

티켓 구매 로직은 간단하다(예제 8-17). 적절한 값이 트랜잭션과 함께 전송됐고 티켓 마감 기한이 지나지 않았음을 확인해 나중에 사용할 수 있도록 약정 해시를 저장한다.

예제 8-17 RNG 복권 티켓 구입 로직

```
function buy (bytes32 commitment) payable public {
    require(msg.value == TICKET_PRICE);
    require(block.number <= ticketDeadline);

    commitments[msg.sender] = commitment;
}
```

비밀번호를 공개하는 로직은 더 흥미롭다(예제 8-18).

예제 8-18 비밀번호 공개 및 검증

```
function reveal (uint N) public {
    require(block.number > ticketDeadline);
    require(block.number <= revealDeadline);

    bytes32 hash = createCommitment(msg.sender, N);
    require(hash == commitments[msg.sender]);

    seed = keccak256(seed, N);
    tickets.push(msg.sender);
}
```

이 함수는 하나의 인수, 즉 공개되는 비밀번호 N을 취한다. 처음 두 검사는 현재 블록 번호가 공개 기간에 있는지 확인한다. 그런 다음 약정 해시 공개된 비밀번호와 사용자 주소로 약정 해시를 다시 만드는데, 구현의 차이로 오차가 발생하면 안 되므로 제출 단계에서와 동일한 함수를 사용한다. 이렇게 생성된 해시는 약정 해시와 정확하게 일치해야 하며 그렇지 않으면 함수가 오류를 던진다.

업데이트된 시드를 생성하려면 비밀번호를 현재 시드에 합치고, 합쳐진 바이트 시퀀스의 해시를 새 시드로 저장한다. 이런 식으로 비밀번호를 공개할 때마다 시드에 공개되는 비밀번호를 업데이트한다.

이 시스템의 장점은 성공을 위해 정직한 행위자가 단 하나만 있으면 된다는 점이다. 공개된 비밀번호가 하나라도 부족하면 최종 생성 시드를 예측할 수 없다. 이것은 플레이어가 공정한 결과를 보장하기 위해 서로를 신뢰하지 않아도 됨을 의미한다. 각 플레이어는 자신의 비밀번호가 비밀로 유지되도록 하기만 하면 된다. 반면 공격자는 결과를 예측하기 위해, 모든 비밀번호, 비밀번호가 공개되는 순서, 구입할 총 티켓 수를 알아야 한다.

코드의 나머지 부분에 있는 drawWinner와 withdraw() 함수는 SimpleLottery와 거의 동일하므로 자세한 설명은 생략한다.

RNG 복권을 위한 마이그레이션은 하나의 인수가 아닌 두 개의 인수가 필요하기 때문에 다른 복권과 약간 다르다. [예제 8-19]에 차이가 있는 행만 표시했다. 전체 마이그레이션은 깃허브 저장소 github.com/k26dr/ethereum-games/blob/master/migrations/11_rng_lottery.js 에서 확인할 수 있다.

예제 8-19 RNG 복권 컨트랙트 배포

```
// duration은 블록 단위의 시간으로, 1일은 약 5,500블록에 해당
var duration = 5500 * 7; // 7일
var revealDuration = 5500 * 3; // 3일
deployer.deploy(RNGLottery, duration, revealDuration);
```

8.8 파워볼

파워볼Powerball은 미국에서 가장 인기있는 복권이다. 이번 절에서는 이 게임을 이더리움으로 이식하는 컨트랙트를 만들어볼 것이다.

파워볼에서 사용자는 티켓당 6개의 숫자를 선택한다. 처음 5개의 숫자는 1~69까지의 표준 숫자이며 여섯 번째 숫자는 1~26의 특별한 파워볼 숫자로 추가 보상을 제공한다. 매 3~4일마다 추첨이 열리고 5개의 표준 번호와 파워볼 번호로 구성된 우승 티켓이 당첨된다. 시상은 티켓의

당첨 번호 숫자 일치율을 기준으로 지급된다.

[그림 8-2]는 파워볼의 공식 웹사이트(powerball.com/powerball/pb_prizes.asp)에 게시된 지불금과 확률을 나타낸다. 최우수상The Grand Prize은 완전한 잭팟인데, 여기에서 구현할 컨트랙트에서는 이 상에 전체 잔고 인출권을 부여할 것이다.

그림 8-2 파워볼 승리 정책, 확률 및 상금

일치하는 번호	당첨금	확률
	최우수상	1분의 292,201,338.00
	$1,000,000	1분의 11,688,053.52
	$50,000	1분의 913,129.18
	$100	1분의 36,525.17
	$100	1분의 14,494.11
	$7	1분의 579.76
	$7	1분의 701.33
	$4	1분의 91.98
	$4	1분의 38.32

전반적인 당첨 확률은 1/24.87이다.
확률은 2달러 플레이를 기준으로 소수점 둘째 자리까지 기재했다.

[예제 8-20]에서 전체 Powerball 컨트랙트의 코드를 볼 수 있다.

예제 8-20 스마트 컨트랙트로 구현한 파워볼

```
contract Powerball {
    struct Round {
        uint endTime;
        uint drawBlock;
        uint[6] winningNumbers;
        mapping(address => uint[6][]) tickets;
    }
```

```
uint public constant TICKET_PRICE = 2e15;
uint public constant MAX_NUMBER = 69;
uint public constant MAX_POWERBALL_NUMBER = 26;
uint public constant ROUND_LENGTH = 3 days;

uint public round;
mapping(uint => Round) public rounds;

function Powerball () public {
    round = 1;
    rounds[round].endTime = now + ROUND_LENGTH;
}

function buy (uint[6][] numbers) payable public {
    require(numbers.length * TICKET_PRICE == msg.value);

    for (uint i=0; i < numbers.length; i++) {
        for (uint j=0; j < 6; j++)
            require(numbers[i][j] > 0);
        for (j=0; j < 5; j++)
            require(numbers[i][j] <= MAX_NUMBER);
        require(numbers[i][5] <= MAX_POWERBALL_NUMBER);
    }

    // 라운드 마감 확인
    if (now > rounds[round].endTime) {
        rounds[round].drawBlock = block.number + 5;
        round += 1;
        rounds[round].endTime = now + ROUND_LENGTH;
    }

    for (i=0; i < numbers.length; i++)
        rounds[round].tickets[msg.sender].push(numbers[i]);
}

function drawNumbers (uint _round) public {
    uint drawBlock = rounds[_round].drawBlock;
    require(now > rounds[_round].endTime);
    require(block.number >= drawBlock);
    require(rounds[_round].winningNumbers[0] == 0);

    for (uint i=0; i < 5; i++) {
        bytes32 rand = keccak256(block.blockhash(drawBlock), i);
```

```
            uint numberDraw = uint(rand) % MAX_NUMBER + 1;
            rounds[_round].winningNumbers[i] = numberDraw;
        }
        rand = keccak256(block.blockhash(drawBlock), uint(5));
        uint powerballDraw = uint(rand) % MAX_POWERBALL_NUMBER + 1;
        rounds[_round].winningNumbers[5] = powerballDraw;
    }

function claim (uint _round) public {
    require(rounds[_round].tickets[msg.sender].length > 0);
    require(rounds[_round].winningNumbers[0] != 0);

    uint[6][] storage myNumbers = rounds[_round].
    tickets[msg.sender];
    uint[6] storage winningNumbers = rounds[_round].
    winningNumbers;

    uint payout = 0;
    for (uint i=0; i < myNumbers.length; i++) {
        uint numberMatches = 0;
        for (uint j=0; j < 5; j++) {
            for (uint k=0; k < 5; k++) {
                if (myNumbers[i][j] == winningNumbers[k])
                    numberMatches += 1;
            }
        }
        bool powerballMatches = (myNumbers[i][5] == winningNumbers[5]);

        // 승리 조건
        if (numberMatches == 5 && powerballMatches) {
            payout = this.balance;
            break;
        }
        else if (numberMatches == 5)
            payout += 1000 ether;
        else if (numberMatches == 4 && powerballMatches)
            payout += 50 ether;
        else if (numberMatches == 4)
            payout += 1e17; // 0.10|더
        else if (numberMatches == 3 && powerballMatches)
            payout += 1e17; // 0.10|더
        else if (numberMatches == 3)
            payout += 7e15; // 0.0070|더
        else if (numberMatches == 2 && powerballMatches)
```

```
                payout += 7e15; // 0.007이더
            else if (powerballMatches)
                payout += 4e15; // 0.004이더
        }

        msg.sender.transfer(payout);
        delete rounds[_round].tickets[msg.sender];
    }

    function ticketsFor(uint _round, address user) public view
        returns (uint[6][] tickets) {
            return rounds[_round].tickets[user];
    }

    function winningNumbersFor(uint _round) public view
        returns (uint[6] winningNumbers) {
            return rounds[_round].winningNumbers;
    }
}
```

이 컨트랙트는 이 장에서 다루는 복권 중 가장 복잡한 것으로, 티켓 구매와 다중 당첨금 지급을 모두 가진 순환 복권이다.

Round 구조체는 순환 복권에 등장했던 구조체와 유사하다. 각 라운드에는 티켓 구매 기한 endTime, 임의의 숫자를 생성하는 데 사용할 미래의 블록 번호인 drawBlock, 여섯 개의 winningNumber의 배열, 사용자 주소와 티켓을 담는 매핑이 있다. 티켓은 플레이어가 티켓을 구매할 때 선택한 여섯 개의 숫자로 구성된다. 하나의 플레이어가 여러 티켓을 가질 수 있으므로 티켓의 자료형은 uint[6][]이다.

솔리디티의 다차원 배열 문법은 자바와 C의 반대다. 솔리디티에서 uint[6][]는 여섯 개의 원소를 가진 uint[] 배열이 아니라, uint[6] 개의 원소를 가진 동적 배열을 나타낸다. 3개의 티켓을 담은 다차원 배열은 [예제 8-21]과 같은 모양을 가지게 된다.

예제 8-21 다차원 티켓 배열

```
tickets = [
    [1, 2, 3, 4, 5, 6],
    [10, 2, 31, 43, 37, 15],
    [60, 15, 14, 12, 1, 6]
]
```

컨트랙트에 사용할 4가지 상수 정의를 살펴보자.

- **TICKET_PRICE**: 단일 티켓의 가격이다. 여기에서는 0.002이더로 설정했다.
- **MAX_NUMBER**: 티켓 번호로 선택 가능한 가장 큰 수다. 파워볼 공식 규칙에 따르면 최대 69장까지 구매가 가능하다.
- **MAX_POWERBALL_NUMBER**: 처음 다섯 개 번호는 최대 69인 반면, 파워볼 숫자의 범위는 더 좁다. 파워볼 공식 규칙에 따르면 파워볼 숫자는 최대 26이다.
- **ROUND_LENGTH**: 라운드의 길이(초)에 해당한다. 실제 완전한 게임의 경우 3일 동안 진행되지만, 이 장의 뒷부분에서 제공하는 테스트 스크립트에서는 더 빠른 테스트를 위해 라운드 길이를 15초로 설정한다.

복잡한 요소는 대부분 Round 구조체에 포함되기 때문에 상태 변수는 두 가지만 선언하게 된다.

- **round**: 현재의 라운드 수. 라운드 내에서 구입한 티켓은 해당 라운드의 당첨 번호에만 매치된다.
- **rounds**: 라운드 수에서 라운드 구조체로의 매핑 변수다.

생성자 함수는 마찬가지로 간단하기 때문에 별도로 설명하지 않을 것이다. 생성자는 round를 1로 설정하고 endTime을 현재 시간으로부터 ROUND_LENGTH만큼(초 단위) 경과한 시간으로 설정함으로써 복권의 라운드를 시작한다.

컨트랙트에는 세 가지 상태 수정 함수가 있으며, 두 개의 view() 함수가 추가로 있어서 사용자가 컨트랙트 상태를 쉽게 읽을 수 있게 한다. 첫 번째는 함수는 buy 함수다. buy 함수의 전반부는 입력 데이터에 대해 일련의 검사를 수행한다(예제 8-22).

예제 8-22 파워볼 티켓 구입의 요구 사항

```
function buy (uint[6][] numbers) payable public {
    require(numbers.length * TICKET_PRICE == msg.value);

    for (uint i=0; i < numbers.length; i++) {
        for (uint j=0; j < 6; j++)
            require(numbers[i][j] > 0);
        for (j=0; j < 5; j++)
            require(numbers[i][j] <= MAX_NUMBER);
        require(numbers[i][5] <= MAX_POWERBALL_NUMBER);
    }
    ...
```

티켓을 구매하려면 [예제 8-20]과 비슷한 티켓 번호 목록을 전달해야 한다. [예제 8-22]는 티켓 제출 횟수에 대해 적절한 양의 이더가 전달됐는지 확인한다. 그런 다음 티켓 내에서 반복문을 통해 각 번호가 적절한 범위 내에 있는지 확인한다. 표준 숫자는 1~69 범위에 있어야 하며 파워볼 숫자는 1~26 범위 내에 있어야 한다.

티켓이 검사에 합격하면, buy 함수의 후반부는 해당 티켓으로 컨트랙트 상태를 업데이트한다(예제 8-23).

예제 8-23 티켓 구입 로직

```
    // 라운드 마감 확인
    if (now > rounds[round].endTime) {
        rounds[round].drawBlock = block.number + 5;
        round += 1;
        rounds[round].endTime = now + ROUND_LENGTH;
    }

    for (i=0; i < numbers.length; i++)
        rounds[round].tickets[msg.sender].push(numbers[i]);
}
```

우선 라운드 업데이트 로직을 처리해야 한다. 현재 라운드가 만료되면 해당 round에 drawBlock을 설정하고 round는 1만큼 증가시키고 새 라운드에 endTime을 설정한다.

그런데 이 로직에는 해결해야 할 작은 결함이 있다. 한 라운드의 drawBlock은 다음 라운드의 첫 번째 티켓을 구매할 때까지 설정되지 않는다. 이론상, 아무도 다음 라운드 티켓을 구매하지 않으면 라운드를 위한 추첨이 영원히 지연될 수 있다. 실제로는 복권이 계속되고 이 문제에 부딪치지 않을 것이라고 가정하지만, 최악의 시나리오에서는 누군가가 인위적으로 다음 라운드의 티켓을 구입해 추첨을 트리거할 수 있다.

라운드가 결정되면 티켓이 해당 라운드의 사용자 티켓 풀에 하나씩 들어온다.

라운드가 완료되고 해당 drawBlock이 전달되면 해당 라운드에 대해 drawNumbers() 함수를 호출할 수 있다. 이 함수는 해당 라운드의 우승 티켓이 될 6개의 숫자를 무작위로 추첨한다. 함수의 전반부는 적절한 시점에 한 번만 추첨이 이루어지도록 하는 일련의 검사를 수행한다(예제 8-24).

예제 8-24 번호 추첨 이전에 수행하는 시간 및 상태 검사

```
function drawNumbers (uint _round) public {
    uint drawBlock = rounds[_round].drawBlock;
    require(now > rounds[_round].endTime);
    require(block.number >= drawBlock);
    require(rounds[_round].winningNumbers[0] == 0);
    ...
```

이 코드 블록은 라운드가 끝났으며 drawBlock이 성공했고 당첨 번호가 설정되지 않았음을 확인한다. 설정되지 않은 숫자는 항상 0이며, 이긴 숫자는 절대 0이 될 수 없으므로 첫 번째 숫자만 확인하면 당첨 티켓이 이미 추첨됐는지 여부를 알 수 있다.

drawBlock이 통과했는지 확인하고, 라운드가 끝났는지 또 검사하는 것은 필요없다고 생각할 수도 있다. 하지만 drawBlock의 값은 라운드가 끝날 때까지 할당되지 않기 때문에 두 가지 검사를 모두 포함시켰다. 아무 값도 할당되지 않은 uint 변수의 값은 0이므로 라운드가 끝났는지를 검사하지 않으면 검사가 불충분하니, 라운드의 endTime도 검사해야 한다.

당첨 번호는 유효한 숫자의 범위 내에서 무작위로 추출된다(예제 8-25).

예제 8-25 파워볼 당첨 번호 추첨

```
for (uint i=0; i < 5; i++) {
    bytes32 rand = keccak256(block.blockhash(drawBlock),i);
    uint numberDraw = uint(rand) % MAX_NUMBER + 1;
    rounds[_round].winningNumbers[i] = numberDraw;
}
rand = keccak256(block.blockhash(drawBlock), uint(5));
uint powerballDraw = uint(rand) % MAX_POWERBALL_NUMBER + 1;
rounds[_round].winningNumbers[5] = powerballDraw;
```

이것은 꽤 복잡한 로직이지만 마지막 세 행이 for 루프 내부에서 반복되는 세 행과 거의 동일함을 알게 되면 간단하게 보일 것이다.

이 코드는 난수를 생성하며, 난수 값의 범위를 제한하기 위해 나눗셈을 사용하고, 생성된 숫자를 당첨 번호 중 하나로 저장한다. 솔리디티는 최근 256블록의 블록 해시만 저장하므로, 이 로직은 drawBlock으로부터 256블록(약 80분) 내에 실행돼야 한다.

난수를 생성할 때 매번 동일한 블록 해시를 재사용할 수는 없다. 그렇게 하면 동일한 수가 5번 연속으로 출력될 것이기 때문이다. 그 대신 블록 수에 매번 고유한 숫자(이 경우 i)를 연결해 만든 바이트 문자열을 해시해 시드를 얻는다.

for 반복문 내부에서 5번 반복되는 구문과 반복문 밖에서 1번 실행되는 구문의 차이는, 나눗셈에 사용된 숫자다. 처음 5개 번호는 1~69 범위 내 표준 번호이며 MAX_NUMBER로 나눗셈을 한다. 마지막 숫자인 파워볼 번호는 1~26 범위로 제한되며 MAX_POWERBALL_NUMBER로 나눗셈을 한다. 두 연산 모두 결괏값이 0이 나오지 않도록 나눗셈의 출력에 1을 더한다.

번호 추첨이 끝난 후, 당첨 티켓을 소지한 사용자는 해당 라운드에 대한 보상을 청구할 수 있다. claim() 함수의 앞부분은 몇 가지 검사를 수행하고 필요한 변수를 선언한다(예제 8-26).

예제 8-26 파워볼 당첨금 지급 - 검사 및 변수

```
function claim (uint _round) public {
    require(rounds[_round].tickets[msg.sender].length > 0);
    require(rounds[_round].winningNumbers[0] != 0);

    uint[6][] storage myNumbers = rounds[_round].tickets[msg.sender];
    uint[6] storage winningNumbers = rounds[_round].winningNumbers;

    uint payout = 0;
    ...
```

이 함수는 라운드 수를 인수로 취한다. 즉 한 라운드의 티켓이 다른 라운드에서는 유효하지 않다. 사용자는 지정된 라운드에서 티켓을 구입해야 하며, 당첨금을 청구하려면 해당 라운드의 당첨 번호가 이미 추첨됐어야 한다.

이어서, 상태 트리로부터 myNumbers와 winningNumbers 변수로 사용자의 티켓과 해당 라운드의 당첨 번호를 가져온다. 사용자에게 지급되는 총 당첨 상금 액수는 payout을 통해 추적하게 된다.

다음으로 사용자가 고른 번호와 당첨 번호가 얼마나 일치하는지 계산한다(예제 8-27).

```
for (uint i=0; i < myNumbers.length; i++) {
    uint numberMatches = 0;
    for (uint j=0; j < 5; j++) {
        for (uint k=0; k < 5; k++) {
            if (myNumbers[i][j] == winningNumbers[k])
                numberMatches += 1;
        }
    }
    bool powerballMatches = (myNumbers[i][5] == winningNumbers[5]);
    ...
```

가장 바깥쪽 반복문(i를 사용)은 사용자 티켓 각각을 검사하는 반복문이다. 각 티켓은 6개 번호로 구성된 개별적 집합이므로 각 티켓은 별도로 평가해야 한다. 2개의 안쪽 반복문(j 및 k 사용)은 티켓의 처음 5자리 번호(표준 숫자)를 당첨 티켓의 표준 숫자와 비교하고 일치하는 항목의 수를 계산한다. 파워볼에서는 표준 숫자의 순서가 중요하지 않으므로 표준 당첨 번호와의 일치 여부만 계산해 일치하면 numberMatches 변수를 증가시킨다. 파워볼 번호와 표준 번호 간의 일치는 계산하지 않는다.

표준 숫자를 비교한 후, 티켓의 파워볼 번호를 당첨 티켓의 파워볼 번호와 직접 비교한다. 이 작업이 완료되면 당첨 상금을 결정하고 지급할 수 있다(예제 8-28).

예제 8-28 파워볼 당첨금 지급 - 최종 상금 지급

```
// 승리 조건
if (numberMatches == 5 && powerballMatches) {
    payout = this.balance;
    break;
}
else if (numberMatches == 5)
    payout += 1000 ether;
else if (numberMatches == 4 && powerballMatches)
    payout += 50 ether;
else if (numberMatches == 4)
    payout += 1e17; // 0.1이더
else if (numberMatches == 3 && powerballMatches)
    payout += 1e17; // 0.1이더
else if (numberMatches == 3)
    payout += 7e15; // 0.007이더
```

```
else if (numberMatches == 2 && powerballMatches)
    payout += 4e15; // 0.004이더
else if (powerballMatches)
    payout += 4e15; // 0.004이더
```

당첨금은 [그림 8-2]의 규칙을 따른다. 이 코드는 [예제 8-27]의 가장 바깥쪽 for 반복문(i 사용)에 포함돼 각 티켓에 대해 한 번씩 실행된다. 당첨금의 최종 총 금액은 각 티켓의 승리 금액의 합계가 된다.

이 규칙의 한 가지 예외는 사용자가 잭팟을 여는, 즉 5개의 표준 번호와 파워볼 번호가 모두 일치하는 드문 경우에 발생한다. 이 경우 break문으로 반복문은 종료되며 해당 당첨자에게 컨트랙트의 전체 잔고가 지급된다. 그런데 잭팟에 대해 당첨금 지급을 시도할 때, 우연히도 잭팟에 걸린 사용자가 또 다른 당첨 티켓을 가지고 있는 상황이 발생할 수도 있다. 이 경우 컨트랙트의 잔고를 초과하는, 이를테면 this.balance + 0.004이더를 지급해야 하는 상황이 오는데 이는 결국 잔고 부족으로 오류를 던지게 된다. 어쨌든 벼락 맞을 확률로 잭팟을 맞은 사용자는 이런 나머지 당첨금을 청구할 수도 없고 청구할 이유도 없을 것이다.

당첨금 계산이 끝나면 당첨금을 해당 사용자에게 보낸다.

```
msg.sender.transfer(payout);
delete rounds[_round].tickets[msg.sender];
```

당첨금이 성공적으로 처리되면, 사용자의 티켓을 삭제해 당첨금을 중복 수령할 수 없도록 한다.

당첨금 지급에는 하나의 조건이 있다. 바로 컨트랙트에 지불할 이더가 충분할 때만 지급이 이루어질 수 있다는 점이다. 초기 투자자가 당첨금을 마련하는 기존의 복권과는 달리, 탈중앙화된 복권은 티켓 구매로 지불된 상금 내에서만 당첨금을 지불할 수 있다. 5개의 번호가 일치하는 복권에 당첨됐더라도, 컨트랙트에 1,000개의 이더가 없으면 컨트랙트에 1,000개의 이더가 채워질 때까지 기다려야 한다. 물론 당첨금은 언제든지 수령할 수 있으며 청구 횟수에도 제한이 없으므로 잠재 보상이 영영 사라지지는 않을 것이다.

컨트랙트의 나머지 함수는 컨트랙트 상태를 읽는 view() 함수다(예제 8-29).

```
function ticketsFor(uint _round, address user) public view
    returns (uint[6][] tickets) {
        return rounds[_round].tickets[user];
}

function winningNumbersFor(uint _round) public view
    returns (uint[6] winningNumbers) {
        return rounds[_round].winningNumbers;
}
```

솔리디티는 자동으로 public 구조체에 대해 getter 함수를 생성한다. 이 getter 함수는 선언된 순서대로 구조체의 변수에 해당하는 항목의 목록을 반환한다. 그러나 솔리디티는 반환되는 배열에 복합 자료형을 포함하지는 않는다. 매핑과 배열의 경우 자체 view() 함수를 생성해야 한다. [그림 8-3]은 .rounds()의 getter를 호출할 때 예상되는 출력을 보여준다.

그림 8-3 파워볼 round 구조체 조회

```
truffle(develop)> lottery = Powerball.at(Powerball.address);
truffle(develop)> lottery.rounds(1)
[ { [String: '1514340760'] s: 1, e: 9, c: [ 1514340760 ] },
  { [String: '0'] s: 1, e: 0, c: [ 0 ] } ]
```

endTime 및 drawBlock에 해당하는 반환된 자바스크립트 배열에는 두 개의 필드가 있다. 다른 두 필드인 winningNumbers와 ticket은 복합 자료형이기 때문에 표시되지 않는다. [예제 8-29]의 두 가지 view() 함수를 사용하면 읽을 수 없는 상태도 읽을 수 있다.

지금까지 컨트랙트 코드를 자세히 다뤘지만 컨트랙트와 어떻게 통신하는지는 정확히 설명하지 않았다. 이 부분은 독자를 위한 연습 문제로 남겨둘 것이다. 컨트랙트 배포를 위한 표준 마이그레이션은 깃허브 저장소(github.com/k26dr/ethereum-games/blob/master/migrations/12_powerball.js)에서 확인할 수 있다. 독자가 직접 예제를 활용해 통신을 구현할 것으로 기대하지만, 문제가 발생하면 github.com/k26dr/ethereum-games/blob/master/test/powerball.js에서 테스트 코드로 통신해보자. 컨트랙트에 익숙해지면 [연습 8-3]을 통해 메인넷에서 게임을 해보자.

연습 8-3 실전 파워볼

파워볼 복권을 플레이하고 상금을 수령할 기회! 매일같이 백만장자가 탄생하는 게임을 한 판 플레이하는 데 단돈 0.001이더! 드루와 드루와! 적금 같은 건 전부 게임에 던져버리자! 입문자라면 테스트넷에 배포한 파워볼(rinkeby.etherscan.io/address/0x274c0f91642acbe737d10c9ceddeb1b500caf39b)로 감잡아보자. 물론, 이번에도 필자는 승부사들을 위해 이더리움 메인넷에 파워볼을 배포했다(etherscan.io/address/0xcab5fb317667978e5c428393ddf98a5dc4bc15dc).

(추신: 진짜로 복권 플레이를 진지하게 고려했다면, 한 번에 티켓 500장을 구입하고 당첨금을 받는 방법을 조금이라도 지켜보는 테스트 스크립트로 승률이 얼마나 되는지 살펴보기를 권한다.)

8.9 마치며

이번 장에서는 간단한 복권 컨트랙트에서 시작해서 지금까지 나온 컨트랙트 중 가장 복잡한 파워볼 컨트랙트를 개발하는 내용까지 다뤘다. 다차원 배열, view() 함수, pure() 함수 등의 솔리디티 기능을 컨트랙트에서 처음 실습했으며, 블록 해시를 사용해 난수를 생성하고 약정 해시를 공개하는 복권을 다루는 데도 상당한 시간을 투자했다. 이제 사기와 도박에 지친 독자를 위해, 다음 장에서는 상금을 건 퀴즈를 다룰 것이다.

## CHAPTER 9

상금 퀴즈

상금 퀴즈는 스마트 컨트랙트의 독특한 사용 사례이며, 블록체인으로 새로운 기능을 구현하는 좋은 예다. 블록체인상 상금 퀴즈는 정답을 통해서만 보상을 수령할 수 있도록 스마트 컨트랙트를 이용해 잠정적 보상을 동결하는 방법을 기반으로 한다.

이 장에서는 두 유형의 상금 퀴즈를 만들어볼 것이다. 첫 번째는 정답을 맞히면 즉시 상금이 지급되는 간단한 퀴즈이고, 두 번째는 여러 승자가 존재할 수 있는 제출/정답공개 형식의 퀴즈다. 몇 가지 상금 퀴즈를 살펴본 뒤에는 메인넷에 배포한 컨트랙트를 통해 퀴즈를 풀며 상금받을 기회도 함께 즐겨볼 것이다.

우선 실제 코드를 살펴보기 전에 난독화 처리의 개념을 살펴보자.

9.1 답안의 난독화

상금 퀴즈의 보안은 플레이어의 답안을 난독화하는 능력에 달려 있다. 스마트 컨트랙트의 모든 데이터는 공개되기 때문에 블록체인에 제출된 답안은 어떤 형태로든 그 정확한 내용이 드러나지 않아야 한다. 플레이어가 답안을 제출한 후에 컨트랙트에 정답을 업데이트하는 방식은 이상적이지 않다. 플레이어가 답안을 제출한 후에 컨트랙트 작성자가 정답을 변경할 수도 있기 때문이다.

여기에서는 다음과 같은 간단한 해시 체계를 사용해 컨트랙트에 제출하는 답안을 난독화할 것이다. 컨트랙트 작성자는 컨트랙트를 생성하기 전에 자신의 주소와 함께 정답을 해시함으로써 약정을 만들어야 한다. 이 주소는 해시를 깨는 것을 사실상 불가능하게 만드는 솔트 역할을 한다. 이 약정은 컨트랙트 생성 중에 상금과 함께 컨트랙트에 저장된다.

간단한 퀴즈의 경우 플레이어는 답안을 컨트랙트에 직접 제출하고, 컨트랙트는 솔트와 함께 답안을 해시해 컨트랙트에 담긴 약정과 비교한다. 해시가 약정과 일치하면 상금의 잠금이 해제된다.

제출/정답공개 방식의 퀴즈에서는 플레이어가 오프체인에서 자신의 주소를 자신의 답안과 함께 해시해 자신의 약정을 만들고 이를 체인에 제출한다. 컨트랙트 작성자가 정답을 공개하면, 공개 기간 동안 정확한 답안 제출을 증빙한 모든 플레이어가 상금을 받게 된다.

9.2 간단한 퀴즈

간단한 퀴즈의 예를 위해 다음과 같은 질문을 설정해보자(예제 9-1).

예제 9-1 간단한 퀴즈

---

10 이하의 모든 자연수 중 3 또는 5의 배수를 나열하면 3, 5, 6, 9가 있다. 이 배수들의 합은 23이다.
문제: 1,000 이하의 3 또는 5의 모든 배수의 합은?

이 퀴즈 자체를 더 알고 싶다면 프로젝트 오일러Project Euler의 웹사이트(projecteuler.net/problem=1)에서 자세한 정보를 찾을 수 있다.

이제 정답을 맞히면 잠겨 있는 이더를 수령할 수 있는 컨트랙트를 만들어야 한다. 이 컨트랙트의 간단한 구현을 [예제 9-2]에서 볼 수 있다.

예제 9-2 간단한 상금 퀴즈

```
contract SimplePrize {
    bytes32 public constant salt = bytes32(987463829);
    bytes32 public commitment;
```

```
    function SimplePrize(bytes32 _commitment)
        public payable {
            commitment = _commitment;
    }

    function createCommitment(uint answer)
        public view returns (bytes32) {
            return keccak256(salt, answer);
    }

    function guess (uint answer) public {
        require(createCommitment(answer) == commitment);
        msg.sender.transfer(this.balance);
    }

    function () public payable {}
}
```

이 컨트랙트에는 하나의 상수와 하나의 상태 변수만 존재한다.

- salt: 해시할 정답 앞에 추가하는 긴 바이트 문자열로, 공격자가 사전 공격으로 답안을 추측하지 못하도록 방지하는 데 사용된다. 솔트로 쓰이는 문자열은 아무런 임의의 바이트 문자열이어도 무관하다. 예제에서 쓰는 솔트는 적은 바이트를 써서 페이지 크기에 맞췄지만, 이상적으로는 32바이트 문자열을 쓰는 것이 좋다.
- commitment: 솔트와 정답을 함께 해시해 만든 바이트 문자열이다. 정답을 밝히지 않으면서 답안을 확인하는 데 사용한다.

컨트랙트의 로직은 매우 간단하고 직관적이다. 생성자 함수는 나중에 사용하기 위해 받은 약정을 저장한다. createCommitment() 함수는 8.7절 '난수 복권'에서 쓴 함수와 동일하다.

생성자와 폴백 함수는 모두 payable로 선언돼야 한다. 마이그레이션 단계에서 컨트랙트에 상금을 넣겠지만, 컨트랙트 생성 이후에도 언제든지 컨트랙트의 주소로 이더를 보내 상금을 조달할 수 있다. 이렇게 하면 해당 퀴즈에 관심을 가지는 여러 주소가 상금을 지원할 수 있다.

guess() 함수(예제 9-3)는 제출된 답안이 정답인지 여부를 판별한다.

예제 9-3 간단한 퀴즈의 guess() 함수

```
    function guess (uint answer) public {
        require(createCommitment(answer) == commitment);
```

```
        msg.sender.transfer(this.balance);
    }
```

guess() 함수는 원래의 약정을 생성할 때 썼던 것과 동일한 함수를 사용해 정답과 솔트를 해시한다. 해시가 저장된 약정과 일치하면 사용자에게 컨트랙트의 전체 잔액이 전송된다. 사용자가 제출한 답안은 공개되며 답안을 검증해보고 싶은 사람은 누구나 정답으로 인정된 답안을 확인할 수 있다.

이 컨트랙트는 배포가 복잡한 편이다. 일종의 닭과 달걀 문제인데, 약정을 생성하려면 컨트랙트가 필요한 동시에 컨트랙트를 생성하려면 약정이 필요하다. 이를 해결하기 위해, 먼저 가짜 약정으로 컨트랙트를 배포한다.[1] 컨트랙트 마이그레이션 코드는 깃허브 저장소 github.com/k26dr/ethereum-games/blob/master/migrations/13_simple_prize.js 에서 확인할 수 있다. [예제 9-4]에서 관련된 부분만 살펴보자.

예제 9-4 간단한 상금 퀴즈 컨트랙트 배포하기

```
//deployer.deploy(SimplePrize, "0x0"); // 약정 생성을 위한 코드
deployer.deploy(SimplePrize, "0x9e85ce2a4f5c2955f54aa61046f6f13b096d025166f03b5dd7faac
c3e1e8f07e",
{ value: 1e16 });
```

마이그레이션에는 두 개의 배포문이 별도로 포함됐다. 첫 번째는 더미 배포이며, 이를 통해 약정을 생성할 수 있다. 두 번째는 정답을 포함하는 진짜 상금 퀴즈 배포에 해당한다. 첫 번째 행은 한 번에 하나만 사용된다는 것을 보여주기 위해 의도적으로 주석 처리했다.

첫 번째 행의 주석 처리를 제거하고 두 번째 배포문을 주석으로 처리하면 마이그레이션이 다음 코드만 실행한다.

```
deployer.deploy(SimplePrize, "0x0");
```

컨트랙트를 배포하고 약정을 생성하려면 [예제 9-5]의 코드를 한 번에 한 행씩 dev 콘솔에서 실행하자. 이 예제에서는 마이그레이션 13에 SimplePrize 배포 코드가 포함됐다고 가정한다.

---

1 감수자주_ 이는 데이터를 만들기 위해 더미 컨트랙트를 배포해서 사용하는 패턴이다. 개인적으로 이런 방식은 바람직하지 않다고 보며, 로컬에 별도로 스크립트를 만드는 대안이 있다.

예제 9-5 약정 생성하기

```
migrate -f 13
prize = SimplePrize.at(SimplePrize.address)
prize.createCommitment(42)
```

마지막 행을 실행하면 약정에 해당하는 해시를 출력할 것이다. 이는 컨트랙트의 실제 버전을 배포하는 데 사용할 약정 해시다.

하지만 여전히 함정이 있다. [예제 9-4]의 실제 약정을 [예제 9-5]로 생성한 약정과 비교해보면 일치하지 않음을 알 수 있다. 이는 [예제 9-5]에서 실제 정답을 주지 않았기 때문이다. 대신, [연습 9-1]에 있는 컨트랙트를 배포하고 스스로 남은 절차를 해결해보자.

연습 9-1 실전 오일러 퀴즈

migrations/13_simple_prize를 사용해 개발자 콘솔에 SimplePrize 컨트랙트를 배포하자. 컨트랙트에는 [예제 9-1]에 제시된 퀴즈를 풀어서 받을 수 있는 상금이 들어 있다. 퀴즈를 풀고 dev 콘솔을 사용해 상품의 잠금을 해제하자. 트랜잭션 결과가 나타나면 제출한 답안이 맞는지 알 수 있다. 잘못된 답안은 오류를 던지게 된다.

9.3 제출/정답공개 퀴즈

제출/정답공개 퀴즈에서 각 사용자는 정답이 공개되기 전에 답안을 제출할 기회를 갖는다. 정답 공개 후에는 맞는 답안을 제출한 모든 사용자에게 상금이 분배된다. 제출/정답공개 퀴즈의 예제로 프로젝트 오일러(projecteuler.net/problem=2)에 있는 두 번째 질문을 사용할 것이다. [예제 9-6]을 참조하자.

예제 9-6 제출/정답공개 퀴즈용 문제

피보나치 수열의 각 새로운 수는 앞의 두 수를 더한 값이다. 1과 2로 시작하는 피보나치 수열에서 처음 10개의 수는 다음과 같다.
1, 2, 3, 5, 8, 13, 21, 34, 55, 89, ...

위와 같은 피보나치 수열에서 값이 4백만을 초과하지 않는 모든 짝수 값의 합을 구하라.

[예제 9-7]에 전체 컨트랙트를 볼 수 있다. 구체적인 부분별 코드 확인은 뒤에 이어진다.

예제 9-7 제출/정답공개 퀴즈 컨트랙트

```
contract CommitRevealPuzzle {
    uint public constant GUESS_DURATION_BLOCKS = 5; // 3일
    uint public constant REVEAL_DURATION_BLOCKS = 5; // 1일

    address public creator;
    uint public guessDeadline;
    uint public revealDeadline;
    uint public totalPrize;
    mapping(address => bytes32) public commitments;
    address[] public winners;
    mapping(address => bool) public claimed;

    function CommitRevealPuzzle(bytes32 _commitment) public payable {
        creator = msg.sender;
        commitments[creator] = _commitment;
        guessDeadline = block.number + GUESS_DURATION_BLOCKS;
        revealDeadline = guessDeadline + REVEAL_DURATION_BLOCKS;
        totalPrize += msg.value;
    }

    function createCommitment(address user, uint answer public pure returns (bytes32) {
        return keccak256(user, answer);
    }

    function guess(bytes32 _commitment) public {
        require(block.number < guessDeadline);
        require(msg.sender != creator);
        commitments[msg.sender] = _commitment;
    }

    function reveal(uint answer) public {
        require(block.number > guessDeadline);
        require(block.number < revealDeadline);
        require(createCommitment(msg.sender, answer) == commitments[msg.sender]);
        require(createCommitment(creator, answer) == commitments[creator]);
        require(!isWinner(msg.sender));
        winners.push(msg.sender);
```

```
    }

    function claim () public {
        require(block.number > revealDeadline);
        require(claimed[msg.sender] == false);
        require(isWinner(msg.sender));
        uint payout = totalPrize / winners.length;
        claimed[msg.sender] = true;
        msg.sender.transfer(payout);
    }

    function isWinner (address user) public view returns (bool) {
        bool winner = false;
        for (uint i=0; i < winners.length; i++) {
            if (winners[i] == user) {
                winner = true;
                break;
            }
        }
        return winner;
    }

    function () public payable {
        totalPrize += msg.value;
    }
}
```

이 컨트랙트는 앞의 단순한 상금 퀴즈보다 훨씬 복잡하다. 컨트랙트에는 답안 제출, 정답 공개, 상금 청구의 세 기간이 있으며 각 기간은 자체 함수를 가지고 있다. 먼저 상태 변수와 상수를 단계별로 살펴보자.

- **GUESS_DURATION_BLOCKS**: 답안 제출 기간을 블록 단위로 나타낸다. 테스트를 위해서는 이 숫자를 낮게 설정하는 것이 좋고, 실제 배포 시에는 16,500블록(약 3일)으로 설정하는 것을 권장한다.
- **REVEAL_DURATION_BLOCKS**: 정답 공개의 지속 시간이다. 5,500블록(약 1일) 정도가 적절하지만 테스트를 위해서는 이 값을 낮게 설정하기를 권장한다.
- **creator**: 컨트랙트 작성자다.
- **guessDeadline** : 답안 제출 기간의 끝에 해당하는 블록 번호다.
- **revealDeadline** : 정답 공개 기간의 끝에 해당하는 블록 번호다.
- **totalPrize**: 상금 총액이다. wei 단위로 입력한다. 각 수상자가 상금을 인출할 때 컨트랙트의 잔고가 바뀌기 때문에 이를 추적해야 한다.

- **commitments**: 사용자 주소와 각 주소에서 제출한 답안의 약정 해시를 담는 매핑 변수다.
- **winners** : 우승한 주소의 목록이다.
- **claimed**: 승자가 우승 상금을 신청함에 따라 이 매핑을 사용해 청구된 금액을 표시한다.

생성자는 약정을 인수로 받으며, 약정은 컨트랙트 작성자의 주소를 퀴즈 정답과 함께 해시해 만들어진다(예제 9-8).

예제 9-8 제출/정답공개 퀴즈의 생성자

```
function CommitRevealPuzzle(bytes32 _commitment) public payable {
    creator = msg.sender;
    commitments[creator] = _commitment;
    guessDeadline = block.number + GUESS_DURATION_BLOCKS;
    revealDeadline = guessDeadline + REVEAL_DURATION_BLOCKS;
    totalPrize += msg.value;
}
```

약정은 블록체인 밖에서 컨트랙트 생성자의 주소와 퀴즈 정답을 createCommitment() 함수에 전달해 생성하게 된다. 약정 생성이 무엇인지 잘 기억나지 않는다면 이 장 바로 앞부분인 9.2절 '간단한 퀴즈'와 8.7절 '난수 복권'을 다시 읽어보자.

생성자는 마감 시간을 설정하고 정답 약정을 저장하며, 메시지와 함께 전달된 이더를 상금으로 전송한다. 컨트랙트에 이더를 많이 보낼수록 상금을 늘릴 수 있다. 폴백 함수는 payable로 선언돼, 컨트랙트로 들어오는 이더를 상금으로 추가한다.

이번 guess() 함수는 약정이 필요한데, 플레이어로부터 약정을 받는다(예제 9-9).

예제 9-9 제출/정답공개 퀴즈의 답안 제출 함수

```
function guess(bytes32 _commitment) public {
    require(block.number < guessDeadline);
    require(msg.sender != creator);
    commitments[msg.sender] = _commitment;
}
```

이 함수는 답안 제출 기한이 지났는지 확인하고, 발신자가 컨트랙트 작성자가 아님을 확인한다. 플레이어가 제출한 답안과 실제 정답을 모두 commitments 매핑에 저장하므로, 컨트랙트

작성자가 답안을 제출할 수 있게 하면 작성자가 퀴즈의 정답을 변경하게 허용하는 것과 마찬가지가 된다.

reveal() 함수는 일련의 검사를 실행하고 제출이 모든 검사를 통과하면 winners 배열에 해당 플레이어를 추가한다(예제 9-10).

예제 9-10 제출/정답공개 퀴즈의 정답 공개 함수

```
function reveal(uint answer) public {
    require(block.number > guessDeadline);
    require(block.number < revealDeadline);
    require(createCommitment(msg.sender, answer) == commitments[msg.sender]);
    require(createCommitment(creator, answer) == commitments[creator]);
    require(!isWinner(msg.sender));
    winners.push(msg.sender);
}
```

이 함수는 답안 제출 기한이 끝난 후, 정답 공개가 마감되기 전에만 호출할 수 있다. 정답은 플레이어가 제출한 답안, 그리고 작성자가 제출한 정답과 일치해야 한다. 이를 위해서는 플레이어의 주소를 사용하는 것과 제작자의 주소를 사용하는 두 가지 약정이 필요하다. 두 약정이 모두 일치하고 플레이어가 아직 winners 목록(우승자 목록)에 없는 경우 플레이어를 winners 목록에 추가한다.

플레이어가 winners 목록에 있는지 확인하기 위해 별도의 함수인 isWinner(예제 9-11)를 만들었다. 이 함수는 나중에 상금을 청구할 때 재사용한다.

예제 9-11 주소가 우승자 목록에 있는지 확인하는 함수

```
function isWinner (address user) public view returns (bool) {
    bool winner = false;
    for (uint i=0; i < winners.length; i++) {
        if (winners[i] == user) {
            winner = true;
            break;
        }
    }
    return winner;
}
```

이 함수는 winners 목록의 원소에 대한 반복문을 통해 인수로 받은 주소와 일치하는지 여부를 확인한다. 일치하면 반복문이 중단되고 함수는 true를 반환한다. 반복문이 종료될 때까지 일치하는 항목이 없으면 false를 반환한다.

winners 목록에 주소가 들어간 모든 플레이어는 정답 공개 마감일이 끝난 후 상금을 청구할 수 있다(예제 9-12).

예제 9-12 제출/정답공개 퀴즈의 상금 청구 함수

```
function claim () public {
    require(block.number > revealDeadline);
    require(claimed[msg.sender] == false);
    require(isWinner(msg.sender));
    uint payout = totalPrize / winners.length;
    claimed[msg.sender] = true;
    msg.sender.transfer(payout);
}
```

우승자는 정답 공개 마감 이후 언제든지 상금을 청구할 수 있다. 총 상금은 모든 우승자에게 나눠진다. 이 함수는 상금을 수령한 플레이어를 표시해 한 플레이어가 상금을 이중 청구할 수 없도록 한다.

이 컨트랙트를 배포하기 위해서는 첫 번째 퀴즈 컨트랙트를 배포할 때와 동일한 과정이 필요하다. 가짜 약정으로 먼저 컨트랙트를 배포하고, 더미 컨트랙트를 사용해 정답 약정을 생성한 다음 실제 컨트랙트를 정답 약정과 함께 배포하자. 마이그레이션 코드는 깃허브 저장소 migrations/14_commit_reveal_puzzle.js 에서 찾을 수 있다. 첫 번째 퀴즈 컨트랙트의 마이그레이션과 다른 점이 별로 없으므로 추가 설명은 생략한다.

9.4 그 외의 퀴즈 컨트랙트

[연습 9-2]와 [연습 9-3]에는 메인넷과 직접 통신할 수 있는 두 가지 추가 과제가 있다. 첫 번째 도전 과제에서는 퀴즈를 풀어볼 수 있고, 두 번째 도전 과제에서는 직접 퀴즈 컨트랙트를 만들 수 있다.

연습 9-2 답을 맞히는 자에게만···

필자는 이번에도 이더리움 메인넷에 간단한 상금 퀴즈를 배포했다. 컨트랙트의 이더스캔 페이지는 etherscan.io/address/0x73388dc2f89777cbdf53e5352f516cd703d070a6이다. 다음 질문에 정답을 맞히면 0.02이더를 획득할 것이다.

소수prime number 중, 작은 소수부터 시작해 백만 개의 소수의 총 합은?

연습 9-3 나만의 퀴즈 만들기

지금까지 여러 상금 퀴즈 컨트랙트를 살펴봤으므로, 이제 자신만의 퀴즈를 만들어볼 때가 왔다. 정답 약정을 가지고 상금 퀴즈를 배포한 다음, 이 연습을 위해 만든 깃허브 이슈 페이지로 이동해보자(github.com/k26dr/ethereum-games/issues/2). 컨트랙트 작성 과정에서 생기는 질문을 깃허브 이슈에 올리고 자신의 컨트랙트 이더스캔 링크와 함께 첨부하자. 자신만의 퀴즈를 만들 수 없거나 만들 생각이 없다면 다른 독자가 만든 퀴즈에 기부하는 것도 좋다.

9.5 마치며

이번 장에서는 두 가지 유형의 상금 퀴즈를 살펴봤다. 올바른 답안을 제출한 즉시 상금을 획득하는 방식과, 제출/답안공개 절차를 거치며 여러 명의 우승자를 허용하는 방식이 있다. 또한 공정한 퀴즈를 진행하는 데 필요한 답안 난독화의 로직을 자세히 살펴봤다.

다음 장에서는 미래의 사건에 대한 확률에 베팅하는 예측 시장을 다룰 것이다.

## CHAPTER 10

예측 시장

도박의 관점에서 봤을 때 예측 시장은 확률 베팅과 주식 시장의 중간 영역이라고 할 수 있다. 예측 시장은 주식 시장처럼 완전히 합법적인 것은 아니지만, 확률 베팅보다는 더 진중한 주제를 다루는 편이다. 예측 시장은 향후에 검증 가능한 미래 사건에 예/아니오 질문을 제기함으로써 시작된다. 사용자는 시장에서 주식을 사거나 팔아 사건의 가능성에 베팅할 수 있다.

다음은 전형적인 예측 시장 질문의 예다.

- 2019년 1월 1일 00:00.000 UTC에 GDAX 거래소에서 이더리움이 2,000달러 이상으로 거래될 것인가?

정확한 시간에, 공개 확인할 수 있는 대답이 있는 명확한 질문이다. 좋은 예측 시장 질문은 사용자가 베팅의 상태를 확인하고 추적할 수 있도록 모호함을 없앤다.

이 장은 이전 장과 진행방식이 약간 다르다. 여러 컨트랙트를 보여주는 대신, 복잡한 예측 시장 컨트랙트 하나를 이 장 전반에 걸쳐 설명할 것이다. 이 장의 목표는 독자 여러분이 직접 예측 시장을 구현할 수 있도록 실력을 함양하는 것이다.

10.1 컨트랙트 훑어보기

예측 시장에서 거래는 주식을 통해 이루어진다. 각각의 주식은 대답이 '예'로 해석되면 100원이고, 대답이 '아니오'로 해석되면 0원이다. 이렇게 하면 한 주의 가격은 예측의 결과가 '예'가

될 가능성을 반영한다. 이 예제에서 예측 시장 주식의 가격이 60이라면, 이 시장은 2019년 초 이더리움이 2,000달러 이상이 될 확률이 60%라고 생각한다는 뜻이다.

시장을 시작하려면 시장 개설자가 지불금에 대한 담보를 게시해야 한다(주당 100wei). 시장에서 예측의 결과가 '예'로 결정되면 주식의 소유자에게 담보가 지급되며, 예측의 결과가 '아니오'로 결정되면 담보는 시장 개설자에게 반환된다. 이 위험을 감수하는 대가로 시장 개설자는 거래마다 수수료를 부과할 수 있다. 암호화폐 거래소의 일반 거래 수수료는 0.1%에서 0.25% 사이다. 이 장에서 쓸 컨트랙트는 한 건의 거래에 대해 각 거래 당사자에게 0.2%를 부과할 것이다. 물론 이는 쉽게 변경 가능하다.

전체 컨트랙트는 [예제 10-1]에서 확인할 수 있으며 자세한 설명은 그 뒤에 이어진다.

예제 10-1 예측 시장

```
contract PredictionMarket {
    enum OrderType { Buy, Sell }
    enum Result { Open, Yes, No }

    struct Order {
        address user;
        OrderType orderType;
        uint amount;
        uint price;
    }

    uint public constant TX_FEE_NUMERATOR = 1;
    uint public constant TX_FEE_DENOMINATOR = 500;

    address public owner;
    Result public result;
    uint public deadline;
    uint public counter;
    uint public collateral;
    mapping(uint => Order) public orders;
    mapping(address => uint) public shares;
    mapping(address => uint) public balances;

    event OrderPlaced(uint orderId, address user, OrderType
    orderType, uint amount, uint price);
    event TradeMatched(uint orderId, address user, uint amount);
```

```
event OrderCanceled(uint orderId);
event Payout(address user, uint amount);

function PredictionMarket (uint duration) public payable {
    require(msg.value > 0);

    owner = msg.sender;
    deadline = now + duration;
    shares[msg.sender] = msg.value / 100;
    collateral = msg.value;
}

function orderBuy (uint price) public payable {
    require(now < deadline);
    require(msg.value > 0);
    require(price >= 0);
    require(price <= 100);
    uint amount = msg.value / price;

    counter++;
    orders[counter] = Order(msg.sender, OrderType.Buy, amount, price);
    OrderPlaced(counter, msg.sender, OrderType.Buy, amount, price);
}

function orderSell (uint price, uint amount) public {
    require(now < deadline);
    require(shares[msg.sender] >= amount);
    require(price >= 0);
    require(price <= 100);

    shares[msg.sender] -= amount;

    counter++;
    orders[counter] = Order(msg.sender, OrderType.Sell, amount, price);
    OrderPlaced(counter, msg.sender, OrderType.Sell, amount, price);
}

function tradeBuy (uint orderId) public payable {
    Order storage order = orders[orderId];

    require(now < deadline);
    require(order.user != msg.sender);
    require(order.orderType == OrderType.Sell);
    require(order.amount > 0);
```

```
    require(msg.value > 0);
    require(msg.value <= order.amount * order.price);

    uint amount = msg.value / order.price;
    uint fee = (amount * order.price) * TX_FEE_NUMERATOR / TX_FEE_DENOMINATOR;
    uint feeShares = amount * TX_FEE_NUMERATOR / TX_FEE_DENOMINATOR;

    shares[msg.sender] += (amount - feeShares);
    shares[owner] += feeShares;

    balances[order.user] += (amount * order.price) - fee;
    balances[owner] += fee;

    order.amount -= amount;
    if (order.amount == 0)
        delete orders[orderId];
    TradeMatched(orderId, msg.sender, amount);
}

function tradeSell (uint orderId, uint amount) public {
    Order storage order = orders[orderId];

    require(now < deadline);
    require(order.user != msg.sender);
    require(order.orderType == OrderType.Buy);
    require(order.amount > 0);
    require(amount <= order.amount);
    require(shares[msg.sender] >= amount);

    uint fee = (amount * order.price) * TX_FEE_NUMERATOR / TX_FEE_DENOMINATOR;
    uint feeShares = amount * TX_FEE_NUMERATOR / TX_FEE_DENOMINATOR;

    shares[msg.sender] -= amount;
    shares[order.user] += (amount - feeShares);
    shares[owner] += feeShares;

    balances[msg.sender] += (amount * order.price) - fee;
    balances[owner] += fee;

    order.amount -= amount;
    if (order.amount == 0)
        delete orders[orderId];
    TradeMatched(orderId, msg.sender, amount);
}
```

```
function cancelOrder (uint orderId) public {
    Order storage order = orders[orderId];

    require(order.user == msg.sender);

    if (order.orderType == OrderType.Buy)
        balances[msg.sender] += order.amount * order.price;
    else
        shares[msg.sender] += order.amount;
    delete orders[orderId];
    OrderCanceled(orderId);
}

function resolve (bool _result) public {
    require(now > deadline);
    require(msg.sender == owner);
    require(result == Result.Open);

    result = _result ? Result.Yes : Result.No;
    if (result == Result.No)
        balances[owner] += collateral;
}

function withdraw () public {
    uint payout = balances[msg.sender];
    balances[msg.sender] = 0;

    if (result == Result.Yes) {
        payout += shares[msg.sender] * 100;
        shares[msg.sender] = 0;
    }

    msg.sender.transfer(payout);
    Payout(msg.sender, payout);
}
}
```

이 컨트랙트는 세 가지 사용자 지정 자료형을 정의한다.

- **OrderType**: 열거형 변수이며 주문의 유형, 즉 매수(Buy)인지, 매도(Sell)인지의 정보를 담는다.
- **Result**: 열거형 변수로, 시장의 현재 예측 결과를 담는다. Open은 시장의 예측 결과가 아직 확인되지 않았거나 거래가 활발히 일어나고 있음을 의미한다. Yes 또는 No는 예측 결과가 확정된 시장을 나타낸다. 결과가

Yes이면 주주에게 담보가 지급되며 결과가 No이면 시장 개설자에게 담보가 반환된다.

- **Order**: 시장에서 활성화된 주문을 나타내는 구조체로, Order 안에는 주문 당사자, 주문 유형(매수 또는 매도), 주문량, 주문 가격이 포함된다.

컨트랙트에는 다음과 같은 상수 및 상태 변수가 포함된다.

- **TX_FEE_NUMERATOR**: 거래 수수료로 0.002(0.2%)를 부과해야 하는데, 솔리디티는 소수점 이하를 지원하지 않으므로 수수료를 두 부분으로 나눠 정의해야 한다. 수수료를 비율로 표현하면 1/500이며, 이 상수는 해당 비율의 분자에 해당한다.
- **TX_FEE_DENOMINATOR**: 거래 수수료 비율 1/500의 분모 부분에 해당한다.
- **owner**: 컨트랙트 배포자 계정, 또는 시장 개설자 계정에 해당한다.
- **result**: 컨트랙트 결과의 현재 상태에 해당하며, Open/Yes/No의 세 가지 상태를 가진다.
- **deadline**: 예측 시장 거래가 종료되는 시간에 해당하는 UNIX 타임스탬프다.
- **counter**: 주문 ID를 할당하는 데 사용하는 카운터 정수다.
- **collateral**: 컨트랙트가 보관하는 담보 총량을 wei 단위로 담는 변수다.
- **orders**: 호가창을 위한 매핑 변수로, 주문 ID와 Order 구조체를 대응시킨다.
- **shares**: 사용자 주소와 해당 주소가 보유한 주식 수를 담는 매핑 변수다.
- **balances**: 사용자 주소와 해당 주소의 잔고를 wei 단위로 담는 표준 매핑이다.

컨트랙트 생성자는 payable() 함수이며 시장의 총 주식 수를 결정한다(예제 10-2). 유일한 인수로 duration을 받으며 이를 사용해 deadline의 값을 계산한다.

예제 10-2 예측 시장 생성자 함수

```
function PredictionMarket (uint duration) public payable {
    require(msg.value > 0);
    owner = msg.sender;
    deadline = now + duration;
    shares[msg.sender] = msg.value / 100;
    collateral = msg.value;
}
```

주식의 지불금에 해당되는 전체 담보는 컨트랙트 생성 시에 함께 채워져야 한다. 각 주식은 기본적으로 100wei의 지불금을 가져야 하기 때문에, 컨트랙트의 담보 총량을 100으로 나눈 값이 생성되는 총 주식 수가 된다. 시장의 결과가 No('아니오')로 확정되면 담보물은 시장 개설자에게 반환된다.

10.2 이벤트를 통한 상태 추적

대부분의 솔리디티 컨트랙트는 단순한 getter 함수만으로 내부의 전체 상태를 노출하지 못한다. 그래서 추가 정보 없이는 사용자 친화적인 프런트엔드를 만드는 것이 거의 불가능하다. 예를 들어, 프런트엔드에서 전체 호가창을 표시하려고 해도 컨트랙트에서는 이 정보를 검색할 수 없다. 컨트랙트에서 매핑에 대한 집합 키를 확인할 수 없기 때문이다.

이러한 문제를 보완하기 위해 이벤트와 로그를 사용할 수 있다. 이벤트와 로그는 컨트랙트에서 발생한 모든 작업을 쉽게 파싱할 수 있는 기록을 제공한다. 이들은 컨트랙트 상태와는 별도의 데이터 구조로 저장되므로 프런트엔드와 클라이언트만 여기에 접근할 수 있다(4.3.6절 '로깅 및 이벤트' 참조). 컨트랙트의 모든 관련 작업을 기록함으로써 프런트엔드가 컨트랙트의 전체 상태를 재구성할 수 있다.

본 예제의 예측 시장에는 네 가지 이벤트가 있다. 이벤트를 퍼블릭 상태 변수와 함께 사용하면 사용자에게 표시할 컨트랙트 상태의 전체 스냅숏을 구성할 수 있다. 네 가지 이벤트는 각각 다음과 같다.

- **OrderPlaced**: 호가창에 주문이 추가되는 이벤트다. 가격, 금액, 주문자, 주문 유형(매수 또는 매도) 정보를 포함한다. 이 이벤트만으로는 주문 체결이나 취소를 확인할 수 없기 때문에 호가창 전체 상태를 파악하기에는 충분하지 않다.
- **TradeMatched**: 주문이 체결돼 거래가 실행되는 이벤트다. 체결된 주문의 orderId, 거래된 주식 금액, 체결된 주문에 해당하는 사용자 정보를 담는다. 주문은 부분 체결될 수도 있으므로 전체 주문 금액보다 적은 수량이 체결되면 나머지 수량은 호가창에 그대로 남게 된다.
- **OrderCanceled**: 주문이 취소되는 이벤트다. 취소된 주문은 호가창에서 삭제된다. 부분 체결된 주문도 취소할 수 있으므로 하나의 주문에 OrderPlaced, TradeMatched, OrderCanceled 이벤트가 모두 있을 수 있다.
- **Payout**: 사용자가 잔고를 인출하는 이벤트다. 사용자 주소와 함께 인출금을 wei 단위로 기록한다.

10.3 주식 거래

사용자는 예측 시장에서 다섯 가지 종류의 거래 행위, 즉 매수 주문/매도 주문/매수 주문 체결/매도 주문 체결/주문 취소를 할 수 있다. 각각의 거래 행위는 그에 대응하는 스마트 컨트랙트 함수를 가지고 있으며 이러한 함수는 모두 public으로 선언됐다.

[예제 10-3]에서 매수 주문 요청을 위한 코드를 볼 수 있다.

예제 10-3 매수 주문 함수

```
function orderBuy (uint price) public payable {
    require(now < deadline);
    require(msg.value > 0);
    require(price >= 0);
    require(price <= 100);
    uint amount = msg.value / price;
    counter++;
    orders[counter] = Order(msg.sender, OrderType.Buy, amount, price);
    OrderPlaced(counter, msg.sender, OrderType.Buy, amount, price);
}
```

매수 주문은 0부터 100까지의 범위 내에서 지정된 가격으로 이루어져야 하며, 모든 주문은 시장 마감 전에 이루어져야 한다. 주문 시 주식 수는 총 주문량과 주문 호가(이더 가격)로 자동 계산된다. 이더 값이 없는 주문을 보내면 오류가 발생한다.

새로운 주문 ID를 생성하기 위해 카운터를 증가시킨 다음, 호가창에 주문을 저장한다. 이벤트가 기록돼 새로운 주문이 호가창에 추가됐음을 나타낸다.

여기에 한 가지 짚고 넘어갈 점이 있다. 솔리디티는 스토리지가 아닌 메모리에 구조체를 만든다는 점이다. 솔리디티가 앞의 코드처럼 메모리 구조체를 상태 변수에 저장하면, 상태 구조체를 업데이트하기 전에 자동으로 메모리의 구조체를 스토리지의 구조체로 변환한다. 반면 로컬 변수에는 이와 같은 자동 변환이 수행되지 않는다. 생성된 구조체를 Order 메모리 변수 대신 Order 스토리지에 저장하려고 하면 오류가 발생한다.

매도 주문을 위한 코드는 [예제 10-4]에서 볼 수 있다.

예제 10-4 매도 주문 함수

```
function orderSell (uint price, uint amount) public {
    require(now < deadline);
    require(shares[msg.sender] >= amount);
    require(price >= 0);
    require(price <= 100);
```

```
        shares[msg.sender] -= amount;
        counter++;
        orders[counter] = Order(msg.sender, OrderType.Sell, amount, price);
        OrderPlaced(counter, msg.sender, OrderType.Sell, amount, price);
    }
```

매도 주문 함수는 매수 주문 함수와 유사하다. 주문은 마감일 전에 이루어져야 하며 주문 호가는 0~100 범위에 있어야 한다. 사용자는 현재 보유하고 있는 주식 수 이내에서 매도할 주식 수를 지정해야 한다.

매도 주문을 내고 나면 주문한 주식 수가 사용자의 주식 보유량에서 공제된다. 이는 사용자가 자신의 주식을 가지고 이중으로 주문할 수 없도록 하기 위한 것이다.

[예제 10-5]에는 매수 주문을 체결하는 코드가 들어있다. 매수 주문을 체결하는 행위는 사용자가 자신의 주식을 매도하는 행위와 동일하기 때문에 tradeSell이라고 명명했다.

예제 10-5 매수 주문 체결 함수

```
function tradeSell (uint orderId, uint amount) public {
    Order storage order = orders[orderId];

    require(now < deadline);
    require(order.user != msg.sender);
    require(order.orderType == OrderType.Buy);
    require(order.amount > 0);
    require(amount <= order.amount);
    require(shares[msg.sender] >= amount);

    uint fee = (amount * order.price) * TX_FEE_NUMERATOR / TX_FEE_DENOMINATOR;
    uint feeShares = amount * TX_FEE_NUMERATOR / TX_FEE_DENOMINATOR;

    shares[msg.sender] -= amount;
    shares[order.user] += (amount - feeShares);
    shares[owner] += feeShares;

    balances[msg.sender] += (amount * order.price) - fee;
    balances[owner] += fee;

    order.amount -= amount;
    if (order.amount == 0)
```

```
        delete orders[orderId];
    TradeMatched(orderId, msg.sender, amount);
}
```

매수 주문 체결 함수는 상당히 복잡하다. 호가창에 올라와있는 하나의 매수 주문이 체결되려면, 체결을 요청하는 사용자가 해당 매수 주문의 주문량 이하로 매도 주문을 하고 해당 주문에 ID가 지정돼야 한다.

사용자는 자신이 호가창에 올린 매수 주문을 스스로 체결시킬 수 없다. 이러한 행위는 자전매매wash trading에 해당하며 이는 거래량 조작으로 이어지기 때문에 거래소에서 금지하는 관행이다.

주문이 체결되면 컨트랙트는 양측 거래 당사자에게 수수료를 받고, 시장 개설자에게 수수료를 전달한다. 매수자는 주식을 받고 매도자는 이더를 받기 때문에, 매수자 수수료는 주식으로, 매도자 수수료는 이더로 부과한다.

매도자의 주식 잔고를 갱신할 때는 매도자의 잔고에서 매도한 주식 수와 수수료를 공제한다. 매수자의 이더 잔고를 갱신할 때는 판매 대금을 더하고 수수료를 공제하는데, 매수자가 잔고를 직접 함수로 전송하기 때문에 특별히 매수자 계정에 대한 잔고 차감 처리가 이루어지지는 않는다.

솔리디티는 소수점을 허용하지 않으므로 TX_FEE_NUMERATOR 및 TX_FEE_DENOMINATOR를 사용해 수수료에 해당하는 분수를 계산된다. 수수료가 1/500인데 정수 계산만 허용되므로 수수료 계산이 완전히 정확하지 않으며 500wei 미만의 소액 거래는 수수료 없이 이루어질 수 있다. 하지만 이러한 소액 거래는 트랜잭션을 위한 가스 비용보다 훨씬 작으므로 중대한 보안 결함은 아니다.

주문이 부분 체결될 수 있으므로 매도자가 체결한 주문의 주식은 호가창에 올라온 주문의 주식 수에서 차감된다. 주문이 완전히 체결되고 해당 호가의 주문이 더 남아있지 않으면 호가창에서 삭제된다.

모든 거래 로직이 완료되고 나면, 거래 세부 정보가 이벤트에 기록된다.

[예제 10-6]은 매도 주문을 체결하는 함수다. 호가창에 올라와있는 매도 주문을 체결하려면 사용자가 주식을 매수해야 하기 때문에 함수의 이름은 tradeBuy라고 명명했다.

예제 10-6 매도 주문 체결 함수

```
function tradeBuy (uint orderId) public payable {
    Order storage order = orders[orderId];

    require(now < deadline);
    require(order.user != msg.sender);
    require(order.orderType == OrderType.Sell);
    require(order.amount > 0);
    require(msg.value > 0);
    require(msg.value <= order.amount * order.price);

    uint amount = msg.value / order.price;
    uint fee = (amount * order.price) * TX_FEE_NUMERATOR / TX_FEE_DENOMINATOR;
    uint feeShares = amount * TX_FEE_NUMERATOR / TX_FEE_DENOMINATOR;

    shares[msg.sender] += (amount - feeShares);
    shares[owner] += feeShares;

    balances[order.user] += (amount * order.price) - fee;
    balances[owner] += fee;

    order.amount -= amount;
    if (order.amount == 0)
        delete orders[orderId];

    TradeMatched(orderId, msg.sender, amount);
}
```

매도 주문 체결 함수는 매수 주문 체결 함수와 유사하다. 매수자는 트랜잭션에 금액을 포함하는 대신 트랜잭션과 함께 이더를 전송하고, 매수할 주식 수는 자동으로 계산된다. 주식, 잔고 이전 및 수수료 차감은 이전과 동일하게 계산되고 분배되는데, 이번에는 매도 주문이 호가창에 들어왔을 때 이미 수수료가 차감됐기 때문에 체결과 함께 매도자로부터 별도로 수수료를 차감하지 않는다.

[예제 10-7]은 주문을 취소하는 코드다.

예제 10-7 주문 취소 함수

```
function cancelOrder (uint orderId) public {
    Order storage order = orders[orderId];
```

```
    require(order.user == msg.sender);

    if (order.orderType == OrderType.Buy)
        balances[msg.sender] += order.amount * order.price;
    else
        shares[msg.sender] += order.amount;
    delete orders[orderId];
    OrderCanceled(orderId);
}
```

이 함수는 취소할 주문의 ID를 지정하면서 호출된다. 주문을 올렸던 사용자만 자신의 주문을 취소할 수 있다. 매수 주문의 경우 남은 주식의 이더 가치가 사용자의 잔고로 환불되며, 매도 주문의 경우 남은 주식이 사용자의 보유분으로 환불된다. 이후 주문이 삭제되고 삭제된 주문이 ID와 함께 이벤트로 기록된다.

10.4 예측 결과 확인

블록체인상 예측 시장에 예측 결과를 입력하는 것은 아직 연구가 진행 중인 분야다. 이 장에서 지금까지 다룬 컨트랙트는 단순한 단일 오러클 방식을 사용한다. 보다 발전된 방식으로 다중 오러클 방식과 셸링 포인트 합의Schelling point consensus 방식이 있다. 이 두 방법론은 이론 설명만 다룰 것이며 실제 구현은 독자의 연습으로 남겨둘 것이다.

10.4.1 단일 오러클을 이용한 결과 확인

오러클은 블록체인 네트워크상 사용자 또는 프로그램으로, 블록체인 외부로부터 발생하는 오프체인 정보를 블록체인 내부에 제공한다. 이더리움은 HTTP 웹 또는 다른 블록체인 네트워크와 직접 통신할 수 없으므로, 오러클이 블록체인 외부로부터 정보를 가져와야 한다. 단일 오러클 시스템은 가장 간단한 오러클 방식이다. 오러클에 해당하는 사용자에게는 시장 결과를 컨트랙트에 업로드할 수 있는 독점권이 부여된다. 단일 오러클로 예측 시장 결과를 확정하는 [예제 10-8]을 살펴보자.

```
function resolve (bool _result) public {
    require(now > deadline);
    require(msg.sender == owner);
    require(result == Result.Open);
    result = _result ? Result.Yes : Result.No;
    if (result == Result.No)
        balances[owner] += collateral;
}
```

마감 후 결과가 아직 확정되지 않았다면 언제든지 컨트랙트의 소유자가(소유자만) 시장의 결과를 설정할 수 있다. 이 함수는 단일 인수로 bool 자료형을 사용한다. 인수로 넘어온 값이 true이면 예측 시장의 결과가 '예'로 확정되며, false이면 결과가 '아니오'로 확정된다. 결과가 '아니오'로 확정되면 담보는 컨트랙트의 소유주에게 지급되고, 결과가 '예'로 확정되면 주식의 소유자가 [예제 10-9]의 코드를 사용해 지불금을 청구할 수 있다.

예제 10-9 지불금 청구 함수

```
function withdraw () public {
    uint payout = balances[msg.sender];
    balances[msg.sender] = 0;

    if (result == Result.Yes) {
        payout += shares[msg.sender] * 100;
        shares[msg.sender] = 0;
    }

    msg.sender.transfer(payout);
    Payout(msg.sender, payout);
}
```

지불금에는 두 가지 요소가 포함된다. 취소된 주문에서 환수된 잔고와 주식을 매도한 대금은 이미 내부 잔고에 기록됐다. 시장 결과가 '예'로 결정되면 주식에 대한 지불금은 1주당 100wei로 계산돼 모든 사용자의 잔고에 합산된다. 두 요소의 합계가 사용자에게 지급되며, 지급 이후 해당 사용자의 이더 잔고와 주식 보유분은 모두 초기화된다. 지불금 처리가 완료되면 이벤트가 기록돼 프런트엔드에 신호를 전달할 준비를 한다.

동일한 함수를 사용해서 컨트랙트 소유주가 수수료 및 담보물은 청구할 수도 있다. 이더와 주식 거래 수수료는 컨트랙트가 유지되는 기간 동안 소유주의 잔고에 적립된다.

10.4.2 다중 오러클

단일 오러클 시스템에는 여러 결함이 있다. 블록체인에 올린 값에 오류가 있다 해도 이를 돌이킬 수 없으므로, 한 번이라도 결과를 올리는 과정에서 실수를 하면 예측 시장이 잘못된 결과로 마무리될 수 있다. 또한 하나의 오러클이 알려지지 않은 주소를 통해 예측 시장에 지분을 가지고 자신의 이익을 추구하는 방향으로 예측 시장의 결과를 입력할 수도 있다. 이더리움 주소의 가명성pseudonymity 때문에 이런 위법 행위를 추적하는 일은 어렵다.

다중 오러클 방식은 단일 오러클에 비해 많은 이점을 제공한다. 단일 오러클이 결과를 결정하는 대신, 여러 오러클이 검증을 통해 예측 시장의 결과를 확정한다. 이를 구현하는 방법은 여러 가지가 있는데, 대표적으로 게임의 올바른 결과를 얻기 위해 전체 오러클의 2/3 또는 4/5가 동의해야 하는 M/N 검증 방식이 있다. 4개 또는 5개의 오러클이 결과를 함께 확정하는 5개 오러클 시스템이 좋은 표준이다.

공개 검증 가능한 이벤트의 경우 시장의 결과가 어떤 방식으로 확정되는지 의심의 여지가 없어야 한다. 여러 오러클을 사용하는 목적은 모호한 결과를 받아들이지 않고 인간의 실수와 부정행위를 방지하기 위함이다. 소수의견에 해당하는 하나의 오러클을 허용하는 것은 인간의 오류나 일부의 속임수를 차단하기 위한 장치로 작용할 수 있다. 둘 이상 소수의견이 존재하면 의도적인 담합이 일어난다는 증거로 볼 수 있다. 결과 확정을 위한 합의가 이루어지지 않는 시장의 경우, 모든 사람의 초기 투자금을 환불해주는 것이 가장 좋다.

[연습 10-1]에서는 이 다중 오러클 시스템을 구현할 것이다.

연습 10-1 다중 오러클

PredictionMarket 컨트랙트에서 resolve 함수 부분을 수정해, 5개의 오러클 중 4개가 동의해야 시장의 결과가 확정되는 시스템을 구현해보자. 결과가 확정될 수 없는 시장에 대한 환불을 구현하는 것은 훨씬 더 복잡한 작업이므로 여기에서는 생략해도 무관하다.

10.4.3 셸링 포인트 합의

셸링 포인트schelling point는 다중 오러클 시스템을 일반화한 개념이다. 미리 정해진 고정된 수의 오러클을 사용하는 대신에, 누구나 이 셸링 포인트 합의에 자유롭게 참여할 수 있다. 셸링 포인트는 게임 이론 연구에서 자주 언급하는 개념이기도 하다.

사용자는 예측 시장 셸링 포인트에 참여해 자신이 확인한 시장의 결과 판정(예 또는 아니오)을 내리기 위해 적지 않은 수량의 이더를 보유해야 한다. 보유 기간이 끝나면 가장 많은 표(이더)를 얻은 방향으로 시장의 결과가 확정된다. 투표에 쓴 모든 이더의 합은 예측 시장의 승자에게 분배된다. 시장의 결론이 Yes로 확정되면 No에 투표한 사용자들은 지분을 잃게 되고 이 지분은 Yes로 투표한 모든 유권자가 나눠 갖게 된다.

이것은 사람들이 승자가 될 진영에 투표하도록 하는 강력한 인센티브를 제공한다. 투표 시스템이 대규모로 탈중앙화됐다면, 담합은 어려워지고 사용자는 다른 사람들이 몰릴 것이라 생각하는 초점으로 몰려가게 된다. 이 경우 초점이 시장의 올바른 결과가 되며, 이론적으로 모든 사람은 자신의 이익을 위해 올바른 결과 후보에 투표해야 한다.

하지만 이 시스템에는 몇 가지 명백한 결함이 있다. 가장 큰 문제 상황은 높은 투자를 한 시장 참여자가 자신의 주소를 여러 주소로 나눠 투표에 참여함으로써 시스템을 속일 가능성이다. 이더리움에서 사용자가 투표할 수 있는 사람을 제한하지 않는 한, 한 사람이 여러 주소를 생성하고 이더를 투입하는 것을 방지할 방법은 없다. 이와 같이 여러 주소를 사용해 블록체인에 수행하는 공격을 시빌Sybil 공격이라고 한다.

시빌 공격을 방지하기 위한 정책으로, 예측 시장의 마감 시점에 주식을 보유한 시장 참가자만 투표를 허용하는 방식이 있다. 하지만 이 경우에도 주식을 보유한 사용자가 'Yes'에 투표함으로써 지불금을 받아갈 인센티브가 존재하기 때문에 담합이 큰 문제가 된다.

아직 블록체인 시스템에서 셸링 포인트 방식은 대부분 이론 수준이며 광범위하게 테스트되지 않았다. 탈중앙화된 예측 시장의 시초라고 할 수 있는 프로젝트인 어거Augur는 셸링 포인트를 사용해 시장의 결과를 확정하되, 자체 토큰(REP)을 사용해 투표권을 제한하는 방식을 사용한다. 이와 같은 프로젝트로 가까운 장래에 이더리움에서 셸링 포인트의 실제 효과가 어떠한지 데이터를 확인할 수 있을 것으로 기대한다.

10.5 마치며

예측 시장은 사용자가 임의의 사건이 발생할 가능성에 베팅해 이익을 얻을 수 있게 한다. 이번 장에서 스마트 컨트랙트로 작성한 예시를 보면 사용자는 예측 시장의 주식을 사거나 팔 수 있으며, 예측 시장의 결과가 '예'로 확정되면 각 주식에 따라 100wei를 지불받을 수 있다.

모든 주문, 거래, 지불금 분배는 이더리움 로그 데이터베이스에 이벤트 형태로 기록된다. 서비스 프런트엔드는 이 로그로 컨트랙트의 전체 상태를 파악할 수 있다. 솔리디티에 내장된 getter 함수만으로는 이 정도 파악이 불가능하다.

이번 장에서 다룬 컨트랙트는 시장의 결과를 확정하기 위해 단일 오러클 방식을 사용했다. 이는 비교적 간단한 방법이지만, 인간의 오류와 속임수에 취약하다는 단점이 있다. 다중 오러클 방식은 시장의 결과가 잘못 확정될 가능성을 줄여준다. 다중 오러클 방식의 일반화 버전으로 셸링 포인트 합의 방식이 있다. 셸링 포인트 합의 방식은 진보한 방식이지만, 실제로 성공적으로 컨트랙트를 구현한 예는 아직 없다.

다음 장과 마지막 장에서는 도박 주제로 돌아가서, 카지노 게임을 다룰 것이다.

## CHAPTER 11

도박

온라인 카지노 및 도박 사이트는 승부 조작으로 악명이 높다. 반면 블록체인 기반 도박 게임은 사용자에게 공정한 확률과 최소 수수료(또는 무료 수수료)로 게임을 즐길 기회를 제공한다. 이 장에서는 두 가지 도박 게임, 사토시 주사위와 룰렛을 다룰 것이다.

11.1 게임플레이의 제약

사실 카지노 게임은 블록체인에 적합하지 않다. 가장 큰 문제는 난수 생성에 있다. 안전한 RNG를 만들려면 적어도 1분 정도 간격을 둔 두 개의 트랜잭션이 필요하기 때문에, 블록체인 상에서 다중 플레이어를 위한 실시간 게임을 만드는 것이 거의 불가능하다. 그래서 블랙잭 또는 포커와 같은 멀티 턴 게임을 온체인으로 구현하면 심각하게 느려지며 이는 실제로 플레이할 수 없는 게임이 된다. 이에 타협안으로 쓰는 방식이, 게임의 일부를 오프체인으로 실행하고 결과를 온체인에 커밋하는 하이브리드 방식의 게임 구현이다. 하지만 오프체인 게임은 이 책의 초점이 아니므로 이번 장에서는 단일 턴 방식 게임만 다룰 것이다.

11.2 사토시 주사위

사토시^{Satoshi} 주사위는 블록체인에서 처음으로 널리 쓰인 비트코인 도박 게임이다. 잠깐 동안이나마 비트코인 네트워크 트랜잭션의 절반을 점유하기도 했다. 이 회사는 얼마 후 법적 문제에 휘말렸지만 이 게임 아이디어는 계속 이어져 많은 후속작이 구현됐다.

게임 아이디어는 간단하다. 사용자는 비트코인 트랜잭션과 함께 0~65535($2^{16} = 65,536$) 사이의 번호를 제출한다. 그런 다음 게임은 비밀 시드를 사용해 같은 범위 내 난수를 생성한다. 생성한 숫자가 제출된 숫자보다 낮으면 사용자가 돈을 번다. 사용자의 수익금은 제출된 금액에 따라 다르다. 숫자가 낮을수록 승수와 지불금이 높아진다($32,000 = \sim 2x$, $16,000 = \sim 4x$).

원래 사토시 주사위는 증명 가능한 공정한 게임플레이를 제공하기 위해 비밀 시드를 베팅하는 주소와 함께 블록체인에 게시했다. 그런 다음 정기적으로 오래된 시드를 게시해 이전의 베팅을 검증할 수 있었다.

이번 예시에서는 이 게임을 탈중앙화된, 신뢰가 필요하지 않은 시스템으로 바꿔볼 것이다. 기존 시스템에서는 사용자가 각자 자신의 베팅을 확인해 부정행위가 발생하지 않았는지 확인했다. 이번에 만들 시스템에서는 채굴자 외에는 부정행위를 저지를 방법이 없으며, 채굴자조차도 결과에 최소한의 영향만 미칠 수 있다.

[예제 11-1]은 구현을 위한 소스 코드다.

예제 11-1 사토시 주사위

```
contract SatoshiDice {
    struct Bet {
        address user;
        uint block;
        uint cap;
        uint amount;
    }

    uint public constant FEE_NUMERATOR = 1;
    uint public constant FEE_DENOMINATOR = 100;
    uint public constant MAXIMUM_CAP = 100000;
    uint public constant MAXIMUM_BET_SIZE = 1e18;
    address owner;
    uint public counter = 0;
```

```solidity
mapping(uint => Bet) public bets;

event BetPlaced(uint id, address user, uint cap, uint amount);
event Roll(uint id, uint rolled);

function SatoshiDice () public {
    owner = msg.sender;
}

function wager (uint cap) public payable {
    require(cap <= MAXIMUM_CAP);
    require(msg.value <= MAXIMUM_BET_SIZE);

    counter++;
    bets[counter] = Bet(msg.sender, block.number + 3, cap, msg.value);
    BetPlaced(counter, msg.sender, cap, msg.value);
}

function roll(uint id) public {
    Bet storage bet = bets[id];
    require(msg.sender == bet.user);
    require(block.number >= bet.block);
    require(block.number <= bet.block + 255);

    bytes32 random = keccak256(block.blockhash(bet.block), id);
    uint rolled = uint(random) % MAXIMUM_CAP;
    if (rolled < bet.cap) {
        uint payout = bet.amount * MAXIMUM_CAP / bet.cap;
        uint fee = payout * FEE_NUMERATOR / FEE_DENOMINATOR;
        payout -= fee;
        msg.sender.transfer(payout);
    }
    Roll(id, rolled);
    delete bets[id];
}

function fund () payable public {}

function kill () public {
    require(msg.sender == owner);
    selfdestruct(owner);
}
}
```

이 컨트랙트는 베팅 정보가 들어있는 맞춤형 Bet 구조체를 정의하고 있다. 여기에는 사용자 주소, 블록 해시를 가져올 블록 번호, 베팅과 함께 제출한 번호, 베팅 금액이 포함된다.

이 컨트랙트에는 4가지 상수가 있다.

- **FEE_NUMERATOR**: 수수료의 분자 부분. 수수료는 1%로 설정된다.
- **FEE_DENOMINATOR**: 수수료의 분모 부분이다.
- **MAXIMUM_CAP**: 베팅 시 제출할 수 있는 값의 최대치에 해당한다. 원래 사토시 주사위에서는 이 값이 216으로 2byte 이내에 맞출 수 있었다. 솔리디티에서는 정수형을 사용할 수 있기 때문에 최대치를 더 재미있는 수치인 100,000(10^5)로 설정할 것이다.
- **MAXIMUM_BET_SIZE**: 한 판에서 베팅할 수 있는 최대 금액으로, 사용자 실수로 너무 많은 돈을 베팅하는 것을 방지하기 위한 장치다. 이 수치가 베팅에서 이겼을 때 이만큼 금액을 지급받을 수 있다는 보증은 아니다. 컨트랙트에 베팅 금액을 넣기 전에, 컨트랙트가 충분한 지불금을 보유하고 있는지 확인하는 것은 사용자의 몫이다. 컨트랙트에 충분한 지불금이 없다면, 컨트랙트에 이더가 충분히 축적될 때까지 기다려야 한다. 수수료로 컨트랙트 잔고가 서서히 증가할 것이다.

상태 복잡도의 대부분은 Bet 구조체에 있기에, 다른 상태 변수는 세 가지뿐이다.

- **owner**: 컨트랙트를 생성한 계정으로, 컨트랙트를 소멸시키는 데만 사용된다. owner 계정에 다른 특별한 권리는 없다.
- **counter**: 고유 ID를 할당할 때 사용하는 카운터다.
- **bets**: 베팅하는 사용자의 ID를 Bet 구조체로 연결하는 매핑이다.

프런트엔드에서 사용하는 이벤트에는 사용자가 베팅했을 때 발생하는 BetPlaced 이벤트와 베팅 결과가 나올 때의 Roll 이벤트가 있다.

이 컨트랙트에는 두 가지 기본 함수가 있다. 첫 번째는 베팅을 설정하고 RNG를 위한 블록 번호에 잠금을 설정하는 것이고, 두 번째는 난수를 생성해 베팅 결과를 판정하는 것이다. [예제 11-2]에서 베팅을 설정하는 wager() 함수를 다시 보여준다.

예제 11-2 사토시 주사위의 wager() 함수

```
function wager (uint cap) public payable {
    require(cap <= MAXIMUM_CAP);
    require(msg.value <= MAXIMUM_BET_SIZE);

    counter++;
    bets[counter] = Bet(msg.sender, block.number + 3, cap, msg.value);
```

```
        BetPlaced(counter, msg.sender, cap, msg.value);
    }
```

wager() 함수는 cap을 인수로 받고 베팅을 위한 이더를 받는다. cap은 MAXIMUM_CAP보다 작아야 하며, 베팅하는 이더 값은 MAXIMUM_BET_SIZE보다 작아야 한다. 카운터가 증가해 새 ID가 생성되고 새 Bet이 상태 머신에 저장된다. RNG를 위한 블록 번호는 다가오는 3번째 블록으로 설정되며, 이 정도면 블록 해시 값을 알 수 없게 하기에 충분하다.

두 번째 주요 함수는 roll() 함수(예제 11-3)다. 이 함수는 주사위를 "굴리고(roll)", 지정된 블록 해시로 난수를 만들어 베팅의 결과를 확정한다.

예제 11-3 사토시 주사위 베팅 결과 확정

```
function roll(uint id) public {
    Bet storage bet = bets[id];
    require(msg.sender == bet.user);
    require(block.number >= bet.block);
    require(block.number <= bet.block + 255);

    bytes32 random = keccak256(block.blockhash(bet.block), id);
    uint rolled = uint(random) % MAXIMUM_CAP;
    if (rolled < bet.cap) {
        uint payout = bet.amount * MAXIMUM_CAP / bet.cap;
        uint fee = payout * FEE_NUMERATOR / FEE_DENOMINATOR;
        payout -= fee;
        msg.sender.transfer(payout);
    }

    Roll(id, rolled);
    delete bets[id];
}
```

함수가 어떤 베팅에 결과를 낼지 알 수 있도록 베팅 ID가 함수 호출 시 포함돼야 한다. 베팅을 시작한 사용자만 베팅을 위해 주사위를 굴릴 수 있으며, 베팅 이후 3블록을 기다려야 한다. 사용자는 베팅 블록으로부터 255블록 이내에 roll을 트리거해야 하며, 그렇지 않으면 베팅을 포기해야 한다. 이것은 솔리디티가 최근 256개 블록 해시만 저장하고 그보다 오래된 블록 해시는 항상 0x0으로 읽기 때문에 난수를 만들 수 없어서 생기는 어쩔 수 없는 정책이다.

지정된 블록의 블록 해시와 베팅 ID를 사용해 의사 난수가 생성된다. 베팅 ID는 각 베팅에 고유한 것이므로, 서로 다른 베팅이 동일한 의사 난수를 생성하는 일은 발생할 수 없다. 생성된 임의의 바이트는 허용 범위 내 "주사위 번호"로 변환된다. 주사위 번호가 베팅한 cap보다 작으면 사용자는 지불금을 받는다.

지불금을 계산하기 위해 베팅 금액에 최대 cap과 베팅한 cap의 비율을 곱한다. 최대 cap은 고정됐으므로 베팅한 cap이 낮을수록 배율이 높아진다. 컨트랙트가 점차 큰 베팅을 받도록 하기 위해 각 베팅에 1%의 수수료가 부과된다. 수수료는 컨트랙트의 잔고로 담기고 나머지 지불금은 사용자에게 보내진다.

베팅 결과가 확정되면 해당 베팅은 삭제된다. 이렇게 하면 베팅이 사용자에 의해 이중 청구되는 것을 방지하면서 블록체인에서 불필요한 데이터를 정리할 수 있다. 구조체가 삭제될 때 구조체의 각 멤버 변수는 해당 자료형의 제로 값으로 설정된다. 삭제된 베팅의 사용자 역시 주소가 0이 되므로, 함수에서 msg.sender가 베팅 사용자임을 확인하려고 시도하면 오류가 발생하게 된다.

컨트랙트에는 또한 두 개의 단순한 함수가 더 있다. 컨트랙트의 소유자가 컨트랙트를 스스로 소멸시키고 수수료를 청구할 수 있도록 표준 kill() 함수가 포함됐다. 또한 컨트랙트에 자금을 투입할 수 있는 payable() 함수도 있다. 수수료가 누적되기 전에는 컨트랙트에 잔고가 없으므로, 충분한 이더 잔고를 투입해 초기 베팅에 지불금을 낼 수 있게 만들어야 한다.

이어지는 [연습 11-1]을 통해 메인넷에서 사토시 주사위를 플레이할 수 있다.

연습 11-1 주사위를 던지자

필자는 사토시 주사위 컨트랙트를 이더리움 메인넷에 배포했다. 컨트랙트의 이더스캔 주소는 etherscan.io/address/0x55283a2f07be1b95e1e417af7efaab6750fedd0d 이다. 게임을 플레이하고, 컨트랙트 해킹도 시도해보자. 수수료로 쓴 이더는 컨트랙트에 축적될 것이고, 누군가가 컨트랙트를 성공적으로 해킹하면 이더는 그들의 것이다. 독자가 해킹에 성공한다 해도 필자는 독자를 원망하지 않을 것이다.

11.3 룰렛

룰렛은 블록체인 구현에 잘 맞는 고전 카지노 게임이다. 일반 룰렛 게임은 베팅 단계와 스핀 단계가 있다. 컨트랙트로 해당 단계를 다시 구성할 수 있다.

스핀 단계 전, 사용자는 색상 또는 번호에 베팅할 수 있다. 기존 룰렛 테이블은 상/하, 홀수/짝수, 스플릿 등과 같은 다양한 종류의 베팅이 있다. 이러한 다양한 종류의 베팅을 구현하는 것은 독자를 위한 연습으로 남겨둘 것이다.

[예제 11-4]에서 전체 룰렛 컨트랙트를 볼 수 있다. 5장에서 Roulette이라는 컨트랙트 이름이 등장했으므로 혼동을 막기 위해 이번 컨트랙트는 CasinoRoulette라고 이름지었다.

예제 11-4 룰렛 컨트랙트

```solidity
contract CasinoRoulette {
    enum BetType { Color, Number }

    struct Bet {
        address user;
        uint amount;
        BetType betType;
        uint block;

        // @prop choice: BetType에 따라 해석된다.
            // BetType.Color: 0=black(검은색), 1=red(빨간색)
            // BetType.Number: -1=00, 그 외의 0-36은 룰렛 휠의 숫자와 일치
        int choice;
    }

    uint public constant NUM_POCKETS = 38;
    // RED_NUMBERS와 BLACK_NUMBERS는 상수이지만,
    // 솔리디티는 상수 배열을 지원하지 않으므로
    // 그 대신 스토리지 배열을 사용한다.
    uint8[18] public RED_NUMBERS = [
        1, 3, 5, 7, 9, 12,
        14, 16, 18, 19, 21, 23,
        25, 27, 30, 32, 34, 36
    ];
    uint8[18] public BLACK_NUMBERS = [
        2, 4, 6, 8, 10, 11,
        13, 15, 17, 20, 22, 24,
```

```
       26, 28, 29, 31, 33, 35
    ];
    // 룰렛 휠의 숫자와 색깔을 할당한다.
    mapping(int => int) public COLORS;

    address public owner;
    uint public counter = 0;
    mapping(uint => Bet) public bets;
    event BetPlaced(address user, uint amount, BetType betType, uint block, int
choice);
    event Spin(uint id, int landed);

    function CasinoRoulette () public {
        owner = msg.sender;
        for (uint i=0; i < 18; i++) {
            COLORS[RED_NUMBERS[i]] = 1;
        }
    }

    function wager (BetType betType, int choice) payable public {
        require(msg.value > 0);
        if (betType == BetType.Color)
            require(choice == 0 || choice == 1);
        else
            require(choice >= -1 && choice <= 36);
        counter++;
        bets[counter] = Bet(msg.sender, msg.value, betType, block.number + 3, choice);
        BetPlaced(msg.sender, msg.value, betType, block.number + 3, choice);
    }

    function spin (uint id) public {
        Bet storage bet = bets[id];
        require(msg.sender == bet.user);
        require(block.number >= bet.block);
        require(block.number <= bet.block + 255);
        bytes32 random = keccak256(block.blockhash(bet.block), id);
        int landed = int(uint(random) % NUM_POCKETS) - 1;
        if (bet.betType == BetType.Color) {
            if (landed > 0 && COLORS[landed] == bet.choice)
                msg.sender.transfer(bet.amount * 2);
        }
        else if (bet.betType == BetType.Number) {
            if (landed == bet.choice)
                msg.sender.transfer(bet.amount * 35);
```

```
        }

        delete bets[id];
        Spin(id, landed);
    }

    function fund () public payable {}

    function kill () public {
        require(msg.sender == owner);
        selfdestruct(owner);
    }
}
```

사토시 주사위처럼, 룰렛에도 Bet 구조체가 포함된다. 사토시 주사위처럼 사용자, 금액, 블록을 구조체에 담으며, 추가로 betType과 choice라는 필드도 포함된다. betType은 컨트랙트 상단에 정의된 열거형 변수로, Color(색상) 또는 Number(번호)라는 두 가지 값만 가질 수 있다. 색상 베팅에서 이기면 2배를 받을 수 있고, 번호 베팅에서 이기면 35배를 받을 수 있다. 추가 베팅 유형을 구현하는 것은 이번 절 끝 부분의 연습에서 독자의 과제로 주어질 것이다.

choice 속성은 각 betType에 대해 서로 다른 허용 값 범위를 가지고 있다. BetType.Color는 0(검은색) 또는 1(빨간색)의 값만 가질 수 있으며, BetType.Number는 −1(더블 제로, 00) 혹은 0에서 36 사이의 정수(룰렛 바퀴 위의 숫자)를 가질 수 있다.

컨트랙트에는 하나의 상수와 값이 변하지 않는 3개의 의사 상수가 포함된다.

- **NUM_POCKETS**: 룰렛 휠의 포켓 수다. 38.
- **RED_NUMBERS**: 룰렛 휠의 빨간색 포켓에 해당하는 숫자다. 솔리디티는 배열 상수를 지원하지 않으므로 대신 public 상수 필드에 이를 저장한다.
- **BLACK_NUMBERS**: 룰렛 휠의 검은색 포켓에 해당하는 숫자다.
- **COLORS**: 룰렛 휠의 번호와 색상을 연결하는 매핑으로, 검은색은 0, 빨간색은 1이다. 이 매핑이 새로운 정보를 담고 있지는 않지만 덕택에 색상 검사 로직을 훨씬 간단하게 실행할 수 있다.

컨트랙트에는 3가지 상태 변수와 2가지 이벤트가 있는데, 사토시 주사위의 상태 변수 및 이벤트와 크게 다르지 않으므로 따로 다루지는 않을 것이다. 작은 차이점이 있다면, 사토시 주사위의 Roll 이벤트가 Spin으로 이름이 바뀠다는 점이다. [예제 11-5]에서 볼 수 있는 컨트랙트 생성자 함수는 COLORS 의사 상수의 값을 설정한다.

예제 11-5 CasinoRoulette 생성자

```
function CasinoRoulette () public {
    owner = msg.sender;
    for (uint i=0; i < 18; i++) {
        COLORS[RED_NUMBERS[i]] = 1;
    }
}
```

COLORS 의사 상수는 빨간색 숫자 목록에 대해 반복문을 돌려 모든 값을 1로 채운다. 이 상수
는 나중에 스핀 로직에서 각 숫자의 색상을 결정할 때 유용하게 쓰인다.

두 가지 주요 함수 중 첫 번째 함수는 [예제 11-6]의 wager() 함수로, 베팅을 위한 함수다.

예제 11-6 룰렛의 wager() 함수

```
function wager (BetType betType, int choice) payable public {
    require(msg.value > 0);
    if (betType == BetType.Color)
        require(choice == 0 || choice == 1);
    else
        require(choice >= -1 && choice <= 36);
    counter++;
    bets[counter] = Bet(msg.sender, msg.value, betType, block.number + 3, choice);
    BetPlaced(msg.sender, msg.value, betType, block.number + 3, choice);
}
```

이 함수는 베팅 유형에 해당하는 betType과 및 베팅 선택에 해당하는 choice 두 인수를 받는
다. wager 트랜잭션에는 0이 아닌 이더 값이 포함돼야 하며, choice의 값은 주어진 베팅 유형
에 대한 숫자 범위 내에 있어야 한다. 컨트랙트 상태 및 로그에 새 베팅을 저장하기 전에 카운
터가 증가해 새 ID가 생성된다. 스핀을 위한 RNG 블록은 이후 3블록째로 설정된다.

3블록의 대기 기간이 끝나면 사용자는 룰렛을 돌려 베팅 결과를 확정할 수 있으며, 이를 위한
함수가 spin() 함수다(예제 11-7).

예제 11-7 룰렛 베팅 결과 확정

```
function spin (uint id) public {
    Bet storage bet = bets[id];
```

```
    require(msg.sender == bet.user);
    require(block.number >= bet.block);
    require(block.number <= bet.block + 255);

    bytes32 random = keccak256(block.blockhash(bet.block), id);

    int landed = int(uint(random) % NUM_POCKETS) - 1;
    if (bet.betType == BetType.Color) {
        if (landed > 0 && COLORS[landed] == bet.choice)
            msg.sender.transfer(bet.amount * 2);
    }
    else if (bet.betType == BetType.Number) {
        if (landed == bet.choice)
            msg.sender.transfer(bet.amount * 35);
    }

    delete bets[id];
    Spin(id, landed);
}
```

베팅을 건 사용자만 해당 베팅에 spin을 호출해서 결과를 확정할 수 있다. 사용자는 베팅 이후 3블록 이후, 255블록 이내에 spin을 호출해야 한다. 그렇지 않으면 무효한 블록 해시가 사용되기 때문이다.

이 함수의 가장 까다로운 부분은 난수 생성이다. 임의의 바이트는 지정된 블록의 블록 해시와 ID를 사용해 생성된다. 블록 해시는 베팅 중에 알 수 없으며 ID는 고유하므로, 출력된 바이트는 각 베팅에 대해 고유하며 추측이 불가능하다.

임의의 바이트를 룰렛 휠의 포켓으로 바꾸기 위해, 바이트가 uint으로 변환되고 나머지 연산을 통해 0에서 37 사이의 숫자를 추출한다. 이 숫자는 부호 있는 int형으로 변환되고, 여기서 00번 포켓에 해당하는 값을 반영하기 위해 1을 차감한다.

음수로 나머지 연산을 수행하면 음수가 산출되기 때문에, 나머지 연산 전에 바이트를 부호 있는 int형으로 직접 변환할 수는 없다. 나머지가 양수를 반환하도록 하려면 바이트를 부호 없는 int로 먼저 변환해야 한다. 그런 다음, −1의 값을 취할 수 있도록 나머지 연산의 출력값을 다시 부호 있는 int로 변환해야 한다.

우승한 포켓이 결정된 후, 베팅 유형에 따라 지불금이 지급된다. 색상 베팅의 경우, 우승한 포켓 색상이 베팅에서 선택한 색상과 같으면 사용자는 2배의 지불금을 받는다. 번호 베팅의 경우, 우승한 포켓이 베팅에서 선택한 번호와 같으면 사용자는 35배의 지불금을 받는다.

지불금이 나가고 나면 베팅이 삭제되므로, 판매 대금을 다시 받을 수 없다.

컨트랙트에는 두 가지 함수가 더 있다. 하나는 컨트랙트에 자금을 투입하기 위한 함수이며 다른 하나는 컨트랙트를 소멸시키는 기능이다. 기본적으로 사토시 주사위에서의 함수와 동일하기 때문에 별도로 다루지 않을 것이다.

[연습 11-2]를 통해 룰렛 컨트랙트에 추가 기능을 구현해볼 수 있다.

연습 11-2 다양한 룰렛 베팅

지금까지 다룬 룰렛 컨트랙트는 번호와 색상에 대한 베팅만 가능했다. 이제 홀/짝수 베팅, 상/하 베팅 등 다른 룰렛 베팅 유형을 사용할 수 있도록 컨트랙트를 수정해보자.

[연습 11-2]를 통해 룰렛 컨트랙트에 추가 기능을 구현해볼 수 있다.

11.4 마치며

이더리움 도박 게임은 공정한 승률과 게임플레이를 구현할 수 있다. 이 장에서는 이더리움상에서 탈중앙화된 플레이를 구현하는 사토시 주사위와 룰렛 게임 컨트랙트를 만들었다. 두 게임 모두 베팅 기간을 가진 일회성 게임플레이이기 때문에 블록체인에 게임플레이를 구현하는 데 적합하다.

이제 이 책의 종점에 도달했다. 지금까지 솔리디티의 기초를 다루고, 컨트랙트 보안의 복잡한 내용도 다뤘으며 모든 체인에서 사용할 수 있는 복잡한 이더리움 게임 시리즈를 함께 만들어봤다. 이 책의 컨트랙트로 연습을 완전히 마치고 나면 최고 수준의 스마트 컨트랙트 지식을 갖춘 유능한 솔리디티 개발자가 됐다고 할 수 있다. 축하한다! 독자 여러분의 미래에 행운이 가득하기를.

INDEX

INDEX